新质生产力与中国式现代化

于凤霞 著

电子工业出版社
Publishing House of Electronics Industry
北京·BEIJING

内 容 简 介

习近平总书记站在党和国家事业全局高度提出了新质生产力理论，是对马克思主义生产力理论的传承与重要创新。本书围绕推进中国式现代化这个新时代最大的政治，分析了加快新质生产力与推进中国式现代化的理论逻辑和实践要求。本书首先深入分析新质生产力和中国式现代化的历史逻辑、理论逻辑和实践路径，提出发展新质生产力助推中国式现代化的重点任务；然后围绕人工智能、数据要素、新型工业化、共同富裕等主题，阐述新质生产力发展如何助力中国式现代化，包括理论层面的分析和实践路径设计；最后围绕深化改革主题，阐述如何构建与新质生产力相适应的生产关系，重点包括平台经济高质量发展、政府治理现代化等的理论分析和实践路径。

未经许可，不得以任何方式复制或抄袭本书之部分或全部内容。
版权所有，侵权必究。

图书在版编目（CIP）数据

新质生产力与中国式现代化 ／ 于凤霞著. -- 北京：电子工业出版社, 2024. 12. -- ISBN 978-7-121-49303-4

Ⅰ. F120.2；D61

中国国家版本馆 CIP 数据核字第 2024HU3583 号

责任编辑：李筱雅
印　　刷：天津画中画印刷有限公司
装　　订：天津画中画印刷有限公司
出版发行：电子工业出版社
　　　　　北京市海淀区万寿路 173 信箱　邮编 100036
开　　本：720×1 000　1/16　印张：18.75　字数：273 千字
版　　次：2024 年 12 月第 1 版
印　　次：2024 年 12 月第 1 次印刷
定　　价：99.00 元

凡所购买电子工业出版社图书有缺损问题，请向购买书店调换。若书店售缺，请与本社发行部联系，联系及邮购电话：(010) 88254888，88258888。
质量投诉请发邮件至 zlts@phei.com.cn，盗版侵权举报请发邮件至 dbqq@phei.com.cn。
本书咨询联系方式：(010) 88254134 或 lixy@phei.com.cn。

目 录

引言　筑基稳进　创新驱动：新质生产力与中国式现代化的战略选择……1
　　一、如何看当前经济形势……………………………………… 2
　　二、为什么说中国经济潜力巨大……………………………… 5
　　三、如何释放经济增长潜力…………………………………… 9

第一章　新质生产力：历史逻辑、理论逻辑与实践路径………… 11
　第一节　新质生产力的历史逻辑………………………………… 12
　　一、认识生产力………………………………………………… 12
　　二、"技术-经济"范式………………………………………… 18
　第二节　新质生产力的理论逻辑………………………………… 21
　　一、通用目的技术的作用……………………………………… 21
　　二、数字经济崛起……………………………………………… 24
　　三、数字基础设施……………………………………………… 28
　第三节　新质生产力的现实逻辑………………………………… 33
　　一、新质生产力的内涵与特征………………………………… 33
　　二、发展新质生产力的实践路径……………………………… 37

第二章　中国式现代化：新质生产力的战略指引………………… 43
　第一节　中国式现代化的历史逻辑……………………………… 45
　　一、中国式现代化的历史探索………………………………… 45
　　二、中国式现代化的时代特征………………………………… 48
　第二节　中国式现代化的理论阐释……………………………… 53
　　一、中国式现代化的战略内涵………………………………… 53
　　二、中国式现代化的驱动力…………………………………… 59
　　三、中国式现代化的模式特点………………………………… 61

第三节　新质生产力助推中国式现代化的现实逻辑……………… 63
　　　　一、新质生产力助推中国式现代化的内在机理……………… 63
　　　　二、新质生产力助推中国式现代化的实践路径……………… 67

第三章　人工智能：培育新质生产力的"牛鼻子"……………… 75
　　第一节　拥抱人工智能时代…………………………………… 76
　　　　一、走向通用的人工智能……………………………………… 77
　　　　二、"人工智能+"时代开启…………………………………… 82
　　　　三、我国发展人工智能的优势和"瓶颈"……………………… 86
　　第二节　人工智能助推新质生产力形成………………………… 90
　　　　一、人工智能为科技创新提供"原动力"……………………… 90
　　　　二、人工智能塑造新型劳动者………………………………… 94
　　　　三、人工智能引发深层次产业变革…………………………… 98
　　第三节　以人工智能为引擎发展新质生产力的重点任务……… 100
　　　　一、关键技术创新和新型基础设施建设……………………… 101
　　　　二、数据资源整合共享和开放利用…………………………… 103
　　　　三、场景驱动的技术创新和产业化…………………………… 105
　　　　四、创新型复合型人才培养…………………………………… 108

第四章　数据要素：新质生产力的创新引擎…………………… 111
　　第一节　从"互联网+"到"数据要素×"……………………… 112
　　　　一、数据何以成为生产要素…………………………………… 113
　　　　二、数据要素如何创造价值…………………………………… 122
　　第二节　释放数据要素价值……………………………………… 128
　　　　一、"先用起来"的发展理念…………………………………… 129
　　　　二、"让数据流动起来"………………………………………… 134
　　　　三、公共数据开放……………………………………………… 138
　　　　四、公共数据授权运营………………………………………… 141

第五章　新型工业化与新质生产力：互促互动为中国式现代化
　　　　　　提供强劲支撑……………………………………………… 147
　　第一节　推进新型工业化………………………………………… 149

一、中国工业化的历史探索 149
　　二、中国新型工业化的现实基础 151
　　三、新时期推进新型工业化的战略意义 155
　第二节　以新型工业化培育发展新质生产力 157
　　一、新型工业化的内涵和时代特征 157
　　二、新型工业化培育新质生产力的作用机理 162
　第三节　推动制造业深度转型升级 166
　　一、制造业转型的重要意义 167
　　二、服务型制造的发展路径 170
　第四节　布局建设未来产业 175
　　一、未来产业引领形成新质生产力的作用机理 176
　　二、发展未来产业加快形成新质生产力的重点任务 179

第六章　新质生产力与共同富裕：中国式现代化的价值指向 183
　第一节　共同富裕的历史探索 184
　　一、中华人民共和国成立到改革开放之前对共同富裕的探索 185
　　二、改革开放初期对共同富裕的探索 187
　　三、新时代共同富裕的战略部署和实践探索 189
　　四、中国式现代化与共同富裕的时代特征 191
　　五、新征程上推进共同富裕面临的新形势 196
　第二节　新质生产力促进共同富裕的作用机理 199
　　一、把握新质生产力的内涵 199
　　二、生产力质变带来经济水平全面提升 201
　　三、新业态发展助力缩小"三大差距" 203
　　四、促进公共服务均等化、普惠化 204
　　五、数字技术赋能物质生活与精神生活"双富裕" 205
　第三节　发展新质生产力推进共同富裕的实践路径 207
　　一、以新质生产力促进城乡共同富裕 208
　　二、以新质生产力推动区域经济协调发展 210
　　三、发展平台经济构建共同富裕的长效机制 212
　　四、大力发展数字文化产业 214
　　五、形成促进共同富裕的新型生产关系 216

第七章 人工智能治理：域外进展与中国实践 ……………… 219

第一节 人工智能崛起与新型风险社会 …………………… 221
一、信息传播失序风险 …………………………………… 222
二、数据滥用风险 ………………………………………… 224
三、算法歧视风险 ………………………………………… 225
四、新型技术控制风险 …………………………………… 227
五、不公平加剧的风险 …………………………………… 228

第二节 人工智能治理的域外进展 ………………………… 229
一、美国 …………………………………………………… 230
二、欧盟 …………………………………………………… 239

第三节 人工智能治理的中国实践 ………………………… 246
一、以人为本和平等发展的国际主张 …………………… 246
二、鼓励创新发展 ………………………………………… 248
三、重点领域先行 ………………………………………… 250
四、注重科技伦理治理 …………………………………… 252
五、进一步的建议 ………………………………………… 253

第八章 平台经济高质量发展：中国式现代化的必然要求 …… 259

第一节 平台经济发展与监管的双重逻辑 ………………… 261
一、我国平台经济发展历程与成效 ……………………… 261
二、平台经济发展与监管的理论逻辑 …………………… 264
三、平台经济发展和监管的制度逻辑 …………………… 269

第二节 我国平台经济监管的实践探索 …………………… 272
一、平台经济监管面临的新形势和新挑战 ……………… 272
二、平台经济监管政策演进 ……………………………… 276
三、平台经济监管的重点 ………………………………… 281

第三节 平台经济常态化监管 ……………………………… 286
一、平台经济监管中存在的问题 ………………………… 286
二、平台经济常态化监管趋势 …………………………… 289

引言

筑基稳进 创新驱动：新质生产力与中国式现代化的战略选择

习近平总书记指出，"要牢牢把握高质量发展这个首要任务，因地制宜发展新质生产力"。这是习近平总书记站在推进中华民族伟大复兴战略全局，准确把握全球经济和科技发展趋势，深入洞察世界百年未有之大变局，创造性提出的关于生产力发展的重大论断，为我们在新时代推动高质量发展和全面推进中国式现代化提供了理论指导和行动指引。发展新质生产力是我国在新阶段新征程释放经济发展巨大潜力、实现高质量发展的必然要求。什么是新质生产力、为什么要发展新质生产力、怎样发展新质生产力等，既是需要深化研究的理论问题，更是需要在全面建设中国式现代化征程中不断探索创新的实践问题。

一、如何看当前经济形势

一国经济的发展受到多种复杂因素的影响，国际的、国内的、可预见的、不可预见的……因而经济发展过程不可能一帆风顺，既有顺风顺水乘势而上的加速崛起阶段，也会有逆风逆水甚至面临惊涛骇浪的艰苦时期。发展环境越是复杂严峻，越需要我们从历史、现实和未来相结合的视角，找准国家发展所处的历史方位；越需要我们以全面、辩证和立足长远的思维，把握深藏于错综复杂的表象背后的大逻辑大趋势。

党的二十大报告提出，到 2035 年，我国"人均国内生产总值迈上新的大台阶，达到中等发达国家水平"，这就要求我国经济发展的任务不仅要提高发展质量，还要长期实现量的合理增长。2024 年《政府工作报告》中，我国经济发展年度目标是"国内生产总值增长 5%左右"，这个目标既衔接了国家"十四五"规划目标，密切结合当前国际形势与国内经济社会发展实际，又充分兼顾了高质量发展需要与实践的可行性。

对于我国如此庞大的经济体量而言，保持平稳运行至关重要。"稳"需要有坚实的基础。

作为全面贯彻党的二十大精神的开局之年，也是我国疫情防控转段后经济恢复发展的一年，2023 年我国经济发展承压前行，经济总量稳步攀升，国内生产总值（GDP）超过 126 万亿元，比上年增长 5.2%，实现了 5%左右的预期目标。经济增速明显快于美国 2.5%、欧元区 0.5%、日本 1.9%的经济增速，对世界经济增长贡献率有望超过 30%，仍是全球经济增长重要引擎。

进入 2024 年，我国经济继续呈现回升向好态势。2024 年一季度，我国 GDP 同比增长 5.3%，实现了在去年较高基数基础上的更快增长，环比增速连续 7 个季度增长，超出很多机构和研究者的预期。从实物量指标情况看，2024 年一季度，全社会用电量同比增长 9.6%，工业用电量同比增长 8%左右，货运量同比增长 5.3%，营业性客运量同比增长 20.5%，港口货物吞吐量同比增长 6.1%……都与 GDP 的增长相互印证。

工业回升、服务业向好共同带动经济实现较快发展。2024 年一季度，我国工业增加值同比增长 6%，对 GDP 增长的贡献率为 37.3%；服务零售额增长 10%，服务业对经济增长贡献率为 55.7%。工业和服务业两大产业对 GDP 增长的贡献率超过 90%。2024 年 4 月份，我国规模以上工业增加值同比增长 6.7%，增速较 3 月份提高了 2.2 个百分点，规模以上工业企业实现利润同比增长 4.0%。实体经济持续回升向好。

外贸起势良好也是经济持续向好的重要因素。2024 年一季度，我国货物进出口总额 101693 亿元，同比增长 5.0%，进出口规模历史同期首次突破 10 万亿元。其中，出口 57378 亿元，同比增长 4.9%；进口 44315

亿元，同比增长 5.0%。进出口增速创 6 个季度以来新高。

"稳中求进"是我国经济工作的主基调，在"稳"的基础上要实现"进"，就需要源源不断的新动能。

作为新质生产力重要代表的新技术、新产业、新产品等对当前经济发展发挥了重要作用。2024 年一季度，我国规模以上高技术制造业增加值同比增长 7.5%，比 2023 年四季度加快 2.6 个百分点；信息传输、软件和信息技术服务业增加值同比增长 13.7%，比 2023 年四季度提升 2.5 个百分点；服务机器人产量同比增长 26.7%，半导体、3D 打印同样保持两位数以上的高位增长。新产品加快培育。2024 年一季度，充电桩、3D 打印设备、电子元件产品产量同比分别增长 41.7%、40.6%、39.5%。

战略性新兴产业投资保持较快增长，2024 年一季度我国高技术产业投资同比增长 11.4%，比 2023 年全年提高了 1.1 个百分点；其中高技术制造业投资同比增长 10.8%，高技术服务业投资同比增长 12.7%。新投资、新基建继续呈现良好发展势头。截至 2024 年 2 月月底，全国新增 13.2 万个 5G 基站，现在总量超过 350 万个。

中国经济持续向好为世界经济增长带来信心和动力。我国一季度经济数据公布后，众多国际机构纷纷上调今年中国经济增长预期，国际货币基金组织将今年全球经济预期增速上调至 3.2%，高盛将增长预测从 4.8%上调至 5.0%，摩根士丹利从 4.2%上调至 4.8%，亚洲开发银行从 4.5%上调至 4.8%……彭博社预测，中国将是未来 5 年全球经济增长的最大贡献者。

需要注意的一个问题是，宏观经济数据持续向好与人们在日常生活中对经济形势的感知存在一定程度的不一致性，即"温差"。造成这种不一致性的原因有多个方面。

一方面，这种差别体现了经济增长的实际增速与名义增速之间的偏离，价格指数走低是直接原因。统计部门核算和公布的经济增速是实际增速，而个人在生活中的体验、企业在经营活动中感受到的，都是与其收入和盈利高度相关的名义增速。在物价走低的情况下，两者之间的"温差"会尤其明显。2024 年一季度 GDP 同比增长 5.3%，是剔除物价因素后的实际增速。而我国物价指数从 2023 年 10 月份以来连续四个月为负，2024 年 2 月转正，3 月和 4 月分别上涨 0.1%和 0.3%。从总体上看，物价水平走低对一季度经济实际增速产生了拉低效应，也直接影响着公众对经济形势的"体感"。而物价指数走低或者疲软也反映了当前我国经济发展中存在的深层次问题，即市场有效需求不足和供需之间的结构性矛盾。2024 年 4 月，我国社会消费品零售总额同比增长 2.3%，增速比 3 月份的 3.1%出现了小幅回落。

另一方面，"温差"的存在也反映了当前经济恢复和发展中存在的不平衡不充分问题。统计核算的宏观经济指标通常是平均的结果，通常很难反映实际存在的结构性矛盾。比如国有企业的总体情况明显好于民营企业，尤其是大量中小民营企业仍然面临较大的发展甚至是生存压力。2023 年我国规模以上工业企业增加值增速为 4.6%，整体工业增加值增速为 4.2%，意味着大量规模以下工业企业的增速低于规模以上工业企业。2023 年，我国国有控股固定资产投资提高了 6.4%，在 2022 年 10.1%的高增速水平上继续实现较高增长；与之形成明显对比的是，2023 年我国民建固定资产投资下降了 0.4%，两者实际相差 6.8 个百分点。当然，我国经济发展中还存在其他一些问题，2023 年的中央经济工作会议上有明确的阐述，这里不再赘述。

二、为什么说中国经济潜力巨大

以历史、现实和未来三者相结合的纵向视角再来审视我国当前的经济形势，就会发现，我们正在经历的是一种趋势性的、"转段性"的大变革，而非周期性的调整。

新发展阶段的重要特征是，我国社会主要矛盾已经转化为人民日益增长的美好生活需要和不平衡不充分的发展之间的矛盾。经济发展必须紧紧围绕解决这一主要矛盾展开，不仅要注重经济总量，还要优化发展结构，解决存在的结构性矛盾；还要根本上改变长期以来粗放式经济增长方式，解决经济发展中存在的体制机制等问题，切实提高发展质量和效益。要解决这些问题、实现阶段性转变的过程并非一蹴而就，增长速度的放缓是客观的、必然的。我国经济已由过去的高速增长转向中高速增长，自 2010 年起，我国 GDP 增速总体呈下降趋势，从 2010 年的 10.6% 下滑至 2019 年的 6.0%；受突发疫情影响，2020—2022 年三年复合平均增速为 4.5%。但正如习近平总书记指出的，"不是经济发展速度高一点，形势就'好得很'，也不是经济发展速度下来一点，形势就'糟得很'"。经历了多年经济高速增长，在粗放式增长的弊端日益显现、经济社会发展面临新的矛盾和任务的今天，需要的是"立足提高质量和效益来推动经济持续健康发展，追求实实在在、没有水分的生产总值，追求有效益、有质量、可持续的经济发展"。我们更要关注经济增长速度背后所体现的发展质量、发展动力和发展效率的深刻变革。

习近平总书记曾强调指出，我国经济潜力足、韧性强、回旋空间大、政策工具多的基本特点没有变，我国发展具有的多方面优势和条件没有变。面向未来看，中国经济还蕴藏着巨大的增长潜力。2023 年 11 月 16 日，习近平总书记在亚太经合组织工商领导人峰会上特别指出，中国经济具有"四大优势"，即"社会主义市场经济的体制优势、超大规模市场的需求优势、产业体系配套完整的供给优势、大量高素质劳动者和企业家的人才优势"，"我们有信心、更有能力实现长期稳定发展"。"四大优势"概括精准深刻，充分揭示了我国经济发展的广阔空间和潜力。

经济增长的动力来自哪里？回归到经济学的基本理论，无非是从供给和需求两侧找答案。亚当·斯密认为，一个国家国民财富的积累，首要原因是劳动生产率得到提高。劳动生产率的提高依赖于社会分工和专业化水平。因此，经济发展就要通过不断深化社会分工来提高全社会的劳动生产率。这实际上是从供给端或者说是生产端阐释了一个国家和社会的经济发展能力。经济学家曼昆提出的，一国的生活水平取决于它生产物品与劳务的能力，说的也是这个道理。从需求侧来看，马克思认为，社会发展的根本目标是要实现人的自由而全面的发展，因而满足人全面发展的需要就是推动经济发展的重要动力。经济学家熊彼特认为，资本主义的成就通常不在于向女王们提供更多的长筒丝袜，而在于以递减的努力生产出让工厂女工们都能购买的足够多的长筒丝袜。也就是说，经济发展就是要让普通女工和女王一样，都能买得起穿得上长筒丝袜。每个社会成员的需求都应该得到满足，公平地满足每个人的基本需求，也是推动经济发展的动力来源。上述两个方面综合来看，供给和需求相互影响相互促进，共同为一国经济发展提供源源不断的动力。

就我国现实情况看，进入高质量发展的新阶段，无论是供给端还是消费端都有着巨大潜力。

从供给端看，一方面，我国科技创新能力持续提升，已进入创新型国家行列，未来发展潜力巨大。2023 年，我国全社会研发经费超过 3.3 万亿元，是 2012 年的 3.2 倍，居世界第二位；研发投入强度达到 2.64%，超过了欧盟国家平均水平；研发人员全时当量居世界第一。发明专利申请量、专利合作条约国际专利申请量多年蝉联世界第一，高被引论文数保持世界第二位。世界知识产权组织发布的全球创新指数报告中，我国排名从 2012 年的第 34 位上升到 2023 年的第 12 位。基础研究能力大幅增强。全社会基础研究投入持续增加，从 2012 年的 499 亿元提高到

2023 年的 2212 亿元，占全社会研发投入比例从 4.8%升至 6.6%。[1]另一方面，人力资源供给水平不断提升。当前我国面临着生育率低迷的问题，因而有观点认为未来我国劳动力供给会减少。但学者研究发现，更能决定经济长期发展潜力的是人力资源总量，而不是人口总量。[2]人力资源总量是综合考虑了人口质量的社会劳动时间储备总和，人口质量的核心因素则是健康水平和受教育水平。因而，即便在相对悲观的人口增长预期下，中国人力资源总量仍将在 2040 年前持续增长，并将在 2040—2050 年保持稳定。

从需求端看，有研究显示，"十四五"及中长期我国将具有丰富消费内容、高端消费品牌、多样消费方式、优越消费环境，吸引全球消费者的高度繁荣的消费市场，预计最终消费支出额占世界比重从 2019 年的 12.1%提升至 2025 年的 16.2%和 2035 年的 22%，成为全球消费资源的配置中心以及引领全球消费发展的创新高地。[3]从城镇化的角度看，第七次人口普查数据显示，我国户籍人口城镇化率还不到一半，为 45.4%，明显低于常住人口城镇化率 63.89%的水平。这种差距意味着大量人口虽然常住在城镇，但并没有获得与城镇居民相同的教育、医疗和社会保障等公共服务，向更高品质生活提升的需求空间巨大。按照党的二十大的战略部署，2035 年，我国人均 GDP 将达到中等发达国家水平。随着我国中等收入群体规模扩大和人均可支配收入的提高，潜在的消费需求有望不断释放并为经济增长提供强大动能。

此外，出口方面也蕴藏着中国经济增长的巨大潜力。高技术和高附加值引领的绿色转型产品成为出口新增长点。2023 年，我国电动载人汽

---

1 阴和俊. 加快推进高水平科技自立自强，为国家发展和安全提供战略支撑.
2 厉克奥博，李稻葵，吴舒钰. 人口数量下降会导致经济增长放缓吗？——中国人力资源总量和经济长期增长潜力研究.
3 尹伟华，肖宏伟. 我国国内市场规模和潜力测算及发展趋势展望.

车、锂电池、太阳能电池等"新三样"合计出口金额首次突破万亿元大关，达 1.06 万亿元，比 2022 年增长 29.9%；2024 年一季度合计出口 2646.9 亿元，同比增长 66.9%。跨境电商成为我国对外贸易的新业态和新模式。2024 年一季度，我国跨境电商进出口同比增长 9.6%，跨境电商海外仓出口同比增长 11.8%，跨境电商以海外仓为境外节点，成为我国对外贸易高质量发展的新平台。

三、如何释放经济增长潜力

经济发展蓄积的潜能不会自然而然地释放出来，尤其是在国内外经济形势极其复杂的当下，很多现象、问题和挑战都是以前从未经历过的。邓小平同志指出，"世界上的事情都是干出来的，不干，半点马克思主义都没有"。越是复杂的情况，越需要我们发挥主观能动性和创造性，大胆探索和改革创新，充分释放经济增长潜力，把我们过去发展中积累的坚实基础转化为新历史条件下的竞争优势。正如 2023 年中央经济工作会议提出的，"要深刻领会党中央对经济形势的科学判断，切实增强做好经济工作的责任感使命感，抓住一切有利时机，利用一切有利条件，看准了就抓紧干，能多干就多干一些，努力以自身工作的确定性应对形势变化的不确定性。"

如何干？如前所述，我国经济正处在新旧发展动能转换和结构优化升级的爬坡过坎期，实践中面临的既有短期内亟须应对的问题，也有需要从长计议和谋划问题。因而我国提出了"稳中求进、以进促稳、先立后破"的具体经济工作要求，在部分重点领域风险集聚、社会预期偏弱和信心不足的当下，"先立后破"尤为关键。"立"，意味着既要采取有效措施防范经济发展中的各种风险，确保不发生系统性风险；还要加快培育新的经济增长点，寻找稳中求进的新动能。后者便是本书关注的重点内容。

新发展阶段如何加快构建经济稳中求进的新动能？对此习近平总书记高瞻远瞩，明确提出，"必须继续做好创新这篇大文章，推动新质生产力加快发展"。新质生产力理论是习近平总书记着眼全球视野、立足于党和国家事业全局高度，对马克思主义生产力理论的重大创新。

新质生产力的"新"体现在新的生产力要素、新的驱动力、新的发展模式和新的发展效果等多个方面。发展新质生产力，是释放经济增长潜力和实现高质量发展的必然要求。一方面，新质生产力发展可以通过技术的颠覆性突破，通过促进资源优化配置、通过推动产业转型升级等多种途径，为经济增长注入新动能。另一方面，新质生产力的发展还将对生产关系变革产生巨大的推动和倒逼作用，推动适应高质量发展要求的社会制度体系不断完善。

本书紧扣加快发展新质生产力这一时代主题，顺应全球新一轮技术创新和产业变革的大势所趋，着眼于加快释放我国经济增长潜力和全面推进中国式现代化建设，从多个视角分析了我国发展新质生产力与推进中国式现代化的理论逻辑和实践要求。第1、2章，分析新质生产力和中国式现代化的历史逻辑、理论逻辑和实践路径，提出发展新质生产力助推中国式现代化的重点任务；第3~6章，围绕人工智能、数据要素、新型工业化、共同富裕等主题，阐述新质生产力发展如何助力中国式现代化，包括理论层面的分析和实践路径设计；第7、8章，围绕深化改革主题，阐述如何构建与新质生产力相适应的生产关系，重点包括人工智能治理、平台经济治理与高质量发展等相关问题的理论分析和实践探索。

书中多数内容都是在笔者参加各种专题研讨、培训、讲座等讲稿的基础上整理而成，希望笔者的所思所想能够引发读者更多思考。同时受研究水平和时间所限，书中也难免存在疏漏与不足，希望读者能不吝赐教，多多反馈宝贵的意见和建议。

第一章

新质生产力：
历史逻辑、理论逻辑与实践路径

人类社会发展历史表明，新质生产力的出现和发展壮大是推动人类文明进步生生不息的根本动力。习近平同志强调，"发展新质生产力是推动高质量发展的内在要求和重要着力点""必须做好创新这篇大文章，推动新质生产力加快发展"。新质生产力概念的提出，是以习近平同志为核心的党中央在新时代对马克思主义生产力理论的丰富发展，是对科学技术推动生产力发展的理论传承和实践总结，也是在新的历史时期全面推进中国式现代化的重要理论创新。

第一节　新质生产力的历史逻辑

新质生产力概念的提出不是偶然的，而是在深刻把握人类社会生产力发展规律和总结历史经验的基础上，顺应未来趋势和时代潮流、反映实践需求并依据现实基础条件而建构的新的理论体系。加快形成新质生产力，需要把握其深刻的历史逻辑、理论逻辑和实践逻辑。

一、认识生产力

生产力是经济学基本概念，生产力理论是我们认识和分析经济现象的理论基础。生产力是人类改造自然和征服自然的能力，本质上是劳动者在物质生产中形成的客观力量，反映了人与自然界之间的关系。马克思指出："生产力发生在人与人的交往以及人对自然的改造活动等联系中，表现为人们生产物质生活本身的能力，即人类改造自然时从事实践活动的生产能力。"[1]生产力既是社会财富的源泉，也是一个时代、一个国家、一个民族发展水平的集中体现。

马克思主义政治经济学构建起了一套系统的生产力理论。在马克思之前，许多经济学家从不同角度对生产力进行了分析和论述。

古典经济学家最早在分析社会财富来源的过程中认识生产力与生产要素。18世纪中期，法国重农学派魁奈（Quesnay）从社会物质财富来源的视角，强调土地和人口作为生产要素对社会财富积累的重要性。[2]他强调："君主和人民绝不能忘记土地是财富的唯一源泉，只有农业能够增加财富。"[3]英国古典经济学奠基人配第（Petty）的名言"土地为财富之母，而劳动则为财富之父和能动要素"[4]，被称为社会财富来源的"两要素论"。但他们都并没有直接系统地阐述生产力的内涵。

英国古典经济学家斯密（Smith）提出了"劳动生产力"的概念。"世间一切财富，原来都是用劳动购买而不是用金银来购买的。"[5]"劳动生产力上最大的增进，以及运用劳动时所表现的更大的熟练、技巧和判断力，似乎都是分工的结果。"[6]"在制造业上，自然没做什么，人做了一切。"[7]也就是说，在斯密看来，自然力不能创造新价值，新增价值来源于人的劳动，劳动是社会财富和价值创造的源泉，劳动生产力提高则是社会分工的结果。此外，他还进一步阐述了财富创造过程中流动资本和

---

[1] 弗里德里希·恩格斯，卡尔·马克思. 马克思恩格斯全集（第1卷）.
[2] 弗朗斯瓦·魁奈. 魁奈经济著作选集.
[3] 弗朗斯瓦·魁奈. 农业国经济统治的一般准则.
[4] 威廉·配第. 赋税论.
[5] 亚当·斯密. 国民财富的性质和原因的研究（上卷）.
[6] 亚当·斯密. 国民财富的性质和原因的研究（上卷）.
[7] 亚当·斯密. 国民财富的性质和原因的研究（上卷）.

固定资本的作用。

德国政治经济学家弗里德里希·李斯特（Friedrich List）在 1841 年首次提出生产力理论的基本框架。他认为，"生产力是树之本，可以由此产生财富的果实。"[8] "财富的生产力比之财富本身，不晓得要重要到多少倍；它不但可以使已有的和已经增加的财富获得保障，而且可以使已经消失的财富获得补偿。"[9] "一个国家的发展程度……决定于它的生产力的发展程度。"[10]在李斯特看来，物质、精神等一切影响生产力发展的因素都应该纳入生产力理论的基本框架中，并充分认识到生产关系、上层建筑、思想意识对生产力的作用。

在马克思主义政治经济学的视域中，生产力是人类征服自然、改造自然的能力。"劳动生产力是由多种情况决定的，其中包括：工人的平均熟练程度，科学的发展水平和它在工艺上应用的程度，生产过程的社会结合，生产资料的规模和效能，以及自然条件。"[11] "劳动的社会生产力的日益改进，引起这种改进的是：大规模的生产、资本的积聚，劳动的联合，分工，机器，改良的方法，化学力和其他自然力的作用，利用交通和运输工具而达到时间和空间的缩短，以及其他各种发明，科学就是靠这些发明来驱使自然力为劳动服务，劳动的社会性质或协作性质也由于这些发明而得以发展。"[12]

从历史逻辑来看，生产力是影响社会形态演变和时代变迁的最根本的决定因素，人类社会发展史本身就是生产力发展史。"各种经济时代的区别，不在于生产什么，而在于怎样生产，用什么劳动资料生产。"[13]

---

8 弗里德里希·李斯特. 政治经济学的国民体系.
9 弗里德里希·李斯特. 政治经济学的国民体系.
10 弗里德里希·李斯特. 政治经济学的国民体系.
11 卡尔·马克思. 资本论（第1卷）.
12 弗里德里希·恩格斯，卡尔·马克思. 马克思恩格斯选集（第2卷）.
13 弗里德里希·恩格斯，卡尔·马克思. 马克思恩格斯选集（第2卷）.

人类社会从传统农业社会发展到现代工业社会，从农耕文明进入现代文明，都是生产力推动的结果。而且，"一个民族的生产力发展的水平，最明显地表现于该民族分工的发展程度。任何新的生产力，只要它不是迄今已知的生产力单纯的量的扩大（例如开垦土地），都会引起分工的进一步发展。"[14]可见，"新的生产力"更加强调的是其"质"的提升，而不是简单的"量"的扩大。

马克思还提出了经典的生产力三要素论，即劳动者、劳动资料和劳动对象。马克思指出："不论生产的社会形式如何，劳动者和生产资料始终是生产因素。"[15]"劳动过程的简单要素是：有目的的活动或劳动本身、劳动对象和劳动资料"[16]。劳动者是具有劳动能力和知识经验的人，可以以体力活动或脑力活动参与到社会生产中；劳动资料是劳动者用来改造和加工劳动对象的物质条件和手段，主要体现为生产工具；劳动对象是指劳动过程中被改造的物体，既包括直接来自于自然界、未加工过的自然资源，也包括经过初步加工而形成的原材料。劳动资料和劳动对象又被统称为生产资料，生产资料必须与劳动者相结合才能创造社会财富。

在生产力三要素中，生产工具被看作是反映社会生产力和经济发展水平的重要标志。从石器刀耕到大机器生产再到机器代人，生产工具是生产力发展水平的重要标志，技术创新则是推动生产力水平提升的关键因素。18世纪，蒸汽机和纺纱机等广泛使用，出现了机器大工业为代表的社会生产力，推动人类社会进入资本主义社会；19世纪，内燃机和电气技术的发明与广泛应用催生新的产业形态和生产力，资本主义演进到帝国主义阶段，也为社会主义社会的诞生积累着物质基础。20世纪，计

---

14 弗里德里希·恩格斯，卡尔·马克思. 马克思恩格斯文集（第1卷）.
15 卡尔·马克思. 资本论（第2卷）.
16 卡尔·马克思. 资本论（第2卷）.

算机、原子能等技术的创新发展与应用，引发生产力构成要素出现质变，科学技术对生产力发展驱动作用更加凸显。

马克思以生产工具为标志，将人类生产力发展阶段区分出"由自然形成的生产工具和由文明创造的生产工具之间的差异"[17]。依据不同时期的生产工具和生产要素，可以把人类社会经济形态划分为农业经济、工业经济与数字经济。不同的经济形态下，社会生产力的要素构成及其相互之间的关系也不尽相同。

农业经济时代，土地是最重要的生产要素和社会财富来源，刀耕、铁犁、牛耕等都集中反映了那个时代低下的社会生产力水平，整个社会构建起的是"以土地为核心"的生产力系统。随着社会分工与协作的不断深化，出现了工场手工业并日益发展壮大，劳动者和劳动对象逐步通过一些简单的生产工具连接起来。"个人把工具当作器官，通过自己的技能和活动赋予它以灵魂，因此，掌握工具的能力取决于工人的技艺"[18]。也就是说，劳动者掌握和使用劳动工具的能力，在社会生产力系统中发挥着越来越重要的作用，直至成为整个系统的核心，劳动也就成为了最重要的生产力要素。

工业革命的爆发使得人类社会生产力得到极大发展，风、电、蒸汽等能源代替人的肌肉充当动力。[19]"机器的改良，使那些在原有形式上本来不能利用的物质，获得一种在新的生产中可以利用的形态。"[20]"真正的机器体系替代了各个独立的机器。"[21]借助"化学力和其他自然力的应用，利用交通和运输工具而达到时间和空间的缩短"[22]，社会劳动生

---

17 费里德里希·恩格斯，卡尔·马克思. 马克思恩格斯文集（第8卷）.
18 费里德里希·恩格斯，卡尔·马克思. 马克思恩格斯文集（第8卷）.
19 卡尔·马克思.资本论（第1卷）.
20 费里德里希·恩格斯，卡尔·马克思. 马克思恩格斯文集（第7卷）.
21 卡尔·马克思. 资本论（第1卷）.
22 费里德里希·恩格斯，卡尔·马克思. 马克思恩格斯文集（第3卷）.

产率得以大幅提升。

从生产组织方式上看，工业革命推动人类社会生产方式从工场手工业发展成为机器大工业。工厂手工业阶段，劳动的主要组织方式是劳动者（人与人之间）的相互协作；机器大工业生产中，机器和机器系统将劳动者和劳动对象联系起来，工人"站在生产过程的旁边"[23]。这就意味着，机器大工业时期，劳动的主要组织方式是围绕机器流水线构建起来的协作体系，劳动者的技能和工作在越来越大的程度上被机器替代，工人不再是生产过程的主导，机器、机器系统或者说劳动工具成为自动化生产体系的核心。工人的直接劳动"在量的方面降到微不足道的比例"，"在质的方面，虽然也是不可缺少的，但……却变成一种从属的要素"[24]。机器支配工人，劳动资料支配劳动；与此同时，机器作为劳动资料也体现为资本的形式加入到社会生产中，资本日益成为社会最重要生产力要素。

可见，技术之所以能够引发生产力变革，在于它对生产要素与劳动过程的改造，并构建起新的生产方式。马克思曾通过对"蒸汽机""珍妮走锭精纺机""手推磨""蒸汽磨"的描述，来分析技术进步对生产力发展的推动作用；在此基础上，进一步分析新兴生产力的出现如何导致了奴隶制的消亡，并推动人类进入工业资本家社会，以此阐释生产力革新引发社会关系变革的内在机理。而且，生产关系和社会制度也会反作用于生产力的发展，与生产力发展水平相适应的生产关系和社会制度，可以成为技术创新应用和社会生产力水平快速提升的加速器；反之，则可能成为新技术应用和生产力发展的桎梏。因此，技术创新与社会制度变革之间也会相互影响、相互作用和互动，推动历史的车轮滚滚向前。

---

23 费里德里希·恩格斯，卡尔·马克思. 马克思恩格斯文集（第8卷）.
24 费里德里希·恩格斯，卡尔·马克思. 马克思恩格斯文集（第8卷）.

二、"技术-经济"范式

从农业文明到工业文明再到信息文明，每一次重大社会变革的背后都是一场影响深远的技术革命。18世纪70年代，瓦特制造出第一台实用蒸汽机，开启第一次工业革命；19世纪，法拉第、爱迪生、特斯拉等人发明了发电机和电动机，第二次工业革命来临，推动人类社会进入电气化时代；20世纪40年代，维纳、图灵、冯·诺依曼等人奠定了计算机、智能、控制论的基础，人类迎来第三次工业革命，20世纪90年代，日益普及的互联网使得世界成为"地球村"；21世纪，大数据、人工智能等开启第四次工业革命。不断迭代创新的技术与商业创新紧密地联系和融合在一起，相互影响，交互螺旋式上升，进而催生出一系列新兴产业和新型基础设施网络，引发产业创新，推动经济规模持续扩大和社会生产力水平持续提高。

经济学家卡萝塔·佩蕾丝（Carlota Perez）曾对推动社会发展的"技术-经济范式"进行了系统阐述（表1-1）。在她看来，人类历史上经历了五次技术革命，每一次技术革命都会带来新的技术、新的关键生产要素、新型基础设施和新兴产业的发展，因此每50~70年，社会经济活动效率就会提升到一个新高度。每种发展模式都有其最有效的生产组织范式，即生产力增长在企业、行业和国家内部之间发生的主要形式和方向。这种范式由某些关键技术发展演变而来，会导致行业面临的相对成本结构发生重大变化，同时为新技术的应用提供了广泛的新机会。

技术革命引发经济发展的过程就是"技术-经济范式"，每一次历史发展的巨潮，都可以被看作是新范式对旧范式的替代。新的"技术-经济范式"是经济主体运用新关键要素和新技术的最佳实践模式，但新范式的形成需要时间，大约在技术革命爆发后的十年甚至更久。在这一过程中，新范式要突破原有社会制度体系的阻碍和束缚，在对原有社会体系的颠覆中吸收技术革命的新范式，人们也将逐渐摒弃前一个范式并接受新的组织原则,新范式与新形成的社会制度框架重新耦合。

关于技术革命,卡萝塔·佩蕾丝认为,除了要有短时间内创新集群的突破外,还要具备两个条件:一是这些技术突破超越了它们最初发展的产业的界限,传播到更广的范围;二是旧范式的潜力被耗尽,"只有当信息革命的财富创造潜力接近极限时,新技术革命才更有可能发生"[25]。因此,根据社会发展的"技术-经济范式"理论,"关键生产要素"的出现是推动经济增长和社会进步的重要原生变量,是引发社会生产力发生质的跃迁的根本动力,进而带来生产过程、组织形式、商业模式等重要方面的改变。

表 1-1 社会发展的"技术-经济范式"

技术革命	新技术、新产业或得到更新的产业	新基础设施或得到更新的基础设施	技术-经济范式"常识"创新原则
第一次: 始于 1771 年 产业革命 英国	✓ 机械化的棉纺织业 ✓ 熟铁 ✓ 机器	✓ 运河和水道 ✓ 收费公路 ✓ 水力(经过重大改良的水力涡轮)	工业生产机械化 生产率/守时和省时 流体运动(以水力驱动的机器和借助运河与水路的运输为理想例证)
第二次: 始于 1829 年 蒸汽和铁路时代 英国,扩散到欧洲大陆和美国	✓ 蒸汽机和机器(铁制;煤为动力) ✓ 铁矿业和煤矿业(当时在增长中起核心作用) ✓ 铁路建设 ✓ 铁路车辆生产 ✓ 工业(包括纺织业)用蒸汽动力	✓ 铁路(使用蒸汽动力) ✓ 普遍的邮政服务 ✓ 电报(主要在一国铁路沿线传输) ✓ 大型港口、仓库和航行世界的轮船 ✓ 城市煤气	聚合的经济/工业城市/全国范围的市场 规模意味着进步 标准零部件/以机器生产机器 随处可见的能源(蒸汽)(各种机器和运输工具的)相互依赖的运动
第三次: 始于 1875 年 钢铁、电力、重工业时代	✓ 廉价钢铁(尤其是酸性转炉生产的钢铁) ✓ 用于钢制轮船的蒸汽动力的全面发展	✓ 钢制高速蒸汽轮船在世界范围内的航运(通过苏伊士运河)	巨型结构(钢制) 工厂的规模经济/垂直一体化 可分配的工业动力(电力)

---

25 卡萝塔·佩蕾丝. 技术革命与金融资本:泡沫与黄金时代的动力学.

续表

技术革命	新技术、新产业或得到更新的产业	新基础设施或得到更新的基础设施	技术-经济范式"常识"创新原则
美国和德国超过英国	✓ 重化工业和民用工程 ✓ 电力设备工业 ✓ 钢和电缆 ✓ 罐装和瓶装食品 ✓ 纸业和包装	✓ 世界范围的铁路（使用标准尺寸的廉价钢轨和枕木） ✓ 大型桥梁与隧道 ✓ 世界范围的电报 ✓ 电话（限于一国范围内） ✓ 电力网络（用于照明和工业）	科学成为第一生产力 世界范围的网络和帝国（包括卡特尔） 普遍的标准化 出于控制和效率的目的而建立的成本会计 巨大规模的世界市场/若在当地，"小"的就是成功的
第四次： 始于1908年 石油、汽车和大规模生产的时代 美国，后扩散到欧洲	✓ 批量生产的汽车 ✓ 廉价石油和石油燃料 ✓ 石化产品（合成品） ✓ 内燃机，用于汽车、运输、拖拉机、飞机、军用坦克和电力 ✓ 家用电器 ✓ 冷藏和速冻食品	✓ 公路、高速公路、港口和机场组织的交通网络 ✓ 石油管道网络 ✓ 普遍的电力供应（工用和家用） ✓ 世界范围内的有线或无线模拟远程通信（电话、电报和海底电报）	大规模生产/大众市场 规模经济（产量和市场容量）/水平一体化 产品的标准化 （基于石油的）能源密集型合成材料 职能专业化/等级制金字塔 集权化/大城市中心和郊区化
第五次： 始于1971年 信息和远程通信时代 美国，扩散到欧洲和亚洲	✓ 信息革命 ✓ 廉价微电子产品 ✓ 计算机、软件 ✓ 远程通信 ✓ 控制设备 ✓ 计算机辅助的生物技术和新材料	✓ 世界数字远程通信（电缆光纤、无线电和卫星） ✓ 因特网、电子邮件和其他E化服务 ✓ 多种能源、灵活用途、电力网络 ✓ （水陆空）高速物流运输系统	信息密集型（建立在微电子技术之上的信息和通信技术） 非集权的一体化/网络结构 知识成为资本/无形的价值附加值 异质性、多样性、适应性 市场细分/职务的倍增 与规模经济结合的范围经济和专业化 内向型与外向型合作/聚合 即时联系与行动/即时全球通信

第二节　新质生产力的理论逻辑

科技革命是经济增长的根本驱动力。在技术驱动经济和社会文明发展的过程中，生产要素的变迁发挥着重要的纽带和推动作用。"新技术诞生—关键生产要素变迁—基础设施、产业、生产组织形式、商业模式、制度框架等适应性改变—社会经济变革"的演进过程中，科技革命与经济变革之间存在着周期性的耦合。[26]在技术革命推动下，新生产要素可以通过直接或间接的方式作用于其他生产要素，改变其质量，共同推动经济增长。[27]

一、通用目的技术的作用

关于技术，现代经济增长理论中经常讨论的是通用目的技术（General Purpose Technology），其应用范围广泛，对人类生产活动和社会发展的影响是整体性的、全局性的，如蒸汽机、电力等就是经常被提到的通用目的技术。

布雷斯纳汉（Bresnahan）和特拉坦伯格（Trajtenberg）认为，通用目的技术具有三方面特征：普遍适用性（Pervasiveness）、进步性（Improvement）和创新孕育性（Innovation Spawning）。[28]贝卡尔（Bekar）等则总结出了通用目的技术具有的六个方面的特征：与定义和支撑它的一组技术互补；和由它赋能的技术具有互补性；与一系列在社会、政治和经济上具有变革性的技术具有互补性；没有相近的替代方案；具有广

26　Freeman C, Perez C. Structural Crises of Adjustment, Business Cycles and Investment Behavior.
27　王姝楠，陈江生. 数字经济的技术－经济范式.
28　Bresnahan T, Trajtenberg M. General Purpose Technologies: "Engines of Growth?".

泛的应用；开始时比较粗糙，但会演化得越来越复杂。[29]在利普西（Lipsey）等人看来，迄今为止只有 24 种技术可以称为通用目的技术（表 1-2）。[30]

表 1-2 历史上的通用目的技术

编号	GPT	时间	分类1	分类2
1	植物驯化	公元前 9000—公元前 8000 年	流程型技术	材料技术
2	动物驯养	公元前 8500—公元前 7500 年	流程型技术	材料技术、能源技术、交通技术
3	矿石冶炼	公元前 8000—公元前 7000 年	流程型技术	材料技术
4	轮子	公元前 4000—公元前 3000 年	产品型技术	工具、交通技术
5	写作	公元前 3400—公元前 3200 年	流程型技术	信息和通信技术
6	青铜	公元前 2800 年	产品型技术	材料技术
7	钢铁	公元前 1200 年	产品型技术	材料技术
8	水车	中世纪早期	产品型技术	能源技术
9	三桅帆船	15 世纪	产品型技术	交通技术
10	印刷术	16 世纪	流程型技术	信息和通信技术
11	蒸汽机	18 世纪晚期到 19 世纪早期	产品型技术	能源技术
12	工厂体系	18 世纪晚期到 20 世纪早期	组织型技术	组织技术
13	铁路	19 世纪中期	产品型技术	交通技术
14	铁轮船	19 世纪中期	产品型技术	交通技术
15	内燃机	19 世纪晚期	产品型技术	能源技术
16	电力	19 世纪晚期	产品型技术	能源技术
17	汽车	20 世纪	产品型技术	交通技术
18	飞机	20 世纪	产品型技术	交通技术
19	大规模生产	20 世纪	组织型技术	组织技术
20	计算机	20 世纪	产品型技术	信息和通信技术
21	精益生产	20 世纪	组织型技术	组织技术
22	互联网	20 世纪	产品型技术	信息和通信技术
23	生物技术	20 世纪	流程型技术	材料技术
24	纳米技术	21 世纪的某个时点	流程型技术	材料技术

---

29 Bekar C, Carlaw K, Lipsey R. General Purpose Technologies in Theory, Application and Controversy: A Review.
30 Lipsey R, Carlaw K, Bekar C. Economic Transformations: General Purpose Technologies and Long Term Economic Growth.

研究人员根据通用目的技术的特征，将其分为五大类，分别是材料（例如铜）、动力（例如蒸汽机）、信息通信技术（ICT，例如计算机）、运输（例如铁路）和组织技术（例如工厂系统）。[31]很多学者认为，从长期来看，经济增长是由不同的通用目的技术驱动的。

通用目的技术具备内在的技术改进潜力和创新互补性。随着技术创新迭代，通用目的技术的应用成本不断下降，下游部门的研发生产率随之提高。辅助支持技术的发明也可以提高通用目的技术的价值。通用目的技术可以从帮助一个特定产品的生产拓展到帮助一个行业的所有产品生产，再到帮助几乎整个经济的产品生产。因此，布雷斯纳汉（Bresnahan）和特拉坦伯格（Trajtenberg）将通用目的技术定义为具有以下三个显著特征的技术：首先，它们执行某些常规功能，因此可以广泛应用于众多领域；其次，它们具有高技术活力，其应用效率可以不断提高；最后，它们具有创新互补效应，也就是说，这些技术应用可以进一步促进其他领域技术的创新和进步。[32]

能够引致生产力发生质变的技术创新通常具有"颠覆性"，即人们常说的"颠覆性技术创新"。这一思想源自熊彼特的"创新性破坏理论"。该理论认为，创新过程就是对生产要素进行新组合，不断打破旧的并创造出新的结构、淘汰旧的技术和生产体系并建立起新的生产体系，从而获取竞争优势和潜在利润。

技术创新不仅直接推动着社会生产力水平提高，还创造出新的生产方式、商业模式和人际交往模式，进而改变生产关系。"随着生产力的获得，人们改变自己的生产方式，随着生产方式……的改变，人们也就

---

31 Lipsey R G, Carlaw K I, Bekar C T. Economic Transformations: General Purpose Technologies and Long Term Economic Growth.

32 Bresnahan T, Trajtenberg M. General Purpose Technologies: "Engines of Growth?".

会改变自己的一切社会关系。"[33]这意味着,生产力是社会发展中最活跃、最具革命性的因素,对社会发展有着基础性、决定性的作用。新技术、新产业和新型基础设施会对社会原有资源配置方式、利益格局和制度体系形成巨大冲击,甚至是颠覆和重构。人们无法选择某种既定生产力,但可以在已有生产力基础上创造出新的生产力,并在创造新生产力的过程中构建出新的更加复杂的生产关系和社会关系,由此推动社会形态变迁和文明演进。

以技术对劳动者就业的影响为例。从历史上看,大多数通用目的技术的出现和扩散都对劳动者原有的工作方式和整个社会的就业体系产生了巨大冲击。一方面,新技术应用会大大提高劳动效率,改变生产方式,使得一部分人失去工作(也被称为"技术性失业");另一方面,新技术应用具有就业"补偿效应"[34],会催生新的就业机会和就业形态。如,汽车的出现在使很多马车夫失去工作的同时,又创造出了司机这一新岗位。人工智能技术一直被视为引发新一轮技术性失业的重要原因。2013年,牛津大学学者Frey和Osborne围绕人工智能可能对就业产生的影响开展了研究,结果表明,在20年内,美国47%的职业岗位可能受到人工智能的冲击,由此可能造成上千万人的失业。[35]

二、数字经济崛起

布莱恩·阿瑟(Brian Arthur)提出,技术创生经济。[36]数字经济崛起和迅速发展与数字技术的创新发展密切相关。

---

33 弗里德里希·恩格斯,卡尔·马克思. 马克思恩格斯文集(第8卷).
34 Petit P. Employment and Technological Change.
35 Frey B, Osborne M. The Future of Employment.
36 布莱恩·阿瑟. 技术的本质.

（一）数字技术

数字技术是基于现代电子计算机的一系列技术的统称。根据经济合作与发展组织（OECD）有关报告界定，数字技术主要包括数字制造技术、软件、通信等。[37]1946年，世界上第一台通用计算机"ENIAC"诞生，最初美国国防部用它来进行弹道计算。1964年，IBM发明System/360大型计算机，计算机开始走向商用。信息通信技术开始走向普惠的标志性时间点是20世纪60年代末和70年代初，1969年，因特网的前身阿帕网（ARPA Net）诞生于美国国防部，1971年，英特尔（Intel）处理器的出现推动计算机走入寻常百姓家。现代电子计算机以二进制为基础，将人们需要处理的文字、图片、视频等信息转化为由"0"和"1"组成的数字信号，经过运算、加工、存储、传输、还原等处理，帮助人们将复杂的现实问题转化为数学问题并高效解决。

随着信息通信技术的广泛应用，20世纪50年代，人类迎来了新一轮技术革命和产业变革，计算机、信息通信、传感器、集成电路、互联网、人工智能等各类技术加速涌现并取得重大突破，围绕数据采集、存储、传输、处理全链条的产业体系也在不断形成和完善。技术扩散呈现出加速态势。19世纪末20世纪初，电话、汽车等的普及率超过25%，平均大约用了44年；20世纪末到21世纪初，互联网、手机等的普及率超过25%，平均大约用了17年。2007年，第一代智能手机iPhone上市，推动人类社会进入移动互联时代。

在我国，1987年9月，北京市计算机技术应用研究所成功地发出首封电子邮件，内容为"越过长城，走向世界"。1994年4月，首条64K国际专线的安装，全功能接入国际互联网，标志着我国正式迈入互联网时代。中国互联网络信息中心发布的首份《中国互联网络发展状况统计

---

37 OECD. OECD Digital Economy Outlook 2015.

报告》显示，1997 年 10 月，我国网民数量为 62 万人；2021 年 6 月 30 日，我国网民规模突破 10 亿，互联网普及率达 71.6%，超过全球平均水平 6 个百分点。截至 2022 年 12 月月底，我国网民规模达 10.67 亿，互联网普及率达 75.6%。截至 2023 年 6 月，我国即时通信、网络视频、短视频用户规模分别达 10.47 亿人、10.44 亿人和 10.26 亿人，使用率分别高达 97.1%、96.8% 和 95.2%。[38]

数字技术是数字经济时代新质生产力的重要标志和技术支撑。互联网、宽带网络、移动应用、信息服务和硬件构成了数字经济的基础。[39] 数字技术的生态系统推动着经济和社会持续转型，这个生态系统的关键组成部分包括物联网、大数据、人工智能、区块链等。[40] 埃森哲公司认为当今技术发展呈现四大趋势：一是通用智能，生成式人工智能将不断提升人类能力，激发出巨大的创造力和创新力；二是数字身份，数字用户及资产进行认证成为实现数字世界和物理世界融合的另一个基础；三是数据透明，要将人工智能的潜在价值转化为现实，必须打破数据孤岛，并更新和升级数据底座；四是前沿探索，科技创新与数字技术之间的反馈循环正在加速，两者的密切结合有助于解决当今世界面临的重大挑战。[41]

数字技术应用使得人类改造自然、从事生产活动的能力得到极大提升，突破了传统的时空限制、自然资源限制，推动社会生产力水平进一步提升。一方面，互联网技术改变了劳动过程中劳动者与劳动资料的结合方式，网络化和平台化大大提高了社会资源配置效率；另一方面，数字技术应用不仅在更大程度上解放和拓展人的体力能力，还替代和延伸

---

38 中国互联网络信息中心. 第 52 次中国互联网络发展状况统计报告.
39 OECD. OECD Digital Economy Outlook 2015.
40 OECD. OECD Digital Economy Outlook 2017.
41 埃森哲技术展望 2023：通用智能等四大技术趋势加速数实融合.

了人类的神经、思维等器官，创造出了新型智能工具，从而大大拓展了人脑功能。人类历史上前两次技术革命，用机械化和电气化代替人的体力和自然力；计算机、互联网技术的发展使得人类的信息处理能力实现跃升；人工智能技术的发展，大模型、数据、算法、算力、芯片等各个领域都将出现快速迭代和爆发式增长，从更高层次上拓展人的认知力和创造力。第四次工业革命背景下的技术进步具有新特点，技术"连点成线"，发挥技术影响力时，关注的是"系统，而非技术"，是"赋能，而非支配"。42

（二）数字经济

时至今日，随着互联网特别是移动互联网、云计算、大数据、人工智能、物联网等技术的普及和深化应用，数字经济全面发展，成为人类社会继农业经济、工业经济之后的新型经济形态。2017 年 12 月，习近平总书记在主持中共中央政治局学习中强调，在互联网经济时代，数据是新的生产要素，是基础性资源和战略性资源，也是重要生产力。党的十八大以来，围绕"为什么要发展数字经济、怎样发展数字经济"等重大问题，习近平总书记提出了一系列新思想新战略，为做强做优做大我国数字经济提供了重要遵循。

关于数字经济的内涵，2016 年 G20 杭州峰会发布的《二十国集团数字经济发展与合作倡议》提出，数字经济是指以使用数字化的知识和信息作为关键生产要素、以现代信息网络作为重要载体、以信息通信技术的有效使用作为效率提升和经济结构优化的重要推动力的一系列经济活动。在《"十四五"数字经济发展规划》中，数字经济被界定为"继农业经济、工业经济之后的主要经济形态，是以数据资源为关键要素，以现代信息网络为主要载体，以信息通信技术融合应用、全要素数字化

---

42 克劳斯·施瓦布，尼古拉斯·戴维斯. 第四次工业革命.

转型为重要推动力,促进公平与效率更加统一的新经济形态"。从总体上看,对于数字经济概念内涵的理解,需要重点把握四个方面：①数字经济是一种与以往经济形态有本质区别的新的经济形态；②数字经济的关键支撑是互联网、大数据、云计算、人工智能等新一代技术,发展数字经济的关键是充分利用数字技术提升全要素生产率；③数据成为新的关键生产要素；④数字经济的主要内容包括数字产业化、产业数字化和数字治理。因此,发展数字经济,既是形成新质生产力的过程,又是构建与之相适应的新型生产关系的过程。

关于数字经济的发展趋势和战略定位,习近平总书记明确指出,"数字经济具有高创新性、强渗透性、广覆盖性""全球数字经济发展速度之快、辐射范围之广、影响程度之深前所未有,正在成为重组全球要素资源、重塑全球经济结构、改变全球竞争格局的关键力量""发展数字经济意义重大,是把握新一轮科技革命和产业变革新机遇的战略选择""数字技术、数字经济是世界科技革命和产业变革的先机,是新一轮国际竞争重点领域,我们一定要抓住先机、抢占未来发展制高点"。[43]

三、数字基础设施

马克思曾指出,"各种经济时代的区别,不在于生产什么,而在于怎样生产,用什么劳动资料生产""手推磨产生的是封建主的社会,蒸汽磨产生的是工业资本家的社会"。数字经济时代,数据成为新的生产要素,但静止不动的数据不能自动产生价值,数据只有在不断地流动中,经过算法、模型等工具的加工和计算后才可能创造价值。信息化和数字化发展为大规模数据利用奠定了基础,使得经济活动"有数可用",网络基础设施的不断完善则解决了数据大规模流动的问题,使得数据"动起来",智能化技术和智能终端的广泛普及则使得数据流动的"自动化"

---

[43] 习近平. 不断做强做优做大我国数字经济.

成为现实。

从历史上看，18世纪60年代，蒸汽机被瓦特改良之后，开始渗透到各个行业。如从矿井中抽水、给波纹管泵压，还被用于发电厂、铁路、轮船、早期旅游车、汽车和蒸汽拖拉机等。蒸汽机作为动力系统的通用目的技术，对经济发展起到了极大的推动作用。18世纪上半叶，英国经济发展出现短暂停滞后，从1750年左右国民经济总量出现了明显的上升趋势。18世纪80年代到90年代，国民生产总值以每年约1.8%的速度增长（这一速度大约是18世纪中叶的两倍），人均产出年均增速约0.9%。在19世纪上半叶，国民生产总值年均增速约2.9%（意味着在不超过四分之一世纪内翻了一番），人均收入年均增速约为1.5%（意味着在半个世纪中翻了一番）。[44]从全要素生产率（TFP）角度来看，1800年之前，年均增速0.2%，1800年至1830年，年均增速1.3%，19世纪中叶年均增速回落到0.8%。[45]

很多专家学者对英国这一时期的经济增长原因进行了探究，比较一致地认为蒸汽机在总体上（即直接加溢出效应）对这一时期经济增长具有显而易见的贡献。其中最重要的是与蒸汽机相关的新型基础设施建设，对经济增长起着极大的推动作用。例如，在蒸汽机技术普及和扩散的同时，英国的铁路体系也在进行着飞速建设。在1830年之前，英国大型项目的重点是公地圈地和农业用地的扩建，以及受收费公路信托公司和运河建设影响的道路改善工程。这些改革提高了土地的生产率和当地的交通基础设施水平，增加了铁路系统可以输入或分配的交通量。1830年，英国第一条城际铁路（利物浦到曼彻斯特）竣工。自此，铁路建设项目开始"起飞"，在19世纪60年代达到顶峰。1845年、1846年、1847年英国分别有119、263和187条铁路法令。1861年，英国批准了160项

---

44 Deane P M. The First Industrial Revolution.
45 Feinstein C H. Capital accumulation and the industrial revolution.

铁路计划，在 1865 年上升到 251 项，在 1866 年下降到 199 项。经历了铁路建设狂潮之后，英国的铁路系统逐渐完善。从 19 世纪下半叶开始，英国的铁路系统已经开始向海外扩张。熊彼特认为，当时的英国开创了两项重大创新：一个是工厂体系，另一个是铁路。[46]

第一次世界大战后，美国的生产率平均增长速度显著加快，尤其是在制造业中，全要素生产率的十年增长率达到 76%。这主要归功于 19 世纪的发电机技术革命。但新电力技术与各个行业的融合和对旧技术的替换是一个缓慢的过程，在 20 世纪 20 年代之后，这种通用目的技术在提高生产率方面的工程潜力才开始不断释放。[47]

在发电机发生技术革命的同时，电力系统也不断产生研究突破。1891 年，变压器在德国首次大规模展示，这项创新使得用相对高压的输电设备在长距离内以较低损耗承载交流电力成为可能。1896 年，乔治·威斯汀豪斯（George Westinghouse）开始了尼亚加拉瀑布（Niagara Falls）的水力发电开发，将大量电力传输至 20 英里外的纽约布法罗，开创了在发电机和负载分离的情况下，通过高压连接传输，再使用变压器降压输送给最终用户的实践先河。1910 年，美国建成了最高电压为 150 kV 的交流线路。1922 年，第一条 245 kV 线路投入使用。随着发电机和变压器的效率提高，居民住宅用电价格急剧下降，从 20 世纪初的平均每千瓦时约 4.30 美元下降到 1932 年的每千瓦时 0.88 美元。从 21 世纪 40 年代开始，美国的平均电价（所有用户类别）基本稳定在一个较低的水平。[48]

可以发现，无论是英国铁路体系的建设还是美国电网系统的建立，

---

46 Deane P M. The First Industrial Revolution.
47 David P A, Wright G. General Purpose Technologies and Productivity Surges: Historical Reflections on the Future of the ICT Revolution.
48 Kassakian J G, Schmalensee R, Desgroseilliers G, et al. The Future of the Electric Grid.

都与该时期相应通用技术向整个经济体发生扩散的时间具有一定的一致性。一方面，可以说是当时蒸汽机和发电机作为通用技术的扩散需求促使基础设施——铁路和电网的建设加速完成。另一方面，也可以说是铁路和电网系统的建设推动了技术向经济体扩散。这是一个相辅相成互为因果的过程。

数字经济时代需要数字基础设施作为支撑。根据《数字中国建设整体布局规划》，数字中国建设按照"2522"的整体框架进行布局，即夯实数字基础设施和数据资源体系"两大基础"，推进数字技术与经济、政治、文化、社会、生态文明建设"五位一体"深度融合，强化数字技术创新体系和数字安全屏障"两大能力"，优化数字化发展国内国际"两个环境"。数字基础设施是数字中国的两大基础之一。

数字基础设施既包括传统基础设施的数字化智能化转型，也包括各种新兴的网络设施和平台设施等。信息基础设施、融合基础设施和创新基础设施构成当前新型基础设施的主要框架体系。信息基础设施主要是指基于新一代信息技术演化生成的基础设施，如5G、物联网、数据中心、人工智能、卫星通信、区块链基础设施等。融合基础设施主要是指传统基础设施应用新一代信息技术进行智能化改造后形成的基础设施，包括以工业互联网、智慧交通物流设施、智慧能源系统为代表的新型生产性设施，和以智慧民生基础设施、智慧环境资源设施、智慧城市基础设施等为代表的新型社会性设施。创新基础设施是指支撑科学研究、技术开发、新产品和新服务研制的具有公益属性的基础设施。

新型基础设施具有与传统基础设施不同的鲜明特点：多数新型基础设施尚处于发展的初级阶段、自然垄断性大幅下降、技术创新速度快、数据和网络安全的重要性更加突出等。[49]新型基础设施是加快形成新质生产力的重要基础。2023年，我国出台了《关于推进IPv6技术演进和

---

49 国家发展和改革委员会．"十四五"新型基础设施建设解读稿之一：系统布局新型基础设施，夯实现代化强国先进物质基础．

应用创新发展的实施意见》《算力基础设施高质量发展行动计划》等多项加快建设新型基础设施相关政策。在系列政策措施推动下，我国已建成规模全球领先的网络基础设施。数据显示，我国已累计建成开通 5G 基站 321.5 万个；算力总规模超过 200 EFlops，居全球第 2 位。以 5G、工业互联网、人工智能、云计算为代表的新一代信息技术正加快各行各业数字化、智能化、绿色化转型。

随着以数据为关键要素的数字经济加速发展，对与之相关的基础设施提出了新的要求，需要构建适应数据要素特征、促进数据流通利用、发挥数据价值效用的数据基础设施。2023 年 11 月，国家数据局党组书记、局长刘烈宏在出席第二届全球数字贸易博览会数据要素治理与市场化论坛致辞时围绕数据基础设施做了系统阐述。

数据基础设施是数字基础设施的重要组成部分，是从数据要素价值释放的角度出发，在网络、算力等设施的支持下，面向社会提供一体化数据汇聚、处理、流通、应用、运营、安全保障服务的一类新型基础设施，是覆盖硬件、软件、开源协议、标准规范、机制设计等在内的有机整体。

数据基础设施主要包括四大类：网络设施，以 5G、光纤、卫星互联网等为代表；算力设施，以通用、智能、超级算力为代表；数据流通设施，以数据空间、区块链、高速数据网为代表；数据安全设施，以隐私计算、联邦学习等为代表。数据基础设施具有提供支撑数据汇聚、处理、流通、应用、运营、安全保障等六大能力。

数据基础设施建设对扩大数据产业规模、繁荣数据产业生态、促进数字经济高质量发展具有重要意义。据业界初步估算，数据基础设施每年将吸引直接投资约四千亿元，未来五年带动投资规模约两万亿元，推进数实融合新模式生成，促进数字经济高质量发展。

第三节　新质生产力的现实逻辑

高质量发展需要新的生产力理论提供指导，新质生产力已经在实践中形成，并展示出对高质量发展的强劲推动力、支撑力。当前任务是从理论上进行总结、概括，以便更好地指导新的发展实践。

一、新质生产力的内涵与特征

关于何为"新质生产力"，习近平总书记作出了明确的阐释，"新质生产力是创新起主导作用，摆脱传统经济增长方式、生产力发展路径，具有高科技、高效能、高质量特征，符合新发展理念的先进生产力质态""新质生产力以劳动者、劳动资料、劳动对象及其优化组合的跃升为基本内涵，以全要素生产率大幅提升为核心标志，特点是创新，关键在质优，本质是先进生产力"。形成新质生产力的三大驱动力是技术革命性突破、生产要素创新性配置和产业深度转型升级。新质生产力摆脱传统经济增长方式、生产力发展路径，具有高科技、高效能、高质量特征。

"高科技"体现在新质生产力以数字化、网络化、智能化的新技术为支撑。

人类社会发展史表明，技术创新是生产力水平跃升的关键因素，是人类社会繁荣发展的不竭动力，创新性技术是新质生产力形成的内在动因。关于科学技术创新对生产力"质"的提升的重要价值，马克思指出，"随着大工业的发展，现实财富的创造较少地取决于劳动时间和已耗费的劳动量，较多地取决于在劳动时间内所运用的作用物的力量，而这种作用物自身的巨大效率，又和生产它们所花费的直接劳动时间不成比例，而是取决于科学的一般水平和技术进步，或者说取决于这种科学在生产上的应用"[50]"劳动生产力是随着科学和技术的不断进步而不断发展的"[51]。这些论述一方面反映了技术创新与应用在先进生产力取代落后生产力过程中发挥着重要驱动作用,另一方面也说明,在新一轮科技革命和产业变革持续深化的时代背景下,生产力迭代创新即新质生产力的形成和发展壮大,是一种必然趋势。

近年来,全球信息技术革命和产业变革持续深化,从人工智能、工业互联网到大数据,全球经济增长的新引擎,无一不是由新技术催生新产业,进而形成新生产力。当前,全球科技创新进入密集活跃时期,新一代信息、生物、能源、材料等领域颠覆性技术不断涌现,呈现深度交叉融合、高度复杂和多点突破发展态势。支撑社会发展的基础设施也在新技术的作用下进一步扩充与延伸,形成数字化、智能化的新型基础设施。

"高效能"体现在新质生产力通过深化新技术应用和释放数据要素潜能,为经济社会发展提供新动能。

从历史上看,技术驱动经济和社会文明发展的过程,遵循"新技术诞生—关键生产要素变迁—基础设施、产业、生产组织形式、商业模式、制度框架等适应性改变—社会经济变革"的路径,科技革命与经济变革之间存在着周期性的耦合。[52]马克思指出,"劳动生产力的提高,我们在这里一般是指劳动过程中这样一种变化,这种变化能缩短生产某种商品的社会必需劳动时间,从而使较小量的劳动获得生产较大量使用价值的能力。"[53]

---

50 弗里德里希·恩格斯,卡尔·马克思. 马克思恩格斯全集(第31卷).
51 弗里德里希·恩格斯,卡尔·马克思. 马克思恩格斯选集(第2卷).
52 Freeman C, Perez C. Structural Crises of Adjustment, Business Cycles and Investment Behavior.
53 卡尔·马克思. 资本论(第1卷).

新质生产力具有显著的技术创新性特征，可以推动生产力的价值创造能力出现跃升，不断拓宽传统的"物质变换"的范畴，生产力创造价值的基本能力也在物质变化过程中得到进一步提升。例如，自动化生产线可以减少人力投入并提高产能，智能化管理系统可以快速作出决策和优化资源配置；在新一代材料科学领域，当前的核心挑战是在海量材料中寻找和筛选具有所需特性的材料，而微软推出的大模型 MatterGen 可以直接生成新颖、稳定的材料；在新能源领域，人工智能的创新和应用意味着将过去需要 250 年的化学反应缩短到 25 年。

"高质量"体现在由"技术+数据"双轮驱动带来的资源利用效率、产品与服务质量和可持续发展能力的整体提升。

经济发展是一个螺旋式上升的过程，量变积累到一定阶段必然转向质变，从数量型增长向质量型发展转变，是推动中国经济发展到高级阶段的内在要求。[54]新质生产力是科技创新发挥主导作用的生产力。技术创新与广泛应用使得生产过程中以物质资源消耗为主的传统增长模式，转向"技术+数据"驱动的质量型增长模式，从生产力要素的质量、生产力要素的组合质量和生产力的物化成果质量三个方面，扩展着生产力物质变换向高级化拓展的边界。[55]首先，新质生产力发展意味着技术创新的广度、深度和技术应用的普及程度都有了显著提高，因而能够实现以更少的资源投入获得更多的产出，减少资源浪费，并减轻环境污染和生态破坏。其次，新质生产力还具有良好的社会效益，体现在促进就业、改善民生和增加收入等多个方面，并且符合可持续发展的理念和要求，能够持续不断地创造出更多的经济价值和社会价值。

---

54 韩保江，李志斌. 中国式现代化：特征、挑战与路径.
55 任保平，李禹墨. 经济高质量发展中生产力质量的决定性因素及其提高路径.

放眼全球，在日益激烈的国际竞争中，要开辟发展新领域、新赛道；塑造发展新动能、新优势，从根本上说，必须依靠科技创新。过去的工业化进程更多依靠要素驱动和投资驱动。在新的发展阶段和新形势下，传统依靠资源大规模投入的粗放式发展方式的弊端更加凸显，要统筹好发展和安全两件大事，就必须从科技创新中寻找新方法和新路径，以高水平科技自强自立为新质生产力发展提供强大支撑。

新质生产力的发展必须有与之相适应的新型生产关系。马克思强调，"一定的生产方式或一定的工业阶段始终是与一定的共同活动的方式或一定的社会阶段联系着的，而这种共同活动方式本身就是'生产力'。"[56] "生产力发展具有一种自我规定的性质，这种性质表现为一种历史必然性，即生产力的发展必然会突破原有的生产关系，产生新的生产关系，推动社会的发展与进步。"[57] 生产力不是一成不变的，适应生产力发展规律和要求的生产关系可以促进生产力的发展；反之，不适应生产力发展要求的生产关系则会成为生产力进一步发展的"桎梏"。生产力与生产关系的矛盾运动是推动人类社会发展的根本动力。

新质生产力概念建立在马克思主义政治经济学有关生产力的理论基础上，有着坚实的哲学理论根基；同时，又是结合我国进入新发展阶段的社会主要矛盾变化、要素禀赋条件和国内外发展环境深刻变革而提出来的新概念，具有鲜明的时代特色和实践性，是在新的发展时期对传统生产力理论的进一步拓展。

---

[56] 弗里德里希·恩格斯，卡尔·马克思. 马克思恩格斯文集（第8卷）.
[57] 卡尔·马克思. 资本论（第3卷）.

二、发展新质生产力的实践路径

在全面建设中国式现代化时代背景下，发展新质生产力需要以科技创新推动产业创新，以高新技术赋能传统产业升级并实现产业体系现代化，以全面深化改革进一步释放新技术发展潜能，从而赢得未来发展主动权和构筑国家竞争新优势。

（一）举全国之力在关键技术领域实现突破

先进科技是新质生产力生成的内在动力，没有科技发展的关键性、颠覆性突破，就不会有新质生产力出现。科技创新具有增量器和放大器作用，可以为新质生产力的形成和我国经济高质量发展注入源源不断的动力。

经过多年努力，我国科技创新取得了长足进步，成功进入创新型国家行列。但相比美国等发达国家，"我们在自主创新方面还相对落后""互联网核心技术是我们最大的'命门'，核心技术受制于人是我们最大的隐患"。[58] 习近平总书记提出，要从三个方面把握核心技术"一是基础技术、通用技术；二是非对称技术、'杀手锏'技术；三是前沿技术、颠覆性技术"。[59]

发展新质生产力必须以科技创新为主导，努力在关键性、颠覆性技术领域实现原创性、引领性突破。一是要加大基础研究领域投入，要持续加强基础研究攻关和前沿技术研发，全面提升包括基础零部件（元器件）、基础材料、基础软件、高端芯片、工业软件等在内的产业能力，大力提升底层技术水平、关键核心技术自主供给能力和原始创新能力。二是加快建立健全社会主义市场经济条件下新型市场体制，优化科技资源配置，举全国之力构建由国家实验室、高水平科研院所、高校和创新型

---

58 中共中央党史和文献研究院. 习近平关于网络强国论述摘编.
59 习近平. 在网络安全和信息化工作座谈会上的讲话（2016年4月19日）.

领军企业共同参与的科技创新体系，形成强大的创新合力，充分"发挥我国社会主义制度优势、新型举国体制优势、超大规模市场优势，提高数字技术基础研发能力，打好关键核心技术攻坚战"。[60]三是要围绕产业链部署创新链，充分发挥科技创新对产业发展的驱动作用，对于那些面临国外打压和封杀的产品及所在产业链，既要增强自身产业在各产业链上的供给和配套能力，还要加大创新力度，推动产业不断向全球价值链中高端迈进，从而形成产业链与创新链互促互动、良性发展的态势。

（二）大力发展战略性新兴产业和未来产业

战略性新兴产业和未来产业代表科技革命和产业变革的方向，是我国推进产业创新升级、培育形成新质生产力的关键领域和增量所在。主导产业、支柱产业、战略新兴产业、未来产业等不同产业持续迭代演化，为经济发展注入源源不断的动力，不断提升产业体系的整体质量和现代化水平。当前，我国在载人航天、探月探火、深海深地探测、超级计算机、卫星导航、量子信息、核电技术、大飞机制造、生物医药等领域取得一系列重大创新成果。随着我国科技创新支撑产业发展能力持续增强，各地各部门正在积极布局前沿技术和培育未来产业，未来产业发展有着更加坚实的技术基础和社会基础。

大力发展新兴产业，一是要密切关注前沿技术发展动态。习近平总书记特别关注大数据、先进制造、量子调控等技术的新突破新趋势，强调"我们必须高度重视、密切跟踪、迎头赶上"。[61]要以前瞻性技术创新应用培育发展战略新兴产业和未来产业，用硬科技赋能现代产业体系，为新质生产力的持续发展蓄力。二是要面向通用人工智能、元宇宙、人形机器人、脑机接口等重点方向，发掘培育一批优势企业和相关研究机

---

60 习近平. 不断做强做优做大我国数字经济.
61 中共中央党史和文献研究院. 习近平关于网络强国论述摘编.

构,加速推进新技术新产品落地应用。三是要坚持企业主体的创新地位,加快科技成果转化和产业技术创新,谋划和布局一大批高技术产业落地,建设具有国际影响力的科技创新中心,打造原始创新和产业创新高地,培育和发展新兴产业集群,以新兴产业发展引领新质生产力形成。四是要持续优化创新生态,通过深化科技体制机制改革,进一步激发各类社会主体的创新活力,有效整合创新资源,大力引育"专精特新"企业。

（三）全面深化数字技术与实体经济融合

实体经济是我国发展的本钱,是构筑未来发展战略优势的重要支撑。[62]从熊彼特内生增长理论的视角看,数字技术对实体经济转型发展有着深刻影响,数字技术在生产部门的深度应用和集成整合,有利于产业结构优化调整和推动经济高质量发展,数字技术与金融部门的深度融合能促进产业结构转型升级,加快经济增长动能转换。[63]在不断创新的数字技术和新型基础设施的支撑下,我国传统产业数字化转型步伐持续加快,数字技术应用持续提升传统实体经济发展能级、质量、效益和可持续性,增强实体经济产业链与供应链的稳定性和韧性。但在数实融合领域仍存在发展不充分、各领域不平衡、关键技术创新水平不高和科技成果转化不畅等问题。

全面深化数字技术与实体经济融合,一是要在实体经济的核心和主体部分制造业领域,深化新一代信息技术、人工智能、高端装备、绿色环保等技术应用,大力发展先进制造业。大力推进工业互联网建设,利用人工智能、物联网、大数据等新一代信息技术拓展生产和制造边界,全面提升资源配置效率、行业创新水平和竞争能力。二是要畅通科技创新与产业创新循环,提升科技成果转化水平。要深入推进"科创+产业"

---

62 习近平. 坚定信心埋头苦干奋勇争先,谱写新时代中原更加出彩的绚丽篇章.
63 田秀娟,李睿. 2022 数字技术赋能实体经济转型发展——基于熊彼特内生增长理论的分析框架.

融合，推动传统产业和各类新兴产业不断向高端化、智能化、绿色化迈进。探索构建"产业创新+企业创新"平台体系，为科技型初创企业提供覆盖全生命周期的创新创业服务，助力企业科技成果转化。三是要提升产业链韧性和安全水平。尤其是针对一些具有国际竞争力的领域产业链不完整的问题，采取有效措施补链强链，以规模和潜力巨大的国内市场为基础，构建多元化的产业链形态，增强对产业链的控制力。

（四）大力培养创新型复合型人才

从生产力的角度看，如果说生产工具是一种"自然力"的话，劳动生产力（劳动者）则是一种"工具力"。[64]一方面，数字技术应用可以提升这种"工具力"的能力和专业化水平，通过培养专业化人才推动社会生产力创新。另一方面，数字技术应用和数字化转型也对劳动力的数字技能和数字素养提出了新要求，数字化转型的深入推进，要求有与自然生产力（即数字化劳动工具）适应的劳动生产力相匹配，因而新质生产力发展对复合型技术人才的规模和质量提出了更高要求。党的二十大报告提出，必须坚持科技是第一生产力、人才是第一资源、创新是第一动力，深入实施科教兴国战略、人才强国战略、创新驱动发展战略，开辟发展新领域新赛道，不断塑造发展新动能新优势。

加快培养复合型人才，一是要聚焦发展需要，大力引育高技术领域优秀人才，通过深化人才制度和体制机制改革，完善人才激励政策，健全人才培养、引进、使用和评价制度。尤其是针对前沿技术领域的稀缺人才，探索建立差异化、长周期、多元化的专业人才评价体系，围绕"引进、用好、留住"的目标，完善高层次、稀缺型人才服务工作。二是要深化高校、职业院校和企业之间的合作，通过校企合作设立的研发基地和实习基地等平台，加强产学研融通合作，打通科研创新、科技成果转

---

64 弗里德里希·李斯特. 政治经济学的国民体系.

化、产业创新的"接口"。三是要利用技术对传统人才培养体系进行数据化、信息化、智能化、数字化的转型升级。构建以职业院校为基础，学校教育与企业培训紧密联系，政府推动与社会支持相互结合的数字技能人才培养体系。深化校企合作，通过提供数字化场景案例和解决方案等方式增加学生实际经验培训。

（五）以深化改革和制度创新加快构建与新质生产力相适应的新型生产关系

生产力是生产关系形成的前提和基础，生产关系是适应生产力发展的要求建立起来的，是生产力的发展形式，生产力发展变化必然要求生产关系进行相应调整。新质生产力的提出，一方面顺应了全球数字技术和数字经济发展大势，回应了我国经济高质量发展和产业结构优化升级的现实需求，提出了新的发展命题和生产力跃迁的新目标；另一方面，也对新发展形势下社会制度创新、适应战略性新兴产业和未来产业等新业态发展的体制机制创新提出了新要求，因而新质生产力也提出了深化改革的新命题。新质生产力技术含量高、颠覆性强、涉及领域新，必须将制度创新与技术创新、应用创新同步推进，通过调整生产关系激发新质生产力发展活力。

深化围绕创新驱动的体制机制改革，一是要处理好政府和市场的关系，如在基础研究领域，未来产业相关的前沿和重大技术创新面临着很大的风险和不确定性，政府在动员、组织和协调全社会力量方面有着显著优势；而在科技成果落地转化方面，市场机制能够更加敏锐地发现潜在的机会和场景，因而可以产生更大激励，吸引各类经营主体积极进行创新探索、试错、竞争与合作。二是采取有效措施优化民营企业发展环境，通过深化重点领域、关键环节改革，破除妨碍民营企业参与市场竞争的制度壁垒，大力支持有条件的企业加大研发投入，鼓励政企深入合作搭建研究平台和载体，支持民营领军企业组建创新联盟和创新联合体，营造公平竞争、容错宽松、充满活力的创新环境。三是持续深化知识产权保护、公平竞争、市场准入、社会信用等市场经济基础制度领域改革，深化数据要素市场化改革，以制度层面的持续创新为加快形成新质生产力保驾护航。

第二章

中国式现代化:
新质生产力的战略指引

"现代化"一词通常用来描述人类摆脱贫困落后和推动社会持续进步的状态和过程。现代化是世界各国共同的发展目标，是人类社会文明系统性、长期性的进步过程，表现为以科技革命、工业化、城市化、数字化、智能化等多种手段驱动国家经济基础及上层建筑的结构转型。从世界历史的角度看，现代化主要指自工业革命以来，工业技术的广泛应用推动工业生产力快速发展，进而引发社会生产关系、生产方式以及社会制度等全方位的大变革。过去的现代化进程中，西方发达国家较早地构建起了资本主义现代化体系，并在全球现代化进程中持续发挥着主导作用。因此，当前关于现代化的理论、实践、发展路径和发展模式等，都是以西方发达国家为样本。但各国的现代化模式不可能千篇一律，现代化标准也不可能是唯一且放之四海而皆准的。"中国式现代化"不是在西方现代化理论基础上的修补，而是从根本上打破了西方现代化理论在思想上的垄断，构建了一套全新的逻辑体系、理论体系和话语体系，创造了人类文明新形态。"中国式现代化"既具有自己的鲜明特征和独特优势，又开拓了人类文明发展进步的崭新形态和广阔空间，既有鲜明的中国特色和特殊性，又具有广泛的世界意义和普遍性。

第一节　中国式现代化的历史逻辑

现代化是一个动态的、发展的概念,其内涵和具体表征随着历史发展和社会进步而不断丰富。中国式现代化是在中国共产党领导下,在特定历史时期,把马克思主义基本原理同中国的具体国情、发展实践及优秀传统文化有机结合的重大理论创新和实践创新。

一、中国式现代化的历史探索

建国初期,我国提出要实现农业、工业、国防和科学技术"四个现代化"的战略部署,我国迈出了"站起来"独立自主走向现代化的重要一步。1954年9月,毛泽东同志在第一届全国人大一次会议上致开幕词时宣布:"准备在几个五年计划之内,将我们现在这样一个经济上文化上落后的国家,建设成为一个工业化的具有高度现代文化程度的伟大的国家。"[1]周恩来同志在会上作《政府工作报告》,首次提出工业、农业、交通运输业和国防的四个现代化,"如果我们不建设起强大的现代化的工业、现代化的农业、现代化的交通运输业和现代化的国防,我们就不能摆脱落后和贫困,我们的革命就不能达到目的。"[2]

其后几年,科学文化、科学技术对于实现现代化的重要性日益凸显。1957年3月,毛泽东同志提出,"我们一定会建设一个具有现代工业、现代农业和现代科学文化的社会主义国家。"[3]1963年1月,周恩来同志在上海一次讲话中明确提出,"我们要实现农业现代化、工业现代化、

---

[1] 毛泽东. 毛泽东选集(第六卷).
[2] 中共中央文献研究室. 关于建国以来党的若干历史问题的决议注释本(修订).
[3] 中共中央文献研究室. 毛泽东思想年编(1921—1975).

国防现代化和科学技术现代化,简称'四个现代化'。把我国建设成为一个社会主义强国,关键在于实现科学技术的现代化。"[4]这两次讲话都特别强调了科学技术现代化的重要作用。

1964年12月,周恩来同志在第三届全国人大一次会议上作《政府工作报告》,提出"要在不太长的历史时期内,把我国建设成为一个具有现代农业、现代工业、现代国防和现代科学技术的社会主义强国,赶上和超过世界先进水平。"为了实现这个伟大的历史任务,从第三个五年计划开始,我国的国民经济发展,可以按两步来考虑:"第一步,建立一个独立的比较完整的工业体系和国民经济体系;第二步,全面实现农业、工业、国防和科学技术的现代化,使我国经济走在世界的前列。"[5]在"四个现代化"的基础上,作出"两步走"战略的具体行动指南。1975年1月,周恩来同志在第四届全国人大一次会议的《政府工作报告》中再次提出:"在本世纪内,全面实现农业、工业、国防和科学技术的现代化,使我国国民经济走在世界的前列。"[6]新中国成立初期中国共产党领导中国人民对社会主义现代化的初步探索,推动了中国的工业化进程和国民经济全面发展,逐步建立起来相对独立和完整的国民经济体系,为后续中国改革和现代化建设奠定了坚实的物质和制度基础。

改革开放以来,我国的现代化主要是围绕全面建成小康社会展开。1979年3月,邓小平同志提出了"中国式的四个现代化"的概念。"我们定的目标是在本世纪末实现四个现代化。我们的概念与西方不同,我姑且用个新说法,叫做中国式的四个现代化。"[7] "中国式的现代化,必须从中国的特点出发"。[8]在邓小平同志看来,中国进行现代化建设,有

---

4 廖盖隆. 新中国编年史(1949—1989).
5 周恩来. 周恩来选集(下卷).
6 中共中央文献研究室. 文献和研究(一九八四年汇编本).
7 中共中央文献研究室. 邓小平思想年编.
8 邓小平. 邓小平文选.

两个重要特点必须考虑到：一个是底子薄，一个是人口多、耕地少。一方面，在生产还不够发展的条件下，吃饭、教育和就业都成为严重的问题；另一方面，尽管我国地大物博，但很多资源没有开采和使用，就还不是现成的生产资料，比如土地面积大，但耕地很少，而人口特别是农民多。现代化的生产只需要较少的人就够了，如果不能统筹兼顾好，我们就会长期面对着一个就业不充分的社会问题。[9]因此，中国式现代化建设必须着眼于具体国情。同时，邓小平同志还强调，中国式现代化是社会主义现代化，我们要解决十亿人的贫困问题和发展问题，因此，中国搞现代化，只能靠社会主义，不能靠资本主义。[10]此外，邓小平同志还提出了"三步走"的现代化进程。

这一时期，我国在继续强调"四个现代化"的基础上，提出了一个"量"化指标，就是到20世纪末人均国民生产总值达到1000美元。[11]同一时期，我国提出了"小康"的概念，这个概念是不断发展的、内涵不断丰富的，从经济领域扩展到涵盖经济、政治、文化、社会等各个领域，具体的目标提法从"小康之家"到"小康社会"，从"全面建设小康社会"到"全面建成小康社会"，这些都是基于我国仍处于并将长期处于社会主义初级阶段的基本国情而提出来的，是中国式现代化在那个时期的具体体现。

党的十八大以来，我国经济社会发展取得了举世瞩目的成就，在全面深化改革、全面依法治国方面都取得重要进展和突破。党的十八届三中全会明确提出，我国全面深化改革的目标之一就是要实现国家治理体系和治理能力现代化；党的十九大报告及党的十九届四中、五中、六中全会都重点阐述了国家治理体系和治理能力现代化的问题。这意味着，

---

9 邓小平. 邓小平文选.
10 中共中央文献研究室. 改革开放三十年重要文献选编（上）.
11 邓小平. 邓小平文选（第二卷）.

我国现代化的内涵进一步丰富,在"四个现代化"基础上进一步拓展至国家治理体系和治理能力现代化。

当前,我国经济社会发展环境的复杂性堪称百年未有,全球科技创新和产业革命日渐加速,推进中国式现代化还有许多未知领域,需要在实践中持续大胆探索和不断深化改革创新。在这个过程中,尤其需要准确把握发展大势,增强战略的前瞻性和科学性。数字经济是人类社会未来发展的必然趋势,正如习近平总书记所言,数字经济发展速度之快、辐射范围之广、影响程度之深前所未有,正在成为重组全球要素资源、重塑全球经济结构、改变全球竞争格局的关键力量。[12]对新发展阶段中国式现代化的理解,必须密切结合全球数字经济发展趋势这一大的历史背景,认识数字经济对中国式现代化发展模式和发展动力的深刻影响。

二、中国式现代化的时代特征

从时代特征上看,中国式现代化是我国现代化进程进入数字经济时代,顺应人类社会发展大势和适应新阶段外部环境变化的必然选择。

(一)新一轮科技革命和产业创新持续加速,影响深刻且长远

20世纪中后期以来,现代信息技术和工业化进程的融合日益加深,并孕育着新一轮科技革命和产业变革。2008年国际金融危机后,信息化与工业化融合呈现加速态势,传统产业转型升级和全球产业布局调整步伐加快。突发新冠疫情使数字技术的应用场景得到显著拓展和深化,在日常生活、工作办公、生产制造、政府治理、营商服务等各个领域,新业态、新模式不断涌现,数字经济蓬勃发展也在引发和孕育经济社会全方位的变革。

---

[12] 习近平. 不断做强做优做大我国数字经济.

从技术经济的视角看，新一轮科技和产业革命呈现出四大特点：一是技术创新呈现多点突破和群发性突破的态势，数字化、网络化、智能化成为核心；二是技术应用创新迭代加速，在诸多产业领域的应用趋于成熟，催生一批具有重大影响力的新兴产业和先导产业，并快速渗透至制造、能源等传统产业领域，数字技术和智能技术的突破性应用驱动社会生产力水平全面跃升；三是数据成为与土地、劳动力、资本相并列的重要的生产要素，成为一个国家经济社会发展的基础性、战略性资源，已经并将继续重构人类社会的生产生活方式和社会治理结构，社会制度体系将出现深刻调整；四是科技革命与产业联系更加紧密，产业数字化、智能化和绿色化趋势已经确立，并加快重构现代产业体系。

（二）世界正在经历剧变，国家之间国力角逐出现深刻变化，国际形势复杂严峻

全球经济总体疲软，国际贸易和投资萎缩，内单边主义、贸易保护主义兴起，经济全球化遭遇逆流和退潮。2023年前三季度，全球经济下行压力持续凸显，国际货币基金组织（IMF）在最新的《世界经济展望报告》中预计全球经济增速从2022年的3.5%放缓至2023年的3.0%，低于2000—2019年3.8%的历史平均水平。全球经济面临动力不足的风险。IMF预测2024年全球经济同比增长2.9%，低于2022年0.5个百分点，低于2023年预测值0.1个百分点。

预计2021—2035年，全球经济增长平均速度为3%左右；发达经济体的增长速度将可能进一步放缓，整体增速大约2%，低于过去50多年的平均增长速度。[13]为维护在国际生产体系中的主导地位，发达国家采用引导制造业回流、加征关税、出口管制、建立区域联盟等手段，对新

---

13 夏杰长，刘诚. 迈向2035年：世界经济格局变化和中国经济展望.

兴市场国家实施打压和密集封堵。

国际力量对比发生重大变化，并呈现"东升西降""新升老降"的趋势。新一轮产业转移加速重塑世界版图，传统国际分工体系发生根本性变化，新兴市场和发展中国家力量群体性崛起，以中国为代表的新兴市场经济体日益成为研发和高端领域的重要参与者。预计到 2035 年，新兴市场和发展中国家经济总规模将超过发达经济体，在全球经济和投资中的比重接近 60%。[14]在这一大背景下，国家之间围绕新一代数字技术与产业的竞争更加激烈，主要国家纷纷出台更加积极的科技和产业政策，大力发展新技术新产业，以争夺新一轮竞争的制高点。

（三）国家之间围绕新型生产要素和新产业的竞争更加激烈

技术、数据、知识、人力资本等新型生产要素日益成为重塑国家竞争力和全球竞争格局的重要因素，土地、劳动力等传统生产要素的地位相对下降。我国面临来自外部打压的风险。美国"小院高墙"科技政策日益系统化，新一轮科技革命带来的国际竞争空前激烈，需要从"能不能生存和发展的高度加以认识"。[15]

从实践层面看，世界主要国家尤其是经济发达国家都在聚力朝着形成新质生产力方向发展，大力发展人工智能、先进制造、量子信息科学等新技术，积极布局智能机器人、数字经济和环境能源等新兴产业，以期抓住新一轮科技革命带来的新机遇，通过新技术驱动产业变革，全面提升本国竞争优势。例如，美国政府对芯片研发制造投入巨额补贴。2022 年 8 月，美国国会通过了《芯片与科学法案》，推动芯片研发，包括 390 亿美元的半导体生产补贴和 110 亿美元的芯片研发补贴，总共涉

---

14 国务院发展研究中心课题组. 百年大变局：国际经济格局新变化.
15 习近平. 习近平谈治国理政（第 4 卷）.

及补贴资金规模超过 500 亿美元。2024 年 2 月 9 日，美国政府针对芯片研发的投资款项落地。美国商务部宣布，下一阶段对 CHIPS 研发计划的投资预计超过 50 亿美元，其中包括国家半导体技术中心（NSTC）的建设。CHIPS 是美国芯片研发计划，NSTC 的建设是美国芯片研发计划的核心部分。CHIPS 的其他研发项目还包括：美国国家先进包装制造项目、CHIPS 计量项目和 CHIPS 美国制造业研究所。这些计划为美国建立了必要的创新生态系统，以确保美国半导体制造设施可以生产世界上最复杂、最先进的芯片。

此外，不断加速的技术创新步伐正在颠覆原有的全球治理架构和国际规则边界，数据要素流动和产业组织的国际化水平走向新高度，全球信息化和数字化的深入发展正在形成新的治理机制，围绕数字贸易、数字经济税收、数据要素跨境流动等方面，新的规则制定成为国际协调的重要内容，也成为国家之间、区域之间博弈和竞争的新焦点。

（四）我国社会主要矛盾出现历史性变化

在人类社会发展的历史进程中，社会主要矛盾是人类社会基本矛盾在一定历史时期的具体表现形式，矛盾的变迁既深刻反映着社会经济形态的动态演进，也是推动社会文明演进的重要动力。

中华人民共和国成立时，我国经济发展水平低下，百废待兴，直至改革开放初期，我国都面临着人们的物质生活水平不富裕的困境，人民的现实需求主要集中在基本的生存需求和对物质财富的需求层面，"使人民摆脱贫困、尽快富裕起来"是彼时发展的首要任务和急需解决的重要难题。[16]经过改革开放四十余年的艰苦努力，我国经济发展水平实现了历史性跨越，社会物质财富大大丰富，一跃成为世界第二大经济体。在

---

16 习近平. 习近平谈治国理政（第 4 卷）.

中国共产党成立100周年之际，我国实现了第一个百年奋斗目标，14亿人口的中华大地全面建成小康社会，这为今后一个时期我国全面建设中国式现代化和实现第二个百年奋斗目标奠定了坚实基础。

但正如习近平总书记所指出的，"发展起来以后的问题不比不发展时少"。[17]

一方面，我国经济发展已进入增长速度换挡期、结构调整阵痛期、前期刺激政策消化期叠加的新阶段，经济发展步入新常态。[18]党和国家主动认识新常态、适应新常态和引领新常态，坚持"稳增长、调结构、促改革"的发展主线，努力使经济社会发展维持"稳中向好"的态势。但由于经济社会发展面临的来自能源、生态、人口等要素约束日益凸显，叠加日益复杂严峻的国际环境，"三期叠加"的经济新常态进一步面临需求收缩、供给冲击、预期转弱的"三重压力"，亟待挖掘新动能以推动发展的质量变革、效率变革和动力变革。

另一方面，随着社会物质生产力水平、物质财富和经济实力水平的全面提升，我国的社会结构、人民群众的需求结构和需求层次都发生了深刻变化。人们对收入、就业、教育、医疗、社会保障、环境、住房等多个方面提出了更高的期待，对高品质服务和精神文化的需求大幅增长；不同群体的需求呈现出日益多样化、层次化、个性化等新特征，叠加我国所具有的人口规模巨大等特征，使得进一步释放生产力发展潜能、拓展生产力发展新空间以实现生产力水平质的跃迁显得更加紧迫。我国社会的主要矛盾演变为人民日益增长的美好生活需要和不平衡不充分的发展之间的矛盾。人民对更加全面、扎实的共同富裕的渴望要求我们必须不断提高"做大蛋糕"的能力，要以新的更高效益的生产力增量促进

---

17 习近平. 习近平谈治国理政（第4卷）.
18 习近平. 把握新发展阶段，贯彻新发展理念，构建新发展格局.

国家经济在更高水平上实现整体动态平衡，发展新质生产力就是"要在发展中促进相对平衡"。[19]

第二节　中国式现代化的理论阐释

中国式现代化是强国建设、实现中华民族伟大复兴的唯一正确的道路，是以习近平同志为核心的党中央在综合研判国际国内新形势和新趋势、深刻洞察现代化发展基本规律的基础上作出的重要理论创新。中国式现代化既有全球现代化的共同特征和共性规律，也有基于中国特定国情形成的独特内涵和丰富的内容维度，是现代化理论的进一步拓展和重大创新，创造了人类文明新形态。要把推进中国式现代化作为最大的政治，就要深刻把握在数字经济成为大势所趋的时代，中国式现代化的战略内涵及其特点。

一、中国式现代化的战略内涵

在当今时代背景下，数字经济成为大势所趋，我国现代化建设的外部环境和内部条件都发生了深刻变化。中国式现代化建设必须发展高质量的数字经济，即坚持以人民为中心的价值导向，以实现全体人民共同富裕为战略目标，全面构筑数字经济新优势和积极构建网络空间命运共同体。

第一，中国式现代化的战略核心是发展"以人民为中心"的数字经济。

习近平总书记强调，发展为了人民，这是马克思主义政治经济学的

---

19 习近平. 习近平谈治国理政（第4卷）.

根本立场[20]，也是中国式现代化建设的根本立场。发展高质量的数字经济必须坚持以人民为中心的价值导向。中国式现代化是由经济现代化、政治现代化、文化现代化、社会现代化和生态现代化"五位一体"的战略布局构成的系统的现代化实践体系，遵循的是人本价值逻辑，追求的是人的价值实现和全面而自由的发展，因而超越了西方式现代化框架下的"资本主义物质文明"。

一是要"为了人民"。习近平总书记强调，网信事业发展必须贯彻以人民为中心的发展思想，把增进人民福祉作为信息化发展的出发点和落脚点。[21]现代化的本质是人的现代化[22]，通过发展数字经济全面提升人的现代化水平，贯穿中国式现代化建设整个进程。人的现代化体现在人的物质生活条件、精神生活状态、数字素养水平、工作方式、生活和社会交往方式等多个方面。伴随数字经济发展出现的灵活就业，可以为人们创造更多的就业和增加收入的机会。平台企业不断发挥数字化能力，在产教融合上大力投入，帮助劳动者提升职业技能，实现更好就业、更好发展。在线学习的发展使得更多人共享优质教育资源，终身学习和全面提升自身综合素质，全民数字素养持续提高。数字经济发展还大大提升了教育、医疗、健康、文化等社会公共服务质量和普惠发展水平，提升人们生活方式的现代化水平。

二是要"依靠人民"，把广大人民群众和企业的广泛参与作为数字经济发展的依靠力量。科技创新需要依靠广大科技工作者群策群力、集体攻关，正如习近平总书记所言，"我国网信领域广大企业家、专家学者、科技人员要树立这个雄心壮志，要争这口气，努力尽快在核心技术

---

20 中共中央党史和文献研究院. 习近平关于社会主义经济建设论述摘编.
21 中共中央党史和文献研究院. 习近平关于网络强国论述摘编.
22 "数字福建"建设的重要启示——习近平同志在福建推动数字化建设纪实.

上取得新的重大突破"。[23]过去十多年我国数字经济快速发展的一个重要经验就是坚持走群众路线，尊重群众的主体地位和首创精神，大力引导和鼓励数字技术应用的模式创新和体制机制创新，充分激发人民群众的创造潜力和创新智慧。

三是发展成果人民共享。面对数字技术应用导致的不同群体之间、不同区域之间存在的数字经济发展不平衡问题，习近平总书记指出，"相比城市，农村互联网基础设施建设是我们的短板"[24]，让亿万人民在共享互联网发展成果上有更多获得感[25]。

第二，中国式现代化的战略目标是实现全体人民共同富裕。

共同富裕是社会主义的本质要求和制度优越性的重要体现，是中国式现代化区别于西方现代化的根本特征。中国式现代化语境下的共同富裕至少包含两个方面的内涵：一是全体人民共同富裕。随着生产力水平的持续提高，所创造的财富不是由少数人、少数地区所有，而是由社会全体人民共享。2021年建党百年之际，我国人均GDP达到1.25万美元，超过世界平均水平；我国还取得了脱贫攻坚战的全面胜利，完成了消除绝对贫困的艰巨历史任务，如期实现全面建成小康社会的目标。二是物质生活和精神生活都富裕。要满足人民日益增长的美好生活需要，不仅需要高质量的物质产品和充沛的物质财富，还要有高品质的精神产品供给，"既要富口袋，也要富脑袋"[26]，建设物质与精神"双富裕"社会。物质富裕程度决定着社会的整体福祉水平和基本发展能力，精神富裕直接影响着人民群众的获得感、满足感和幸福感。[27]

---

23 中共中央党史和文献研究院. 习近平关于网络强国论述摘编.
24 中共中央党史和文献研究院. 习近平关于网络强国论述摘编.
25 中共中央党史和文献研究院. 习近平关于网络强国论述摘编.
26 中共中央党史和文献研究院. 十八大以来重要文献选编（下）.
27 李实. 共同富裕的目标和实现路径选择.

中国式现代化的共同富裕不只是缩小收入水平差距和发展差距，更加强调以高质量、普惠性的社会公共服务供给提升人民的获得感和幸福感。既要全面提升经济发展水平，不断"做大蛋糕"；还要通过有效的治理和制度设计"分好蛋糕"。在数字经济全面发展的大背景下，首先，要持续深化和普及数字技术应用，全面提升经济活动效率；着力培育新业态、新模式，培育新的经济增长点和开拓经济增长新引擎，不断扩大和丰富社会财富积累；其次，要充分利用现代信息技术，加强数字经济规范治理，避免技术应用造成新的"数字鸿沟"和"社会鸿沟"。根据物质资本、企业家人力资本、数据等生产要素对数字经济发展的贡献价值，科学设计和完善社会初次分配、再分配和第三次分配的制度体系，提高社会收入分配格局的公平性。最后，要充分利用数字技术优势，全面提升公共服务质量和均等化水平，提高居民的幸福感和获得感。

第三，中国式现代化的战略过程是构筑数字经济发展新优势。

党和国家历来高度重视信息化和数字经济发展，习近平总书记强调，"当今世界，信息化发展很快，不进则退，慢进亦退"[28]，"没有信息化就没有现代化"[29]，我国"发展数字经济是把握新一轮科技革命和产业变革新机遇的战略选择"[30]。经过多年努力，我国已经发展成为网络强国，与发达国家之间的信息化差距显著缩小，数字经济发展速度快、规模大。2022年年底，我国已建成全球规模最大的光纤和移动宽带网络；数字经济领域技术创新日益活跃，截至2022年年底，高新技术企业、专精特新"小巨人"企业拥有的有效发明专利占国内企业拥有总量的65.1%。[31]我国网民数量、数据资源、数字化应用场景全球领先，数字产

---

28 习近平. 在网络安全和信息化工作座谈会上的讲话.
29 习近平. 把我国从网络大国建设成为网络强国.
30 习近平. 把握数字经济发展趋势和规律，推动我国数字经济健康发展.
31 科技日报. 我国发明专利有效量位居世界第一.

业规模持续快速扩大，支撑传统产业数字化转型和创造更多衍生价值；数字政府建设成效显著，在线政务服务日益普及，便民为企服务更加高效，"互联网+监管"日益成为数字经济高质量发展的重要保障。2012年以来，我国数字经济增速显著高于同期 GDP 增速，成为经济稳定增长的关键动力，为经济发展带来更多新增长点和更强大动力。

但我国数字经济发展中存在的"大而不强、快而不优"[32]的问题不容忽视。主要体现在关键核心技术不强、数字技术在以制造业为代表的实体经济领域的应用亟须深化、数字经济整体发展质量有待提升；实践中还存在一些不健康、不规范的苗头和趋势，直接影响着数字经济发展质量。新的历史条件下，需要将构筑数字经济新优势贯穿于中国式现代化建设的整个战略过程中。2021 年发布的《中华人民共和国国民经济和社会发展第十四个五年规划和 2035 年远景目标纲要》中，将"加快数字化发展，建设数字中国"单独成篇，明确提出要"打造数字经济新优势"，这是我国首次将发展数字经济写入国民经济和社会发展五年规划中。2022 年发布的《"十四五"数字经济发展规划》是我国首个国家层面的数字经济专项规划，其中提出了"十四五"时期我国发展的主要目标、主要指标、8 个方面的重点任务和 11 项重点工程，是新时期加速推动我国数字经济高质量快速发展的重要举措。发展数字经济是我国以创新驱动高质量发展的重要抓手，是推进中国式现代化的新引擎，有助于全面提升中国式现代化的全要素生产率，为中国式现代化提供源源不断的新动能，做强做优做大我国数字经济则成为推进中国式现代化的战略路径。

第四，中国式现代化的国际战略愿景是为构建网络空间命运共同体贡献中国智慧。

---

32 习近平. 不断做强做优做大我国数字经济.

随着全球数字经济的发展,"互联网让世界变成了地球村,推动国际社会越来越成为你中有我、我中有你的命运共同体。"[33] 面对当前日益复杂的国际局势,互联网领域发展不平衡、规则不健全、秩序不合理等问题日益凸显,不同国家和地区之间的信息鸿沟不断扩大,现有网络空间治理规则难以反映大多数国家意愿和利益[34],习近平同志坚持马克思主义系统思维与辩证逻辑,顺应信息时代发展潮流和人类社会发展大势,结合我国网络强国建设实际,积极倡导数字经济领域的国际合作。2015年,习近平总书记在第二届世界互联网大会上提出构建网络空间命运共同体的理念,这一理念直面数字经济时代各国数字化不平衡不充分的现实问题,弘扬"有容乃大"的中华文化传统,深刻反映了数字经济全球化时代各国开放共享、齐谋发展的全球治理之道,直接关系着世界人民福祉。

构建网络空间命运共同体意味着中国式现代化要统筹国内国际两个大局、将发展和安全两件大事贯穿于中国式现代化战略部署全过程。一方面要持续推动更高水平对外开放。在扩大开放中深化改革和促进更快发展,是我国改革开放以来经济发展取得巨大成就的重要成功经验。中国数字经济的蓬勃发展离不开全球化市场,需要科学审视和及时把握全球新一轮科技革命带来的新机遇,积极拓展和深化与其他国家在数字基础设施建设、数字贸易、网络空间安全治理等方面的合作,在积极参与数字经济国际合作与竞争中持续强化我国数字经济领域的优势,补齐自身存在的"短板",培育数字经济新优势。另一方面要将保障网络安全和维护世界和平有机统一。习近平总书记强调要"保障网络安全,促进有序发展"[35]。数字经济时代,国家稳定需要有安全和平的网络环境,需要不断提升自身网络安全保障能力,有效应对各种网络攻击和网络威

---

33 习近平. 论党的宣传思想工作.
34 中共中央党史和文献研究院. 习近平关于网络强国论述摘编.
35 习近平. 习近平谈治国理政(第2卷).

胁，共同打击各种网络犯罪行为，打造风清气正的网络舆论环境。

二、中国式现代化的驱动力

从发展动力上看，中国式现代化是以数字技术和数据要素为核心驱动、以打造和强化数字经济新引擎为特征的现代化。

在传统发展模式遭遇"瓶颈"约束、传统产业部门效率低迷的同时，数字技术在经济社会各领域的深化应用，推动着社会生产方式、产业组织、商业模式、产品和服务形态、人们生活方式等的革命性变化，成为推动未来经济社会发展变革的重要驱动力量。新一代信息技术是当代最显著的生产力，也必将引起生产关系和上层建筑的革命。

技术创新驱动经济发展理论进一步拓展，数字技术和数据要素成为中国式现代化的核心驱动力。习近平总书记指出，要"发挥互联网作为新基础设施的作用，发挥数据、信息、知识作为新生产要素的作用"[36]，这是在深入洞察数字技术和数字经济发展特征和趋势的基础上，对"科学技术是第一生产力"、技术创新驱动经济发展等理论的重要拓展。信息技术的广泛应用大大降低了市场交易成本，打破了传统市场交易的时间和空间限制，推动各种资源和生产要素在更大范围、更高层次实现更高效率的配置；数字技术支撑下的政府数字化水平不断提升，新型宏观调控和市场监管机制的建立健全，不断推动着政府治理体系和治理能力现代化；社会分工更加灵活，新的就业形态和公众参与社会和政治生活的形式不断涌现，"全面共建共享"渠道更加多样化、便捷化；数据要素价值的充分发挥，将进一步缓解经济社会发展面临的资源、环境和交通压力，实现资源节约和环境友好型发展。

为做强做大数字经济，我国大力发展战略性新兴产业，通过深化数

---

[36] 中共中央文献研究室. 习近平关于网络强国论述摘编.

字技术应用形成更多新的经济增长极，在生产、分配、流通、消费各个环节全面深化数字技术应用，这是马克思主义政治经济学的社会再生产理论在数字经济时代的生动应用和丰富发展。数字技术的广泛应用使得人类社会的数据种类和规模呈现指数级增长，数据不再仅仅是某种客观事物或信息的载体，而是成为有价值的资源和资产，成为新的生产要素和生产力，成为一个国家基础性和战略性资源。党的十九届四中全会首次将数据列为与土地、劳动力、技术、资本等相并列的生产要素，高度肯定了数据要素的重要作用，并提出建立健全数据要素的报酬由其贡献决定、贡献由市场评价的机制。数字技术和数据要素成为中国式现代化的核心驱动力。

拓展经济发展新空间，打造数字经济新动能是中国式现代化的重中之重。中国式现代化必须以高度发展的社会生产力和坚实的物质基础为支撑。当前我国已进入构建新发展格局、实现高质量发展的新阶段，发展条件出现了深刻变化。我国人均 GDP 已超过 1 万美元，社会生产力水平大幅提升，已经建成了门类齐全、独立完整的现代工业体系，高质量发展拥有了良好的基础。但还应看到，长期以来以低成本劳动力、外部市场和资源为主要驱动的经济增长模式面临的瓶颈约束日益凸显，模仿式创新过多和自主创新乏力导致一些关键领域"卡脖子"危机。叠加经济全球化出现逆流、全球产业链出现大调整等复杂的国际环境，拓展经济发展新空间、培育壮大发展新动能、切实提升自主创新能力显得尤为迫切。充分发挥数据作为关键要素的驱动作用，坚持数字产业化和产业数字化"双轮驱动"，聚力打造经济发展新引擎，是新发展阶段中国式现代化的重要任务。这就要推动数字技术在实体经济领域的深入和广泛应用，利用数字化智能化网络化技术对传统产业进行升级改造，全面提高经济发展效率和质量。在发展实体经济方面，数字技术的广泛应用在推动传统制造业和服务业不断走向数字化、智能化和高端化的同时，也打破了传统的产业发展边界,现代服务业和先进制造业发展呈现出"两业"深度融合和互动的发展趋势,既有助于服务业克服"鲍莫尔成本病",也可以防止服务业比重过快上升而引致产业空心化。[37]从经济发展质量方面看,数字经济发展有助于提高社会全要素生产率,以技术创新和产业创新提高供给质量和效率,助力深化供给侧结构性改革。

三、中国式现代化的模式特点

从发展模式上看,中国式现代化是基于新发展阶段社会主要矛盾和发展目标而探索的,以工业化、信息化、城镇化、农业现代化"四化"同步发展的"并联式"、均衡发展的现代化。

我国社会主要矛盾发生显著变化,发展目标更加多元。当前我国正在向第二个百年奋斗目标奋进,面临许多前所未有的挑战和机遇。从社会生产力发展的角度看,当前我国的基本国情没有变,仍处于社会主义初级阶段;但社会主要矛盾已经发生深刻变化,体现为人民日益增长的美好生活需要和不平衡不充分的发展之间的矛盾。全面实现小康社会后,人们对美好生活的期待和需求全面提高,体现在物质生活、精神生活、生态环境、文化体验等多个方面。城镇化、信息化、人口老龄化等的持续发展,推动社会需求结构出现深刻变化,人们对优质公共服务的需求显著增加;随着经济发展水平、收入水平、教育水平的提高,人们对参与社会公共事务、公平正义、自身全面发展的需要显著提升。

但从供给侧看,我国经济发展显然还不适应和无法满足新需要。长期依赖劳动力、资本、资源扩张支撑的粗放式增长方式,使得资源和环境约束日益触及底线;过度依赖技术引进、模仿式创新导致自主创新后劲不足,公共服务供给量、服务水平、普惠性、公平性等方面仍然存在

---

[37] 刘奕,夏杰长,李垚. 生产性服务业集聚与制造业升级.

明显不足。从根本上解决新阶段社会发展的主要矛盾，需要综合考虑我国社会发展的主要矛盾、发展目标、已有基础和自身资源禀赋条件等多种因素，走出一条中国式现代化道路；需要根据新时代的发展要求，以新发展理念为引领，坚持以人民为中心，将经济发展重心从追求高速度的量的增长转向追求高质量的质的提升；社会制度建设和国家治理体系建设既要着眼于提升效率，更要关注区域协调和城乡融合发展，关注促进社会公平正义和全体人民共同富裕。

在这种形势下，四化同步的"并联式"现代化模式优势凸显。习近平总书记曾明确指出，"我国现代化同西方发达国家有很大不同。西方发达国家是一个'串联式'的发展过程，工业化、城镇化、农业现代化、信息化顺序发展，发展到目前水平用了二百多年时间。我们要后来居上，把'失去的二百年'找回来，决定了我国发展必然是一个'并联式'的过程，工业化、信息化、城镇化、农业现代化是叠加发展的"。[38]我国在工业化任务尚未完成的情况下，赶上了信息化数字化浪潮，信息技术的广泛应用使得工业等产业发展的技术基础发生了革命性变化，这为我国发挥后发优势实现社会生产力跨越式发展提供了难得的历史机遇。

从政策层面看，我国先后提出了"以信息化带动工业化，发挥后发优势，实现社会生产力的跨越式发展"，大力推进信息化与工业化"两化融合"，"促进工业化、信息化、城镇化、农业现代化同步发展"等重要战略部署。从实践层面看，在西方工业化进程中，重化工业阶段往往伴随着能源高消耗和环境高污染，数字经济的快速发展使得我们可以在很大程度上避免这种不可持续的发展模式，跨越式地走上绿色化、人与自然和谐共生的、可持续现代化之路。

---

[38] 中共中央文献研究室. 习近平关于社会主义经济建设论述摘编.

第三节 新质生产力助推中国式现代化的现实逻辑

我国经济已经从高速增长转向高质量发展,推进高质量发展是中国式现代化的首要任务,高质量发展的实践需要有新的理论提供指导。新质生产力已经在实践中形成并展示出对高质量发展的强劲推动力、支撑力,从理论上进行总结概括,构建新质生产力理论体系,为新时代推进高质量发展奠定了重要的理论基础。大力发展新质生产力也是新时期推进中国式现代化的关键任务要求。

一、新质生产力助推中国式现代化的内在机理

"加快形成新质生产力"意味着中国式现代化进程也是从传统生产力向现代生产力跃迁质变的过程,必将伴随着一场生产力革命。新质生产力的形成对中国式现代化具有战略意义,其内在机理体现在以下几个方面。

(一)新质生产力通过推动经济结构优化,助力中国式现代化建设

中国式现代化要求经济结构实现优化和升级,即要从传统产业向现代产业转型,加快发展高技术、高附加值、高效益的产业,提高经济整体竞争力。新质生产力中的"新"意味着新技术、新产业、新业态、新模式等,核心在于创新驱动。通过技术创新和新业态的发展,新兴产业不断涌现,为经济结构调整和升级提供了新的增长点和动力源。加快形成新质生产力,首先,新一代信息技术,尤其是颠覆性技术应用具有突出的溢出效应和不同领域间的可迁移性,可以促进技术转移和产业跨界

融合，降低相关领域创新要素成本，先进生产技术和管理模式的广泛渗透将加速传统产业向高技术、高附加值产业转型。其次，科技创新资源的有效整合，积极培育和发展新一代信息技术、生物技术、新能源、新材料等战略性新兴产业和未来产业，将加快构建现代化产业体系。再次，新技术应用和模式创新不断涌现，推动制造业服务化转型，服务业向智能化、个性化方向发展，推动数字技术与实体经济深度融合，全面提升实体经济发展水平。最后，新质生产力发展为企业加速产品和服务升级提供了新的技术支撑，为企业更好地把握市场趋势和洞察消费者需求、加强品牌和质量建设提供了数据和多样化的渠道选择，进而提升企业竞争力。

（二）新质生产力通过全面提高人民生活质量和满足人民日益增长的美好生活需要，助力中国式现代化建设

实现共同富裕是中国式现代化的重要特征，是中国式现代化面临的重要任务。2022 年，中国 GDP 达到 120 万亿元，稳居世界第二位。但中国的人均 GDP 仅为 8.5 万元，人均可支配收入为 3.6 万元，这与美国等发达经济体仍存在较大差距。作为中国式现代化重要基础的生产力发展水平和物质基础并不坚实。与此同时，不同地区之间、不同社会群体之间的收入差距依然较大，医疗、教育、就业、社会保障等基本公共服务的均等化和共享化水平不高。

要让现代化成果惠及所有人，全面提高人民的生活质量和满足人民日益增长的美好需要，必须大力发展新质生产力。加快形成新质生产力可以为我国经济发展注入源源不断的新动能。经过多年努力，我国数字经济规模从 2017 年的 4.02 万亿美元提升至 2022 年的 7.5 万亿美元[39]，年平均增速保持在 10% 以上的高水平；数字经济占 GDP 比重从 2017

---

39 中国信息通信研究院. 全球数字经济白皮书（2023 年）.

年的 32.9%上升至 2022 年的 41.5%，已超过第二产业在全国 GDP 中的比重（39.9%）[40]，数字经济在国民经济体系中发挥着越来越重要的作用。在新质生产力形成和发展过程中，作为新型生产要素的数据将与数字技术一起，更广泛和更深入地渗透到社会生产的各个环节，"乘数效应"不断得到释放，助力提升全要素生产率。技术创新催生的智能化制造、大规模定制等新业态、新模式可以以更低成本更好地满足人们多层次、多样化和个性化的需求。

（三）新质生产力通过支撑国家治理体系和治理能力现代化，助力中国式现代化建设

政府治理体系和治理能力现代化是中国式现代化的重要内容、具体表征和必然要求。我国高度重视新一代数字技术对推动经济社会发展的重要作用，明确提出要加快运用网络信息技术推进社会治理，提高国家治理和社会治理的智能化水平。习近平总书记在中央全面深化改革委员会第二十五次会议上强调，"要全面贯彻网络强国战略，把数字技术广泛应用于政府管理服务，推动政府数字化、智能化运行，为推进国家治理体系和治理能力现代化提供有力支撑"[41]。伴随着我国生产力水平的快速提升和社会主要矛盾的转变，治理领域呈现出公众服务需求多样化、公共管理和服务事项多且复杂、新型社会风险增加且呈现出不同类型风险交织叠加等特点。

新质生产力的形成和发展将为构建现代政府治理体系和提升政府治理能力提供重要支撑，促进政府服务能力和管理水平进一步提升，推动国家治理体系更加科学、有效和法治化。首先，现代技术支撑下的公共管理和服务供给将更加丰富。以大数据、云计算、物联网、人工智能

---

40 中国信息通信研究院. 中国数字经济发展研究报告（2023 年）.
41 习近平主持召开中央全面深化改革委员会第二十五次会议.

等为代表的新一轮科学技术革命的兴起,为满足社会公众多元化、个性化的公共服务需求提供着重要的技术支撑。其次,提升政府决策的科学化和社会治理的精细化和精准化。新一代数字技术在政府公共管理和服务领域的深化应用,既为政府决策提供了更先进的分析工具,也在持续积累海量数据,助推政府部门的科学决策。最后,提升政府应对新型社会风险和加强社会应急管理能力。数字技术发展为政府防控和化解社会风险提供了重要工具和手段,可以及时发现潜在的社会风险,优化风险防控流程,高效应对各种突发事件和化解系统化的社会风险。

(四)新质生产力通过提升社会创新能力和完善创新体系,助力中国式现代化建设

中国式现代化从战略高度重视创新对生产力发展的重要作用。党的十八大以来,习近平总书记明确指出"科技创新是提高社会生产力和综合国力的战略支撑"[42],要"坚持创新在我国现代化建设全局中的核心位置"[43]。

以高水平科技创新为主导和引擎,是新质生产力与传统生产力的最核心区别。加快形成新质生产力,首先,能够通过市场机制倒逼市场经营主体不断提升生产效率和自身创新能力,以便在日益激烈的竞争中建立起自身的竞争优势,通过提升市场经营主体的创新活力和积极性来推动整个市场的创新效率。其次,新一代智能化数字化技术可以使复杂技术标准化模块化,降低市场经营主体开展生产和研发创新所需要的成本投入和能力要求,降低创新门槛和提升创新活动效率。最后,在数字化智能化技术支撑下,分布式创新等新的创新模式使得多元市场创新主体

---

[42] 习近平. 在中国科学院第十七次院士大会、中国工程院第十二次院士大会上的讲话.
[43] 习近平. 高举中国特色社会主义伟大旗帜,为全面建设社会主义现代化国家而团结奋斗——在中国共产党第二十次全国代表大会上的报告.

和创新资源可以更加灵活地参与到创新过程,不仅大大增加了参与创新的机会,而且推动各方参与主体形成更加紧密和高效协同的创新网络,不断提升社会创新活动的效率。

二、新质生产力助推中国式现代化的实践路径

"加快形成新质生产力"是以习近平同志为核心的党中央在我国全面建设中国式现代化的时代背景下,顺应人类社会发展大趋势、应对全球新挑战和破解我国高质量发展中面临的新问题的智慧结晶。中国式现代化为新质生产力发展提供了战略导向,新质生产力发展则为中国式现代化注入源源不断的新动能。培育新质生产力助推中国式现代化建设,需要重点做好以下几个方面。

(一)深化数字技术与实体经济融合,夯实中国式现代化的实体经济基础

实体经济是我国发展的本钱,是构筑未来发展战略优势的重要支撑。[44]我国仍是世界上最大的发展中国家,中国式现代化顺利推进的重要基础是经济发展。作为一个人口规模巨大、仍处于社会主义初级阶段的发展中大国,离开了强大的实体经济提供的坚实物质基础,中国式现代化就成为无本之木、无源之水。在数字经济全面发展的大背景下,夯实实体经济基础需要大力推进数字技术与实体经济融合发展。

习近平总书记提出,要"把握数字化、网络化、智能化方向,推动制造业、服务业、农业等产业数字化,利用互联网新技术对传统产业进行全方位、全链条的改造"[45],2024 年《政府工作报告》进一步提出,

---

44 习近平. 坚定信心埋头苦干奋勇争先 谱写新时代中原更加出彩的绚丽篇章.
45 习近平主持中央政治局第三十四次集体学习:把握数字经济趋势和规律,推动我国数字经济健康发展.

要积极推进数字产业化、产业数字化，促进数字技术和实体经济深度融合，这为全面推进数字技术与实体经济融合、发展高质量的实体经济指明了方向。以数字技术应用发展高质量的实体经济，需要突出以下三个重点。

一是加快实现高水平科技自立自强。加强科技创新，特别是原创性、颠覆性科技创新，打好关键核心技术攻坚战，使原创性、颠覆性科技创新成果竞相涌现，培育发展新质生产力的新动能。全面提升包括基础零部件（元器件）、基础技术、基础软件等在内的产业基础能力，大力提升底层技术、关键核心技术自主供给能力和原始创新能力，为确保经济循环畅通提供更有力的科技创新支撑。

二是利用数字技术赋能传统产业转型升级。在实体经济的核心和主体部分制造业领域，深化新一代信息技术、人工智能、高端装备、绿色环保技术等应用，大力发展先进制造业、智能制造和服务型制造业。大力推进工业互联网建设，利用人工智能、物联网、大数据等新一代信息技术拓展生产和制造边界，全面提升资源配置效率、行业创新水平和竞争能力。建设智慧城市、数字乡村，深化数字技术在农业生产经营和农村管理中的应用。

三是持续提升产业链韧性和安全水平。围绕发展新质生产力布局产业链，着眼于推动制造业重点产业链高质量发展，着力补齐短板、拉长长板、锻造新板，增强产业链供应链韧性和竞争力。针对一些具有国际竞争力的领域产业链不完整的问题，采取有效措施补链强链。以规模和潜力巨大的国内市场为基础，构建多元化的产业链形态，增强对产业链的控制力。

四是培育壮大新兴产业和布局建设未来产业，完善现代化产业体系，激发经济增长新动能和争夺未来产业竞争制高点。

（二）丰富数字化公共服务供给，提升中国式现代化的普惠水平

中国式现代化追求全体人民共同富裕，追求人自身现代化、生活方式现代化和人的自由而全面发展。除了需要有坚实的物质基础和发达的经济水平为基础，还需要有普惠共享、高质量的社会公共服务做支撑，使人民享受的公共财富显著增加。习近平总书记提出，在新时代"推动人的全面发展、全体人民共同富裕取得更为明显的实质性进展"。[46]党的十九大把全面建设社会主义现代化国家新征程分为两个阶段，2020—2035 年的第一阶段的发展目标之一就是"基本公共服务实现均等化"。

发展新质生产力助推普惠共享的中国式现代化，需要全面加强数字化公共服务供给。经过多年努力，我国"互联网+政务服务"取得显著成效，数字惠民服务水平持续提升，农村信息基础设施落后的问题得到历史性解决；但不同区域、不同群体、不同行业数字化发展的基础差异仍然很明显，社会公共服务供给质量和均等化、普惠化水平与人民美好生活需要之间存在不小的差距。依托现代数字技术丰富数字化公共服务供给，需要重点做好以下几个方面。

一是进一步深化数字技术在教育、医疗健康、文化等社会公共事业领域的广泛应用。依托网络平台的规模效应和高效供需匹配的优势，大力增加数字化社会公共服务资源供给数量，全面提升服务质量，满足人们不断增长的多样化、个性化服务需求。

二是依托网络平台加强就业、社保、养老等重点民生领域社会服务供需对接，提升公共服务普惠共享水平。大力推进数字乡村建设，进一步提升农村信息基础设施的服务质量，深化数字技术在农业生产经营、

---

[46] 中共中央关于党的百年奋斗重大成就和历史经验的决议.

农村基层管理和农民生活中的广泛应用。

三是采取有效措施缩小不同区域、不同群体之间存在的数字鸿沟，加快社会公共基础设施适老化、智能化改造和信息无障碍建设，大力发展新就业形态，为社会弱势群体提供更多就业和增加收入的机会，努力实现包容性发展。

（三）构建与新质生产力相适应的治理体系，助力国家治理现代化

"生产关系的总和构成社会的经济结构"，即经济基础；而"法律的和政治的上层建筑"则是由经济基础决定的。[47]在当代中国，随着新一代数字化智能化技术的广泛应用和数字经济新业态、新模式的快速发展，社会生产关系和经济基础发生了深刻变化，作为上层建筑核心内容的国家治理的制度体系和能力建设等方面已经显得相对滞后。习近平总书记主持召开中央全面深化改革委员会第二十五次会议时强调指出，要全面贯彻网络强国战略，把数字技术广泛应用于政府管理服务，推动政府数字化、智能化运行，为推进国家治理体系和治理能力现代化提供有力支撑。2019年10月，党的十九届四中全会对"完善和发展中国特色社会主义制度、推进国家治理体系和治理能力现代化"这一战略任务的表述是："到我们党成立一百年时，在各方面制度更加成熟更加定型上取得明显成效；到二〇三五年，各方面制度更加完善，基本实现国家治理体系和治理能力现代化；到新中国成立一百年时，全面实现国家治理体系和治理能力现代化，使中国特色社会主义制度更加巩固、优越性充分展现。"[48]

---

47 弗里德里希·恩格斯，卡尔·马克思. 马克思恩格斯选集（第2卷）.
48 中共中央关于坚持和完善中国特色社会主义制度，推进国家治理体系和治理能力现代化若干重大问题的决定.

加快构建与新质生产力发展相适应的制度体系，全面提升中国式现代化的政府治理效能。构建政府治理体系，是与整个国家治理体系和治理能力现代化建设、若干制度体系建设和"法治政府"建设相融合相统一的制度安排。[49]加快形成新质生产力为构建新型政府治理体系提出了新的更高要求，也提供了新的发展机遇、新的技术支撑和数据要素等重要保障条件。发展新质生产力需要主动顺应经济社会数字化转型趋势，进一步深化改革和创新突破，推动数字政府建设向纵深发展。

一是要将顶层设计与实践探索有机结合。我国已经出台了《关于加强数字政府建设的指导意见》，需要结合实践发展需要进一步完善相关制度和政策措施，以实现顶层规划与基层创新的良性互动和密切结合，并将确保各项措施落地、落实。

二是坚持把数据赋能作为数字政府建设的重要动力。根据《中共中央 国务院关于构建数据基础制度更好发挥数据要素作用的意见》要求，研究制定相关配套制度和实施细则，不断完善数据治理制度，加强标准体系建设，大力推动公共数据授权运营和提升数据运营效率，明确数据收集、加工、流通和交易、挖掘利用等不同环节的责任，为政府治理现代化提供有力的数据支撑。

三是要深化改革创新，以数字化和平台化思维建立健全政府数字化履职能力体系。加快构建作为数字政府重要支撑的智能集约的平台支撑体系，推进政府业务重组和流程优化，提升以网管网、线上线下一体化监管能力。加快构建开放共享的数据资源体系，提升跨部门、跨层级和跨区域的协同治理能力。

---

49 杨解君. 政府治理体系的构建：特色、过程与角色.

（四）构建与新质生产力相适应的创新体系，增强国家创新驱动力

创新是中国式现代化的关键动力，实现高水平科技自强自立是中国式现代化建设的关键。习近平总书记指出，相比美国等发达国家，"我们在自主创新方面还相对落后""互联网核心技术是我们最大的'命门'，核心技术受制于人是我们最大的隐患"。[50]伴随着科技革命和产业变革的持续深化，科技创新成为数字经济时代国家之间竞争的主战场和制高点，科技竞争日益白热化。关键领域创新能力不足是中国式现代化建设过程中必须解决的重大问题。党的十九届五中全会提出，要坚持创新在现代化建设中的核心地位，创新和改革是发展的两大根本动力。党的二十大报告强调要加快实施创新驱动发展战略。构建与新质生产力发展相适应的创新体系，重点要做好以下四个方面。

一是密切围绕国家战略需求并结合全球数字技术发展最新态势，在集成电路、关键软件、人工智能、新型显示等重点领域加大技术创新力度，为创造新产业、引领未来发展增加关键核心技术储备。

二是建立以企业为主体、产学研相结合的数字技术创新与产业创新体系，持续完善促进科技创新成果实现产业化转化的机制，畅通转化通道，努力实现从科技强到产业强和经济强；利用区域数字经济的产业聚集效应，打造产业聚集型技术创新和产业创新模式。

三是大力推进产业链现代化，一方面要围绕产业链部署创新链，充分发挥科技创新对产业发展的驱动作用；另一方面，对于那些面临国外打压和封杀的产品及所在产业链，既要增强自身产业在各产业链上的供给和配套能力，还要加大创新力度，推动产业不断向全球价值链中高端

---

50 中共中央党史和文献研究院. 习近平关于网络强国论述摘编.

迈进，从而形成产业链与创新链互促互动、良性发展的态势。

四是要充分发挥新型举国体制对推进关键领域重大科技创新的制度保障作用。既要加强党中央的集中统一领导，充分发挥国家作为重大科技创新组织者的作用；又要发挥市场机制在资源优化配置方面的决定性作用，让创新要素向企业集聚，激发企业作为市场主体的创新活力和潜力。

第三章

人工智能:
培育新质生产力的"牛鼻子"

人类已经经历了以机械化、电气化、信息化为特征的三次工业革命，每次颠覆性的技术创新和科技革命，都带来了社会生产力的大解放和生活水平的大跃升，从根本上改变了人类社会的发展轨迹。2022年以来，以大模型、大数据、大算力为支撑的ChatGPT的问世引发了新一轮人工智能（Artificial Intelligence，AI）革命。与以往AI热潮不同的是，ChatGPT被看作是通用AI的起点和强AI的拐点，是AI技术发展史上具有里程碑意义的进步。走向通用化的AI技术的"头雁"效应和溢出带动性进一步凸显，在移动互联网、大数据、超级计算、传感网、脑科学等新理论新技术的加持下，AI发展呈现出深度学习、跨界融合、人机协同、群智开放、自主操控等新特征，正在对经济发展、社会进步、国际政治经济格局等产生重大而深远的影响。

第一节　拥抱人工智能时代

美国当地时间2024年1月12日，微软股票收涨1%，以2.89万亿美元的市值超越了苹果（2.87万亿美元），时隔多年以后再度成为全球市值最高公司。在过去的十多年间，苹果一直被看作是美股市场上的王者。2010年，iPhone4热销，苹果市值首次超越微软；2011年，苹果市值超越埃克森美孚，成为全球市值最高的公司；2018年，苹果成为历史上首个市值超过1万亿美元的科技公司，随后在2020年和2023年，其市值分别超过2万亿美元和3万亿美元，均是"历史上首个"。

第三章 人工智能：培育新质生产力的"牛鼻子"

但在 2024 年年初，苹果股价出现下跌，微软股价上涨，全球市值最高公司称号易主。2018 年和 2021 年，微软市值两次超过苹果，2018 年，微软的云计算业务增长迅速；2021 年，苹果 iPhone 销售和运营受到疫情等因素影响较大，总的看这两次超越都较为短暂。2024 年的这次超越则被解读为，市场更加认可和积极拥抱人工智能时代，以人工智能和软件销售为主营业务的公司发展前景更被看好。微软不仅重金投资了 OpenAI，而且正在积极地用 AI 重构自己的整体业务，正如投资公司 DA Davidson 的分析师吉尔·卢里亚所说：微软超过苹果是必然的，因为微软在人工智能革命中可以获得更多收益。

把目光投向国内市场。2023 年，大模型成为中国互联网大公司追逐的焦点。人工智能尤其是大语言模型成为 2023 年科技投资最大的亮点，融资事件数比上一年增长 145%。大部分资金集中在少数公司，2023 年，我国出现了 4 家大模型独角兽公司，另有一家公司（月之暗面）估值约 7 亿美元。这 5 家高估值大模型公司公开披露的融资总额约为 100 亿元人民币，约占全国人工智能领域投资总额的 40%。[1]阿里巴巴、腾讯、美团等公司都在这一年投资了大模型创业公司。

一、走向通用的人工智能

人工智能是一种能够模拟、延伸和扩展人的智能的技术。对科技界、产业界、学界甚至是普通公众来说，人工智能一词早就不陌生。但在不同场景下，这一名词所指的内容并不相同。美国斯坦福大学的研究报告显示，人工智能的概念随着技术进步而不断革新，当一种新的模拟与延展人类智能的人工智能技术融入社会生活中，它便会脱离"人工智能"的含义范围；然后会有全新的、尚未有明确道德规范的技术出现，并融入"人工智能"的含义范围内；这样除旧纳新的变动过程随着技术创新

---

[1] 中国科技投资这一年：低迷中寻找微光.

而持续发生,这种现象被称为"人工智能效益"(AI Effect)或"奇怪悖论"(Odd Paradox)。[2]简而言之,人们倾向于将尚未形成产业应用的新兴技术称为人工智能,而对已经应用于生产、生活中的诸如自动驾驶、智能医疗、智能投资顾问等人工智能技术,则称呼其具体名称。[3]

(一)人工智能的概念和主要特征

关于人工智能的概念,从历史上看,因不同学者及其研究领域不同而有所差异,并且随着技术的发展,人们对其的定义也在演变和扩展。英国数学家艾伦·麦席森·图灵认为,如果一个计算机系统能够模仿人类的思维方式,使得人类无法区分它和真实人类之间的差别,那么这个系统就具有了人工智能。被称为人工智能领域的先驱之一的约翰·麦卡锡将人工智能定义为"使计算机能够解决以往只有人类可以解决的问题的一种科学"。赫伯特·亚历山大·西蒙将人工智能定义为"从代表性问题的解决中获得对智力机制的新理解的研究领域"。这些定义都试图描述人工智能系统的本质和目标,即让计算机具有类似于人类智能的能力,能够执行各种任务并解决各种问题。中国信息通信研究院将人工智能定义为"用机器模拟、实现或延伸人类的感知、思考、行动等智力与行为能力的科学与技术"[4]。人工智能具有智能化和自动化特点,具有学习、推理和感知等多种能力,因而能够被广泛应用于经济社会发展的诸多领域。

一是智能化和自动化。人工智能具有模拟人类智能的能力,能够执行类似于人类的认知和决策任务,包括理解语言、感知环境、学习和适

---

2 Standford University. Artificial Intelligence and Life in 2030: One Hundred Years Study on Artigicial Inteligence.
3 张凌寒. 深度合成治理的逻辑更新与体系迭代——ChatGPT 等生成型人工智能治理的中国路径.
4 中国信息通信研究院. 人工智能治理白皮书.

应、解决问题等方面。人工智能还可以自动执行各种任务，从简单的重复性任务到复杂的决策性任务，从而减少人力和时间成本，提高效率和生产率。

二是适应性。人工智能能够根据不同的情境和需求灵活调整和变化，以适应不同的应用场景和用户需求，从而提供更加个性化和优质的服务。例如，语音识别系统具有适应性，能够识别和理解不同人的语音输入，即使是具有不同口音或语言背景的人声也能够准确识别。这种适应性使得语音识别系统可以在不同的语言环境和用户群体中广泛应用，如智能助手、语音搜索等。

三是学习能力、推理能力和感知能力。人工智能具有学习能力，可以通过分析数据、模式识别、反馈等方式从经验中学习，并不断提高自己的性能和表现。人工智能能够进行推理和推断，从已知信息中推导出新的信息或结论，以支持决策和问题解决。人工智能具有感知能力，能够通过传感器和相应的算法感知和理解环境中的信息，例如图像、声音、文本等。

四是协作与交互能力。人工智能可以与其他系统或人类用户进行交互和协作，共同完成任务，如虚拟助手、机器人等。

（二）生成式人工智能的三大突破

人工智能对形成新质生产力的引擎作用，使它日益成为一种通用目的技术（General Purpose Technology），因而人工智能对其他垂直领域和行业同样具有赋能作用。

在现代经济增长理论中，通用目的技术扮演着重要角色。通用目的技术具有六方面特征：与定义和支撑它的一组技术具有互补性；与由它赋能的技术具有互补性；与一系列在社会、政治和经济上具有变革性的技术具有互补性；没有相近的替代方案；具有广泛的应用；开始时比较粗糙，但会演化得越来越复杂[5]。通用目的技术对人类生产活动和社会发展的影响是整体性的、全局性的，典型应用如蒸汽机和电力等。

过去大多数人工智能模型设计以解决某专业领域的特定问题为主，模型被训练完成后，主要服务于特定场景或领域。如医疗领域的手术机器人，专门用于开展手术，而且很多模型还有明确的适用科室和手术类型。随着技术的不断进步发展，迄今，人工智能作为通用目的的技术的特点和作用日益凸显。2016年10月，美国国家科学技术委员会发布的《国家人工智能研究与发展战略计划》提出，在美国的人工智能中长期发展策略中要着重研究通用人工智能。AlphaGo系统开发团队创始人戴密斯·哈萨比斯提出朝着"创造解决世界上一切问题的通用人工智能"这一目标前进。以ChatGPT为代表的生成式人工智能突破体现在多个方面。

一是通用性大大扩展。

这种通用性是建立在预训练大模型的基础上，并进一步推动了数据、算法、算力在研发层面功能性地深度融合。生成式人工智能采用"预训练+精调"的研发模式，首先在海量无标注的数据上进行预训练，完成"通识"教育；然后根据具体应用场景的特性，用与任务相关的少量数据进行相应微调，完成"专业"教育。[6]

企业和开发人员可以基于已有的基础大模型作进一步的调试，研发出更多的人工智能应用。市场上会出现一批专门负责调整大模型的企业（供应商），以满足具体行业和领域的人工智能应用需求。这些企业介于研发基础大模型的企业与具体人工智能应用企业之间，他们不会从头开

---

5 Bekar C, Carlaw K, Lipsey R. General Purpose Technologies in Theory, Application and Controversy: A Review.

6 IDC . 2022中国大模型发展白皮书——元能力引擎筑基智能底座.

始研发大模型,而是采用已经经过大量的计算和数据训练过的基础大模型,然后对这些基础大模型进行进一步的调试和训练,为每个具体的垂直行业创建模型。他们在基础大模型之上做的这 1%的训练,对行业应用至关重要。正如智能手机的出现催生出了众多应用程序,强大的人工智能模型可以成为孵化各种人工智能应用的平台,它们的共同点是可以制造无数的商业机会。

二是实现了与自然语言的融合。

2017 年,谷歌团队提出 Transformer 模型,独有的注意力机制使其成为自然语言处理领域具有奠基性的模型。2018 年,谷歌公司提出 BERT 模型,通过双向编码器和 Transformer 模型,提高了长文本处理的效率,标志着自然语言处理领域进入了预训练大模型时代;同年,OpenAI 公司基于 Transformer 的解码器(Decoder)部分开始研发 ChatGPT,为今天人工智能的变革奠定了基础。

过去,人类与人工智能的沟通依靠专业人士使用计算机语言来完成的,这对大多数人来说都是难以逾越的鸿沟。ChatGPT 在自然语言的理解能力方面则实现了具有里程碑意义的跨越,改变了以往必须依靠专业人士、使用计算机语言才能沟通的状况。人工智能的发展给我们带来了最自然的人机交互方式——让计算机理解我们而不是我们理解计算机。这也意味着,人工智能将应用到越来越多的行业和领域,普通人可以方便地与人工智能交流,人工智能助手有望进入每个人的工作和生活,帮助人们方便快捷地学习跨领域的专业知识,完成之前并未系统学习的一些任务。

例如,微软推出的 Copilot(微软在 Windows 11 中加入的人工智能助手)可以帮助用户编程;医疗保健领域的 Copilot 可以帮助提高医生与患者之间的沟通效率;在使用 DALL-E 图像生成工具和 Copilot 编程工具时，用户可以直接用自然语言输入各种描述，这些工具就会自动生成用户想要的东西，用户还可以不断修改自己的描述，直到工具给出满意的输出。

人工智能使用自然语言与用户沟通，使其可以真正融入千行百业和每个人的生活。目前人工智能已经在文本和图像生成、语言翻译、医疗健康、自动驾驶、教育和科学研究等众多领域展现出巨大的应用前景；随着时间推移和技术迭代，人工智能将在更深层次上赋能政务、新闻、金融、制造等众多垂直行业领域，形成新质生产力。

三是多种技术的深度融合。

多种技术深度融合是推动新一轮人工智能浪潮以不可阻挡之势席卷全球的重要力量。互联网技术的发展加速了人工智能的创新研究，推动人工智能技术持续深入地渗透至各产业领域，越来越走向实用化。深度学习和其他机器学习技术的创新发展，在语音识别、图像识别、自然语言处理等许多领域中达到或超越了人类的水平。不断走向成熟的人工智能技术将广泛应用于医疗、金融、交通、农业等各行各业。

二、"人工智能＋"时代开启

（一）我国人工智能发展历程

从历史上看，我国人工智能的发展可以追溯至 20 世纪 50—60 年代。当时，由于国际上的人工智能研究刚刚兴起，我国的人工智能研究也开始起步，主要从事人工智能的基础理论研究，如模式识别、专家系统等。20 世纪 80 年代初，我国开始引进国外的人工智能技术，开展人工智能技术的应用研究，这一时期人工智能研究主要集中在专家系统、机器学习等领域。随着计算机技术的不断发展和改革开放的推进，我国人工智能研究取得了一定进展。20 世纪 90 年代初，我国开始开展机器人、自然语言处理、智能搜索等领域的研究。1995 年，中国团队在国际机器人奥林匹克大赛上获得了金牌，标志着我国在人工智能领域的研究取得了一定的成果。2006 年，中国科学院成立了国家人工智能重点实验室，进一步加强人工智能领域的研究和应用，我国的人工智能研究逐渐深入到计算机视觉、语音识别、智能机器人等前沿领域。

党的十八大以来，我国抢抓机遇，从国家战略层面部署人工智能发展，取得显著成效。2015 年，《国务院关于积极推进"互联网+"行动的指导意见》出台，将"互联网+"人工智能纳入重点行动。2016 年，"人工智能"被写入《中华人民共和国国民经济和社会发展第十三个五年规划纲要》，人工智能加速与各行各业深度融合。2017 年，国务院发布《新一代人工智能发展规划》，这是我国在人工智能领域发布的第一个系统部署文件，也是面向未来打造我国先发优势的一个指导性文件，标志着我国将人工智能发展提升到国家战略的高度。2021 年出台的《中华人民共和国经济和社会发展第十四个五年规划和 2035 年远景目标纲要》进一步强调，"培育壮大人工智能、大数据、区块链、云计算、网络安全等新兴数字产业"。其后，《"十四五"智能制造发展规划》《"十四五"机器人产业发展规划》等文件都将人工智能作为战略性新兴产业给予重点扶持，鼓励以人工智能技术推动工业智能化转型。

目前，我国在人工智能领域发表的论文数量居世界首位；人工智能核心产业规模达 5000 亿元，企业数量超 4400 家；工业质检、知识管理、自动驾驶、语音交互等各种人工智能应用不断向纵深演进。迄今，我国已经建成全球最大规模的数字社会，成为全球最大网络零售市场和最大移动支付市场，智能化技术正在快速渗透至各个行业和领域，不断为经济社会注入新动能。

在 OpenAI 发布 ChatGPT 后，国内企业也发布了一批大语言模型，如百度的文心一言，用户规模已突破一亿；讯飞的星火认知大模型上线

14 小时，用户数量突破 100 万；阿里云的通义千问已有超过 20 万企业用户申请接入；商汤的商量语言大模型已与 500 多家客户建立了深度合作；360 的 360 智脑上线首周即获 300 万用户超 5000 万余次互动。腾讯、字节跳动、京东等公司也都发布了自己的类 GPT 应用开发计划；垂直行业企业也加速布局，如医疗人工智能企业医渡科技正在研发医疗垂直领域大语言模型。

（二）从"互联网+"到"人工智能+"

随着人工智能大模型发展取得实质性突破，加速迈入规模应用的新阶段，以大模型技术为代表的通用人工智能时代正在到来。

为探索人工智能发展新模式新路径，我国出台了一系列政策加以引导和鼓励，既有国家层面面向未来的战略设计，也有相关部门具体的落实政策。早在 2017 年，我国就出台了《新一代人工智能发展规划》，规划提出，到 2030 年，人工智能理论、技术与应用总体达到世界领先水平，成为世界主要人工智能创新中心。2018 年，工业和信息化部出台《促进新一代人工智能产业发展三年行动计划（2018—2020 年）》，进一步细化了人工智能产业的发展目标和重点任务，包括提升人工智能基础软硬件、智能机器人、智能运载工具等关键技术的创新与产业化水平，并推进人工智能与实体经济深度融合。2022 年 8 月，科技部等六部门联合印发了《关于加快场景创新以人工智能高水平应用促进经济高质量发展的指导意见》。这些政策文件不仅为人工智能的发展提供了明确的战略方向和任务指导，还通过财政、税收、金融等多种手段为人工智能的创新和应用提供了政策支持，有力地推动了人工智能产业在我国的快速发展。

2024 年《政府工作报告》将"大力推进现代化产业体系建设，加快发展新质生产力"放在工作任务首位，并且提出，深化大数据、人工智能等研发应用，开展"人工智能+"行动，打造具有国际竞争力的数字产业集群。"人工智能+"首次被写入我国政府工作报告中，成为推进发展新质生产力的重要一环。

回顾历年政府工作报告，从2015年提出的"互联网+"到2019年提出的"智能+"。如今，随着大模型等人工智能技术成为引领新一代产业变革的核心力量，"人工智能+"行动，不仅顺应了全球人工智能发展的潮流，更与中国产业升级的大势紧密相连。"人工智能+"上升为一种行动，意味着人工智能、大模型作为新质生产力的重要组成部分，已成为推动新一轮产业变革、重塑竞争格局的关键力量；意味着国家将加强顶层设计，加快形成以人工智能为引擎的新质生产力。

"智能+"与"人工智能+"虽然看似相近，内涵却有所不同。如果说2019年的"智能+"更侧重于工业互联网，为制造业的转型升级赋能，那么2024年的"人工智能+"行动则体现出从研发到场景应用再到产业打造的全链条赋能，并进一步明确了"人工智能+"在数字经济中的重要地位。

落实"人工智能+"行动，意味着我国将基于大模型、大数据等加快推进人工智能在各行各业的落地应用，不断提升产业自动化水平，降本增效，促使数字经济再上新台阶。开展"人工智能+"行动，将推动人工智能有序赋能重点领域，加快重塑产业生态，培育经济发展新动能。"人工智能+"行动不仅是对人工智能这一新一代信息技术的高度重视，更是对未来经济社会发展的深远布局。一方面，要把人工智能作为对千行百业进行深度赋能、助力提质增效的工具和辅助手段；另一方面，要将人工智能升级为支撑经济社会转型升级不可或缺的基础设施和核心能力。这一行动无疑将为人工智能技术在各行业的广泛应用开启新篇章。随着这一行动的深入推进，我们有理由相信，人工智能将在推动产业升级、加快形成新质生产力等方面发挥更加重要的作用。

三、我国发展人工智能的优势和"瓶颈"

在发展人工智能方面，我国拥有多方面优势，如超大规模市场和用户群体、海量的多样化数据资源、丰富的应用场景等。过去几年，人工智能呈现快速发展态势。

（一）市场规模持续扩大

我国人工智能产业发展迅速，初步形成从底层芯片、通信设备到人工智能应用平台的完整产业链体系。中国信息通信研究院发布的报告显示，2023 年，我国人工智能核心产业规模达 5784 亿元，增速为 13.9%。人工智能技术已被广泛应用于医疗、教育、金融、智能制造、交通等领域。赛迪研究院发布的报告显示，2023 年，我国生成式人工智能的企业采用率已达 15%，市场规模约为 14.4 万亿元人民币。商汤科技的人脸识别技术已经比肩美国的 Clearview AI，百度的 Apollo 也已经成为全球最具竞争力的自动驾驶平台之一。据不完全统计，截至 2023 年 11 月，国产大模型已超过 200 个，已有超 20 个大模型获得备案，大多数已向全社会开放服务，大模型技术"百花齐放"。

人工智能基础研究和技术创新能力不断增强。我国持续推进战略导向的体系化基础研究、前沿导向的探索性基础研究、市场导向的应用性基础研究。根据中国科学技术信息研究所发布的《2021 年全球人工智能创新指数报告》，中国人工智能创新水平已经进入世界第一梯队。2021 年，我国人工智能开源代码量达到 158 项，仅次于美国；人工智能专利申请量达到 87343 件，占世界总量的 51.69%，远高于美国、欧盟和英国。在科研产出方面，中国人工智能论文的数量和质量迅速提升，人工智能期刊、会议和知识库出版物数量领先世界。2021 年，中国人工智能期刊出版量占世界总量的 31.04%，引用量占世界总量的 27.84%，均高于美国、欧盟和英国。美国斯坦福大学发布的《2024 年人工智能指数报告》显示，中国已经拥有全球顶尖的人工智能专家，在发表论文总量世界前十的机构中，中国占了9家。腾讯、阿里巴巴和华为等公司已经成为人工智能研究领域排名世界前十的公司。

（二）适度超前规模化部署新型基础设施

一方面，积极构建人工智能基础设施体系。采用内部应用与外部赋能相结合探索人工智能应用新模式，推动"云网智"融合发展，全面向"人工智能+"战略转变。在网络规划、建设、维护、优化等网络运营各环节引入人工智能和大数据技术，提升网络智能化水平。2023年，三家基础电信企业积极构建"1个通用+N个专用"的通专结合大模型体系，通用大模型达千亿级参数级别，行业大模型可面向政务、应急、文旅等多个领域。另一方面，实施"东数西算"战略，持续完善全国性算力网络布局。工业和信息化部数据显示，到2023年年底，三家基础电信企业为公众提供的数据中心机架数达97万架，比上年末净增15.2万架，净增量是上年的近两倍，可对外提供的公共基础算力规模超26 EFlops（每秒万亿亿次浮点运算）。适应跨网络算力调度、承载需求多样化等发展趋势，加强算力、能力、运力等协同提升，打造算力网络一体化与云网融合的全光底座；协同部署通用算力与智算算力，启动超大规模智算中心建设，不断优化算力供给结构；围绕国家算力枢纽、数据中心集群布局新建约130条干线光缆，启动400G全光省际骨干网建设，实现云、算力网络的高效互通。

然而，我国人工智能领域在迅速发展的同时也存在一些亟须解决的问题，最为突出的是核心技术、高质量数据和复合型人才三个方面的"瓶颈"约束。

（1）核心技术"瓶颈"。

在人工智能发展过程中，许多创新的算法和方法需要大规模的计算资源来验证和改进，算力短缺会降低人工智能算法的复杂度，延缓模型训练速度，对其性能提升和应用部署形成限制，从而阻碍人工智能技术领域的进一步突破。目前国内智能算力的发展，特别是适用于大模型训练的算力，与全球算力发展趋势相比仍存在较大差距。近年来，我国人工智能算力芯片市场主要由美国英伟达公司主导，大约占据了80%以上的市场份额，处于绝对的竞争优势。但随着美国对高性能芯片出口限制措施不断加强，英伟达公司最先进的A100、H100芯片无法在国内销售，定制版A800和H800芯片缺货严重，我国人工智能发展的芯片瓶颈不容忽视。

百度、阿里巴巴、腾讯和华为等科技公司已加快人工智能芯片的自研步伐，并在各自的云平台上率先试用，还有一些初创公司从芯片的底层架构设计入手努力抓住人工智能发展带来的新的市场机遇。总的看，国产人工智能芯片在大模型推理方面表现相对出色，但在门槛更高的大模型训练方面仍无法与英伟达的通用GPU相媲美。国产人工智能芯片普遍存在软件栈不完善、适配周期长、性能差距大、可靠性需要验证等问题。除了性能方面的显著差距，我国人工智能芯片产业生态方面也亟待完善。英伟达GPU配套的CUDA软件生态系统广泛应用，国内人工智能芯片面临着"要么兼容一个不开源的生态，要么从零开始自建生态"的两难选择。

（2）数据"瓶颈"。

大模型在前期训练阶段和后期调优阶段都需要海量的数据支撑，数据质量直接影响大模型的"聪明"程度，训练数据集的分布特征和多样性也会影响大模型的能力。虽然我国拥有庞大的数据量，但高质量、标注准确、可用于训练复杂人工智能模型的数据仍相对不足。有数据显示，从GPT到GPT-2再到GPT-3，OpenAI将模型参数从1.17亿提升到15亿，然后爆炸式地提升到1750亿。清华大学公共管理学院梁正教授指出，全球范围内，数据存量的增长速度远远低于数据集规模的增长速度。据人工智能研究机构 epoch 的研究预测，语言数据可能在 2030—2040 年耗尽，其中，能训练出更优性能的高质量语言数据甚至可能在 2026 年耗尽。

优质中文语料更是严重缺乏。全球目前最有科学性和经过验证的语料来自学术资料库，包括期刊和文化出版物，在这些载体上发表文章的语言绝大部分都是英语。研究显示，1900—2015 年，SCI 收录有 3000 多万篇文章，其中，92.5%的文章是用英语发表的；在 SSCI 收录的 400 多万篇文章中，93%的文章是用英语发表的。在 ChatGPT 的训练数据中，中文语料比重不足千分之一，英文语料占比超过 92.6%。

数据质量比较低也是我国人工智能发展面临的一个突出问题。我国的数据量很大，但尚未实现真正的产业化。目前，提供标准化数据服务的企业相对较少，这是因为大数据服务盈利能力有限，导致公共数据企业缺乏清洗数据的动力，同时，定制化数据服务的成本相对较高，进一步制约了数据市场的健康发展。因此，如何构建一个高效、可持续的数据市场，是我国人工智能领域亟待解决的问题。

（3）人才"瓶颈"。

人工智能领域的综合型复合型顶尖人才，尤其是同时精通算法和工程实现的人才相对短缺，成为人工智能领域实现创新能力和技术突破的重大瓶颈。

此外，在经济社会发展的重点领域，如制造、农业、教育、医疗、金融等，人工智能技术的深度融合仍有待加强，如何使人工智能研究成果转化为实际的产品和服务、转化为现实生产力，以及人工智能技术的产业化和商业化路径等，都需要进一步探索。

第二节 人工智能助推新质生产力形成

人类社会发展史表明，科学技术是推动历史快速前进的重要杠杆。20 世纪 80 年代，邓小平同志基于对当代科技发展规律和作用的把握，提出了"科学技术是第一生产力"的重要论断。习近平总书记强调"要加快推动数字产业化，发挥互联网作为新基础设施的作用，发挥数据、信息、知识作为新生产要素的作用"。这是在深入洞察数字技术和数字经济特征和发展趋势的基础上，对"科学技术是第一生产力"理论的重要拓展。人工智能对形成新质生产力的引擎作用的一个重要体现，是其可以为科学研究和技术研发提供重要动力。

一、人工智能为科技创新提供"原动力"

在过去的一百多年中，基础研究领域经历了诸多革命性突破和飞速发展，为科学技术发展提供了有力支撑。例如，20 世纪初的现代物理学革命和 20 世纪 50 年代的分子生物学的创建，为当代半导体技术、电子信息技术、基因和遗传工程技术等奠定了坚实的科学基础。随着科学技术的发展，基础研究领域面临研究对象更加复杂和多样、影响因素更多和变化更快等新挑战，科技创新面对的是高度复杂的系统，取得突破的难度更大。人工智能为基础科技领域实现新突破提供了新路径。美国得克萨斯农工大学、麻省理工学院、斯坦福大学等 14 个机构的 63 位作者合作撰写了一篇关于"人工智能驱动的科学研究"的综述，详细阐述了人工智能在亚原子（波函数、电子密度），原子（分子、蛋白质、材料、相互作用），以及宏观系统（流体、气候、地下）等科学领域应用的关键挑战、学科前沿和开放问题。[7]这类研究也被称为"人工智能驱动的科学研究（AI for Science，AI4S）"。在数学研究、新材料研发、医药和生物学领域等新技术基础研究领域，人工智能技术应用日益广泛和深入。

在数学研究领域，新一代人工智能在运用大语言模型证明数学定理方面取得重要突破，美国加州理工大学、英伟达公司、麻省理工学院等机构的学者，构建了一个基于开源大语言模型的定理证明器，证明了大语言模型在使用像 Lean 这样的证明助手证明形式化定理方面的潜力。[8]

在生物学研究领域，人工智能的发展和应用推动生物学研究进入 3D 世界，开辟了生物学发展的新时代——"数字生物学"时代。新一代人工智能通过机器学习等方法在蛋白质结构预测、蛋白质表征学习和蛋白质骨架生成三个领域取得了重要进展，尤其是在蛋白质结构预测领域实现重大突破。

2020 年，谷歌旗下的 DeepMind 公司推出 AlphaFold 系统，能够根据氨基酸序列以前所未有的准确度预测蛋白质的三维结构。AlphaFold 的准确性能与传统实验技术，如冷冻电子显微镜、核磁共振或 X 射线晶体学等相媲美，被认为是蛋白质折叠问题的一个重大突破。这一成就被评为 2020 年《科学》杂志十大科学突破之一，被看作是变革生物科学和生物医学的重要进展。随后，DeepMind 宣布开源 AlphaFold，并不断开发出功能更强大的人工智能模型，使得这一技术能够为广大科学家和研究人员使用，对生命科学领域产生了深远影响。2021 年，AlphaFold2 成功预测 98.5%的人类蛋白质结构，解决了蛋白质折叠的重大科学难题[9]，

---

7 Zhang X, Wang L, Helwig J, et al. Artificial Intelligence for Science in Quantum, Atomistic, and Continuum Systems.

8 Yang K, Swope A, Gu A, et al. LeanDojo: Theorem Proving with Retrieval-Augmented Language Models.

9 Tunyasuvunakool K, Evans R, Pritzel A, et al. Highly Accurate Protein Structure Prediction for the Human Proteome.

这被科学界看作是"人工智能驱动的科学研究"的标志性事件。

AlphaFold 不仅可以根据基因"代码"更加准确地预测蛋白质 3D 结构，还可以为研究人员提供数据驱动的模型预测。2022 年，AlphaFold 与欧洲生物信息研究所合作，通过 AlphaFold 蛋白结构数据库免费提供 AlphaFold 对科学界已知的几乎所有编目蛋白质的结构预测。迄今，已有来自 190 多个国家的 140 万名用户访问了 AlphaFold 数据库。AlphaFold 的预测结果大大推动了科学家们在多个领域的研究进程，如新型疟疾疫苗研发、癌症药物的发现和开发用于解决污染问题的食塑酶等。这意味着，新药研发进程乃至生物学领域的研究范式都可能从根本上被改变。

AlphaFold2 对生物学基础研究的重要意义，不仅在于其完成了"基于氨基酸序列成功预测了 350 000 种蛋白质的 3D 结构"；更重要的还在于其搭建起了一个数据驱动的新型产业公共服务平台。

与当前绝大多数以供需资源低成本匹配为主要功能的服务平台不同的是，这个数据驱动的新型公共服务平台可以为研究机构、医药公司等提供可以准确解释人体分子机制的高效工具，为开展相关生物医学研究提供支撑，因而可以在提升行业效率的同时创造增量。目前该数据库中的蛋白结构数据量是蛋白质数据银行（Protein Data Bank）的 2 倍。据预测，当 AlphaFold2 的预测规模达到 1 亿时，将能基本覆盖所有的蛋白质，届时这个数据驱动的新型公共服务平台将会创造的增量应用、产品和服务，或许现在还难以想象。

这个数据驱动的新型公共服务平台将从根本上改变生物学研究的基本范式，并衍生出许多当前还无法想象的应用场景，进而成为一个开源、开放、资源共享、不断衍生新场景的公共服务平台。从另一个角度来说，该公共服务平台，既是研究的成果，更是进一步开展更多创新性研究的基础。因此，数据驱动的新型公共服务平台正在重塑基础研究范式,并孕育和形成一种全新的"基础研究—实验开发—场景化推广和应用"的科技成果转化和产业发展路径。在这个研究范式中,数据成为基础研究和产业发展的核心要素。公共服务平台一方面通过资源开放共享,帮助广大研究人员个人和相关企业提升效率,另一方面,持续汇聚各类用户在研究应用过程中产生的大量数据和衍生数据,为进一步的科学研究和产业化转化提供工具和方法支撑。

2023 年 11 月,谷歌公司推出 AlphaFold 的最新版本 AlphaFold2,AlphaFold2 不仅能够以更高的准确性处理和预测蛋白质的结构,还能将相似的能力推广到核酸、任意小分子配体等其他的生物分子结构上。新版本模型的功能扩展和性能提升可以加速生物医学突破,为疾病通路、基因组学、生物可再生材料、植物免疫、潜在治疗靶点、药物设计机制提供各种全新的可能性。据 Gartner 预计,超过 30% 的新药物和材料将由生成式人工智能发现。

要在许多应用中实现创新,发明方法的发明具有比开发任何单一新产品具有更大经济影响的潜力。[10]2023 年 3 月,我国就"人工智能驱动的科学研究"作出专项部署,将人工智能与数学、物理、化学和天文等基础学科中的关键问题密切结合,围绕药物研发、基因研究、生物育种、新材料研制等重点应用领域科研需求展开,布局"人工智能驱动的科学研究"前沿科技研发体系。[11]人工智能对新质生产力发展的"原动力"作用得到充分肯定。

人工智能在基础研究领域的应用及其取得的突破性成就,也有助于人工智能技术自身的进一步发展,两者呈现出互促互动的发展态势。例如,在以探索人类思维的运行机制为目标的脑科学领域,相关研究涉及

---

10 Griliches Z. Hybrid Corn: An Exploration in the Economics of Technological Change.
11 科技部启动"人工智能驱动的科学研究"专项部署工作.

信息学、生命科学、化学等诸多学科,一方面,人工智能技术进步能有效地促进大脑机制解析、类脑智能理论与算法、脑疾病智能诊疗等基础研究和应用转化研发的进步;另一方面,脑科学的研究成果也揭示了与人工智能原理相关的一些重要问题,并进一步推动人工智能在理论和技术上取得重大突破。[12]

此外,目前科学界也在探索人工智能在基础研究领域的第三种应用方式——让人工智能成为可以"自我改进"的科学家。这一发展方向,既有好处也有潜在的风险。好处在于,人工智能能将人类的工作内容自动化,人工智能被教会做任何人类可以做的事情:探索新科学、提出理论解释、验证、思考等。潜在的风险在于,有人担心懂得"自我改进"的人工智能有可能会像科幻小说描写的那样,擅自改动代码或修改算法,导致失控。

二、人工智能塑造新型劳动者

在人类社会发展的不同阶段,或者在不同的经济形态和经济结构中,"劳动者"的概念是动态变化的。这种变化,既体现在劳动者自身综合素质和发展水平的不断提高,也体现在劳动者外延不断扩大。人工智能塑造新型劳动者主要体现在两个方面:一是全面提升人作为劳动者的能力和专业化水平,二是创造出与人类不同的智能化劳动者,如智能机器人。

(一)人工智能提升人作为劳动者的能力和专业化水平

在马克思主义关于生产力的"三要素"(劳动者、劳动资料和劳动对象)理论中,劳动者是整个生产力理论的核心。劳动力与劳动资料和劳

---

12 Fan J, Fang L, Wu J, et al. From Brain Science to Artificial Intelligence.

动对象最大的区别在于，劳动者是具有劳动能力和知识经验的人，一方面可以通过体力活动或脑力活动直接参与到社会生产中；另一方面还具有使用劳动工具的能力，能够借助于其他工具不断突破自身限制，拓展自身能力，"个人把工具当做器官，通过自己的技能和活动赋予它灵魂，因此，掌握工具的能力取决于工人的技艺"[13]。劳动者在社会生产力系统中发挥着越来越重要的作用。

纵观过去几十年人工智能的发展历程，随着计算机硬件、互联网技术、数据科学的不断发展，机器学习、深度学习和其他学习技术的发展，以及各类模型在自然语言处理、智能推荐和人机交互等领域的相继应用，人工智能技术在许多场景应用中表现出近似人类甚至超越人类的智能水平。1997年，超级计算机"深蓝"（Deep Blue）击败国际象棋世界冠军，2016年，AlphaGo战胜围棋世界冠军，都反映了人工智能迭代升级展现出来的逼近甚至超越人类智能的特征。新一代人工智能能够有效增强人类的演绎推理、归纳推理和溯因推理等能力，赋能人类的认知决策，成为人类探索未知世界的重要组成部分[14]。

根据国内知名计算机技术网站CSDN测试结果，美国OpenAI公司推出的GPT-4的软件编程能力相当于中国月薪3万元人民币的程序员水平。GitHub的一项测试表明，完成同样的一个软件最小可行产品（MVP）开发任务，在人工智能工具的帮助下，一位只有4年编程经验的巴基斯坦程序员，只用2周就完成了开发任务。而另一位拥有19年编程经验的资深程序员，在没有使用人工智能工具的情况下，完成同样任务花费了5倍的时间，20倍的成本。

在新闻通稿等文档写作方面，人工智能已经被大量应用于类似做

---

13 费里德里希·恩格斯，卡尔·马克思. 马克思恩格斯文集（第8卷）.
14 黄时进. 新一代人工智能驱动科学发现的新范式.

"填空题"的新闻报道中。在确定好时间、地点、事件类型、伤亡人数等固定信息后,人工智能可以根据预先设置的规则快速准确地填写文档。

智能化技术可以提升人类劳动者的能力和专业化水平,通过培养适应数字经济时代需要的技术型复合型人才,推动社会生产力创新。随着人工智能在各个方向和领域的扩展,人的身体机能扩展将渗透到各种产业、产品、生活空间和整个社会,通用人工智能的水平将不断提高,形成真正的人工智能社会,这是一个必然趋势。[15]

（二）人工智能应用创造出智能化劳动者

在实践中,那些通常需要执行重复性的任务、并且具有明确清晰的操作步骤和指导原则的大量任务,都已经可以用人工智能来完成了。这些任务的共同特点是规则简单、人工智能应用比较成熟并且使用技术代替人工具有成本方面的经济性。在如今已运行或正在建设的无人实验室和无人工厂中,具有一定自主性的智能机器人已能取代人成为实验或生产过程中的"劳动者"。[16]

在基础科学研究领域,依托人工智能技术建立起来的无人实验室,可以自动执行科学实验、数据采集和分析等任务,从而提高实验效率、减少人力成本,并推动科学研究的进步。以基因组学研究中的无人实验室为例。在实验设计阶段,可以利用人工智能技术确定实验目标、样本数量和实验步骤;在样本采集阶段,通过自动化设备和机器人系统收集和准备实验样本,例如,提取 DNA 或 RNA、制备实验材料;在实验执行阶段,通过自动化仪器和设备执行基因组学实验,例如,开展基因测序和基因编辑等,这些仪器和设备通过预先设置的程序自动执行实验步

---

15 王俊秀. ChatGPT 与人工智能时代:突破、风险与治理.
16 郦全民. 人工智能在生产力中的角色.

骤，可以显著减少人为操作可能出现的错误。无人实验室还可以自动采集和存储实验过程中生成的数据，并利用人工智能算法进行分析和解释，例如，利用机器学习算法分析基因组数据，发现基因突变和变异与疾病的关联；根据分析结果自动生成报告和图表，帮助研究人员理解实验结果并进行进一步的研究和探索。随着深度学习的持续发展，基础科学研究领域的研究范式将重大变化，基于各种仪器和设备提供的信息提出科学假设并进行检验验证的，不再只是人类科学家，还可能是具有某些特定功能的"人工智能科学家"。

以智能机器人在制造业中的应用为例。为提高生产效率、降低成本和提升产品质量，智能机器人在制造业中的应用日益广泛。智能机器人可用于自动化装配线，执行重复性的装配任务。它们能够精确地组装零部件，并通过视觉系统和传感器来检测装配错误，提高装配效率和产品质量。在物料搬运和物流方面，智能机器人可以用于仓库自动搬运和分类货物，减少人力成本并提高物流效率。在制造过程中，智能机器人可根据预先编程的路径和参数执行焊接和切割操作，提高生产效率和一致性，大大减少人工操作可能出现的错误和损失。在质量检测和品质控制方面，智能机器人可以通过视觉系统、传感器和机器学习算法，检测产品表面的缺陷、尺寸偏差等问题，及时采取措施进行修正，确保产品符合质量标准，因而可以代替工人完成质量检测和品质控制工作。在产业界，在许多劳动过程和场景下，人类作为劳动者的角色被其他智能化设备（如智能机器人）所替代，"机器换人"已经是发生了的现实，也是未来的大势所趋。

如今，在人工智能大模型与生成式人工智能技术的突破式发展的加持下，"人形机器人"成为多方竞逐未来产业的新赛道。人形机器人的技术进步与商业化落地，推动智能制造开启新篇章。

2024年3月13日，一段由OpenAI投资的美国人形机器人初创公司 Figure AI 上传的视频开始在社交媒体平台上热传。视频显示，在 OpenAI 的视觉语言模型的多模态能力赋能之下，Figure 01 人形机器人可以与人类对话，理解人类的意图，同时还能理解人的自然语言指令进行抓取和放置，并解释自己为什么这么做。这被视作人形机器人实现智能化的重要突破。2024 年 2 月 22 日，国内知名人形机器人公司优必选对外透露，其工业版人形机器人 Walker S 已经在蔚来的汽车工厂进行"实训"。实训任务包括移动产线启停自适应行走、鲁棒里程计、行走规划、感知自主操作、系统数据通信和任务调度等。

与传统的工业机器人相比，人形机器人的优势在于不再需要根据预先规划来完成特定任务，而是通过感知周边环境进行理解、学习并作出决策，且不再受限于单个场景，在人工智能大模型技术的加持之下，拥有非常强的自主决策、柔性操作和交互能力。目前人形机器人在制造业工厂的典型应用主要包括物品搬运、拾取和放置、质量检测、贴标、装配、智慧巡检、高危作业等。

三、人工智能引发深层次产业变革

从技术的角度看，人工智能技术被认为是人类有史以来极为重要和极具颠覆性的发明。[17]作为生产力发展水平的标志，每一种工具的使用都改善了人类的运动器官或感觉器官，或者说消除了对这些器官的限制。[18]以往的技术和劳动工具是对人的身体功能的延伸、放大或替代，例如，各种交通工具是人的行走功能的延伸和替代；人工智能则是对人的心智能力的模拟和放大，其所外化并加以实现的主要并非心智运作的结果，而是心智运作的能力。[19]因此，以往只有人类才能从事创造性、创意性

---

17 Ordonez V, Dunn T, Noll E. OpenAI CEO Sam Altman Says AI Will Reshape Society, Acknowledges Risks: "A Little Bit Scared of This".
18 西格蒙德·弗洛伊德. 文明及其缺憾.
19 郦全民. 人工智能在生产力中的角色.

的智力活动，如文本写作、艺术创作、产品设计等，如今各种智能化终端也能相对自主地从事，或者在与人的互动和协同完成。有媒体报道，ChatGPT 已经与人类专家合作设计出采摘番茄的机器人。作为人工智能重要支撑的算力，当前呈现爆发式增长态势，机器为载体的算力与生物的算力差距显著扩大。这意味着，随着时间的推移，与机器相比，人类智能在地球上的总思维能力中所占的比例将越来越小。人工智能引发的将是对人类社会文明进程产生深远影响的深刻变革。

人工智能正全方位赋能我国经济社会高质量发展。无人工厂、柔性生产线等智能化生产模式不断涌现，制造业正在加快向数字化智能化转型；农用无人机等智能设备在农业生产中的应用日益深化和普及，智能农场、智能畜牧、智能渔场等涉农新业态快速发展；CT 影像辅助诊断系统、智能消杀机器人等在提升社会医疗水平方面发挥日益重要的作用；各类数字化系统和智能化终端在城市交通管理、防灾减灾、环境监测、应急保障等领域成功应用，持续提升着社会治理和公共服务效能。

以工业制造业为例。以 5G 为代表的连接技术和人工智能技术正在开启工业创新之门。智能传感器、机器人、摄像头和自动导引运输车的使用，正在推动制造业向工业 4.0 升级，这些都要通过稳健、可靠、低时延的 5G 网络实现连接。"5G+人工智能"将提升工业自动化和控制能力，推动数字孪生的使用；制造业企业还能实时收集和分析海量数据，提升商业智能水平。数据显示，我国已建成 2500 多个数字化车间和智能工厂。经过智能化改造，这些工厂的研发周期缩短约 20.7%、生产效率提升约 34.8%、不良品率降低约 27.4%、碳排放减少约 21.2%，有力推动了实体经济数字化、智能化、绿色化转型。[20]

围绕产业升级和企业转型发展的需求，人工智能技术可以给工厂、

---

20 那什. 人工智能成为新生产力引擎.

产业、行业装上高质量发展的"工业大脑"。浙江绍兴卧龙控股集团就有一个人工智能赋能的"黑灯工厂",依托自主导航的智能搬运机器人、无人叉车、自动化立库等先进设备的协同工作,并借助"旷视河图"智慧物流操作系统这一"大脑"进行精准调度,工厂的仓储、物流、运输……多个流程都实现了在无人操作状态下完成。与传统车间相比,工厂总体生产效率提升79%,生产运营成本降低33.5%,能源利用率提升16.7%。人工智能技术的巨大潜力可见一斑。

  人工智能技术必须与各行各业的场景深度融合,构建起成熟的产品体系,才能落地生根和释放价值。场景创新是人工智能技术升级、产业增长的新路径。展望未来,人工智能将在制造、金融、城市治理、交通物流、绿色低碳等关乎国家经济命脉的重要领域发挥关键作用。在这个过程中,人工智能的技术研发能力、软件硬件产品化能力和行业应用场景,都是必不可少的要素。迄今为止,我国已在北京、上海、天津、深圳、杭州、合肥等城市建立起国家新一代人工智能创新发展试验区,从核心技术到基础软硬件、终端产品和行业应用等,不断完善有利于人工智能技术发展的生态体系。

第三节　以人工智能为引擎发展新质生产力的重点任务

  我国经济已由高速增长阶段转向高质量发展阶段,正处在转变发展方式、优化经济结构、转换增长动力的攻关期,迫切需要新一代人工智能等重大创新添薪续力。人工智能是新一轮科技革命和产业变革的重要驱动力量,加快发展新一代人工智能是事关我国能否抓住新一轮科技革命和产业变革机遇的战略问题。[21]

一、关键技术创新和新型基础设施建设

人工智能的广泛深化应用意味着算力需求的指数级提升，对算力基础设施也提出了更高要求。算力是人工智能发展的基石，算力基础设施是数字经济时代"国之重器"，反映着一个国家的核心竞争力。构建大型的人工智能基础设施和稳健的供应链，对于保持经济的竞争力至关重要。

未来几年全球算力基础设施规模将持续快速增长。根据 IDC 数据，2022 年，全球数据总产量 81 ZB，过去 5 年平均增速超过 25%。中国信息通信研究院测算数据表明，2022 年，全球计算设备算力总规模 96 EFlops，增速达到 47%；预计未来全球范围内算力规模将以超过 50%的速度增长，到 2025 年，算力总规模将超过 3 ZFlops，到 2030 年将超过 20 ZFlops。

全球算力基础设施领域竞争加剧。在算力规模方面，中国信息通信研究院发布的研究报告显示，美国、中国、欧洲、日本在全球算力规模中的占比分别为 34%、33%、17%和 4%。在基础算力竞争方面，美国、中国处于第一梯队；在智能算力方面，中国、美国处于领先，按照近 6 年人工智能服务器算力总量估算，中国和美国算力的全球占比分别为 39%和 31%。随着全球形势的重大变化，各国均高度重视供应链稳定与安全，全球产业链供应链格局出现重大变革。西方发达国家均发布相关战略和政策，加大对本土供应链培育和保护力度，限制关键材料、计算芯片、设计软件、制造设备出口，以维持在关键原材料、计算芯片设计、半导体制造设备等方面的领先优势。这些都给算力技术创新及产业生态

---

[21] 习近平. 推动我国新一代人工智能健康发展.

带来新挑战。

在半导体、人工智能等高新技术领域，美国政府对华出口管制措施持续收紧，并尽全力阻止中国获得大模型训练的算力。2024年1月底，美国商务部下属的工业与安全局（BIS）公布《采取额外措施应对与重大恶意网络行为相关的国家紧急状态》意见稿，引发广泛关注。该文件显示，美国政府将要求云服务（IaaS）厂商在提供云服务时验证外国用户身份，限制外国行为者对美国 IaaS 产品访问，并要求详细报告训练人工智能大模型的外国交易，以保护美国的网络安全和利益。路透社分析认为，这一措施直接针对的是中国人工智能公司，这将对微软的 Azure 云服务、亚马逊的 AWS 云服务、英伟达算力云等美国人工智能云服务厂商产生重要影响。据《参考消息》，美国商务部长吉娜·雷蒙多（Gina Raimondo）表示："我们不能允许非国家行为者、中国或我们不希望访问我们云计算系统的人来训练他们的人工智能大模型。我们已对芯片实施了出口管制，美国云计算数据中心也大量使用芯片，我们也必须考虑关闭这条可能涉及恶意活动的路径。"

算力基础设施建设对拉动经济增长的贡献突出。算力成为数字经济时代的发动机，算力规模与经济发展水平呈现出显著的正相关关系。有研究数据显示，2022年，我国算力规模同比增长50%，数字经济同比增长10%，GDP同比名义增长5.3%。2016—2022年，全球范围内的算力规模平均每年增长36%，数字经济规模增长8%，GDP增长4.7%；我国算力规模平均每年增长46%，数字经济增长14.2%，GDP增长8.4%。根据中国信息通信研究院测算，2022年，我国算力核心产业规模达到1.8万亿元。算力每投入1元，将带动3~4元GDP经济增长。大力发展算力基础设施具有重要的经济意义。国家互联网信息办公室发布的《数字中国发展报告（2022年）》指出，随着数字化应用的持续深入，我国数字经济对数据中心和云计算中心的需求增速可能高达每年50%以上。

就国内发展情况看,我国算力基础设施建设方面还存在算力缺口大和算力资源分布不均和配置不合理的问题。中国信息通信研究院发布的《中国算力发展指数白皮书(2022年)》显示,我国整体算力供给能力较前一年仅增长25%,且主要集中在东部沿海地区。与此同时,以云计算、大数据、区块链等信息技术为基础的数字经济对算力的需求增速达到了30%以上。同时,我国数据中心还存在大量的闲置资源,平均利用率只有38%,远低于全球水平的60%和欧美发达国家水平的65%。这种极为突出的矛盾现象反映了我国算力市场存在不完善和不规范,以及算力资源分布不均和配置不合理等问题。此外,从技术上看,我国仍高度依赖进口算力设备,核心关键技术受制于人,尤其在计算机芯片、软硬件系统方面仍然与西方发达国家差距明显,这些都严重制约了算力服务质量和效率。

发展人工智能为引擎加快培育新质生产力,就要把全面提升科技原创能力作为重点,以关键核心技术为主攻方向,夯实新一代人工智能发展的基础。牢牢掌握人工智能核心关键技术,需要以问题为导向,主攻关键核心技术,更多地设立国家级人工智能基础研究项目,加快建立新一代人工智能关键共性技术体系;需要着力构建产学研结合的系统创新体系,大力发挥重点科研机构和大型科技企业的不同优势,深化基础理论研究。

二、数据资源整合共享和开放利用

高质量数据是人工智能发展的根基,是人工智能技术不断取得突破的重要支撑,推动人工智能技术不断迭代创新,进入今天的大模型时代。数据的质和量是其成为推动大模型不断进步的关键,人工智能日益走向通用化,自然语言、编程语言、网络数据等组成的万亿级多模态高质量数据集是人工智能大模型发展的关键因素之一。第一,数据是训练和发展人工智能模型的基础。更多、更丰富、更高质量的数据可以提高人工智能系统的性能和准确性。通过整合共享数据资源，可以获得更多的数据样本。第二，数据规模影响算法效果。数据的规模对机器学习模型的训练效果至关重要，更大规模的数据集可以帮助模型更好地学习数据的分布和特征，提高模型的泛化能力和预测准确性。第三，数据资源整合共享可以促进不同领域的数据交叉和跨界合作，有助于融合不同领域的知识和经验，促进人工智能技术的创新和发展。

在数据资源整合共享和开放利用方面，我国既有良好的基础，也面临诸多问题。

一方面，我国拥有海量的数据资源、丰富的数据应用场景和强大的算力、算法积累。我国是世界上网民人数最多、制造业规模最大的国家，每天的生产生活都在汇聚大量数据。在生产领域，我国制造业占全球比重大约 30%，规模居全球第一；截至 2024 年 3 月，5G 应用融入 97 个国民经济大类中的 71 个，应用案例数超 9.4 万个，已建成 5G 工厂 300 家；工业互联网应用覆盖全部 41 个工业大类，较大型工业互联网平台超 340 家，全国"5G+工业互联网"项目数超过 8000 个。在消费领域，第三方研究机构 QuestMobile 发布的《中国互联网核心趋势年度报告（2023）》显示，2023 年，我国移动互联网月活跃用户规模已突破 12.24 亿，全网月人均使用时长接近 160 小时，大平台小程序（微信、支付宝、抖音、百度）去重后月活跃用户数量达到 9.8 亿。此外，我国的 5G 基站数量、计算中心数量等均高居全球前列，数据收集、汇聚、传输和计算等便利高效。

另一方面，我国还存在高质量数据供给不足、数据流通存在壁垒、数据安全等问题，势必会制约人工智能的发展。造成这些问题的深层次原因是多方面的，如：部分组织和企业对于数据开放和共享的意识不强，缺乏共享数据的动力和积极性；缺乏完善的数据管理和共享政策，法律法规对于数据资源的保护和管理不够完善；数据标准化程度低，质量参差不一；数据技术和人才培养方面存在短板，数据资源整合共享和开放利用缺乏先进的技术手段和数据处理能力等。

加强数据资源整合共享和开放利用，需要从多个方面入手。一是要加大公共数据开放力度。公共数据规模大且质量高，其开放对数据要素市场发展意义重大。重点围绕数据资源丰富、应用需求广泛、具有较好的应用基础和广阔发展前景的领域，如科学技术、医疗健康、应急管理、气候气象、城市运行和治理、公共交通、商贸流通、绿色低碳等，大力推进公共数据开放。二是要加强制度创新，探索政府数据授权运营的有效模式。要大力推动政务数据与社会数据的深度融合和开发利用。三是要坚持开放融合、安全有序的原则，推动数据经济领域高水平对外开放，加强国际交流互鉴，促进数据有序跨境流动。四是要加强数据要素相关的基础制度建设，建立充满活力的数据要素市场。

三、场景驱动的技术创新和产业化

我国经济已由高速增长阶段转向高质量发展阶段，正处在转变发展方式、优化经济结构、转换增长动能的攻关期。新发展阶段，我们要培育经济发展新引擎和构建国际国内双循环发展新格局，都对利用新一代人工智能技术发展新兴产业和改造传统产业提出了新需求。我国在发展人工智能方面拥有显著的海量数据优势、巨大的市场规模优势和丰富的应用场景优势。

从创新视角看，场景驱动往往是相对技术驱动而言的。长期以来，我国的科技创新一般侧重于特定技术或学科领域，遵循从基础研究发现到核心技术突破、产品开发、工程试制、中试熟化再到市场化应用的路径，体现为从实验室成果到产业化落地的链式创新模式。从实践视角看，这种创新模式很容易出现技术创新与实践应用转化脱节，不仅难以跨越从技术研发到成果转化的"死亡之谷",而且容易陷入技术轨道锁定和"创新者悖论",迟滞从创新追赶向创新引领的转型步伐。[22]随着以数字化和智能化技术为代表的新一轮科技革命和产业变革的持续深入,数据成为重要生产要素和创新驱动力,市场需求和竞争态势瞬息万变,供给侧与需求侧相互联系、互促互动与融合日益紧密。如何及时准确地把握市场态势和用户需求痛点,重构技术与应用创新体系,创新商业模式,在日益数字化和智能化的场景实践中实现技术、产品和服务的迭代升级,创造更优的用户体验,满足并进一步创造用户需求,既是数字经济时代企业获取竞争优势的焦点,也是近年来创新管理研究领域的重点和难点。

场景驱动的创新,一方面是将已有技术应用于解决特定场景中的问题和满足用户在新特场景下的需求,从而创造价值;另一方面还基于对未来发展趋势的把握和满足人们的愿景化需求,突破现有技术瓶颈和模式的局限性,开发出新技术、新产品、新服务和新商业模式,进而拓展新的市场空间、应用领域乃至催生出新的产业形态。2023 年 8 月,《求是》杂志刊发的文章《以高水平科技自立自强支撑引领高质量发展》指出,要"加快新能源、人工智能、生物制造、绿色低碳、量子计算等前沿技术研发和应用推广,形成以场景带动科研攻关、成果转化和产业培育的新模式,加快打造新的经济增长点",凸显场景对于推动科技成果创造、转化和新产业培育,实现科技创新与产业创新深度融合的重要意义。

从近年来国家和地方出台的政策上看,场景驱动或者说场景导向的创新日益受到关注。2022 年,《"十四五"数字经济发展规划》明确提出,"坚持创新引领、融合发展。坚持把创新作为引领发展的第一动力,突出科技自立自强的战略支撑作用,促进数字技术向经济社会和产业发展

---

[22] 陈劲, 阳镇, 朱子钦. 新型举国体制的理论逻辑、落地模式与应用场景.

各领域广泛深入渗透，推进数字技术、应用场景和商业模式融合创新，形成以技术发展促进全要素生产率提升、以领域应用带动技术进步的发展格局"。同年，科技部等六部门印发了《关于加快场景创新以人工智能高水平应用促进经济高质量发展的指导意见》。2024年1月，在工业和信息化部、科技部、教育部等七部门联合印发的《关于推动未来产业创新发展的实施意见》中，将"以场景为牵引，贯通研发与应用，加快产业化进程"作为基本原则之一，并将"丰富应用场景"作为六大重点任务之一。中共中央办公厅、国务院办公厅印发《浦东新区综合改革试点实施方案（2023—2027年）》，提出要"制定场景创新计划并面向科技创新企业开放，举办场景驱动的全球技术转化大赛"。

在国家层面积极部署的同时，许多地区也都提出以场景驱动创新和成果转化的政策。例如，2023年6月，广东省发展和改革委员会发布全省首批应用场景机会清单，包含56个应用场景机会项目和110亿元的项目总投资，并举办多次场景机会项目供需对接与路演活动；安徽省科技厅印发《加快场景创新构建全省应用场景一体化大市场行动方案（2023—2025年）》；2023年7月，重庆市出台《重庆市以场景驱动人工智能产业高质量发展行动计划（2023—2025年）》；2024年1月，湖南省工信厅发布湖南省智能网联汽车典型示范应用场景。

以人工智能为引擎发展新质生产力，需要密切围绕新需求，着眼于发挥我国独特优势，大力培育人工智能新产品和新服务，积极推进人工智能技术产业化，构建科技创新和产业应用创新良性互动的发展格局。坚持企业主体的创新地位，加快科技成果转化和产业技术创新，谋划和布局一大批高技术产业落地，建设具有国际影响力的科技创新中心，培育和发展新兴产业集群，有效整合创新资源，大力引育"专精特新"企业，以人工智能新兴产业发展引领新质生产力形成。

四、创新型复合型人才培养

我国高度重视科技创新人才培养，注重畅通教育、科技、人才的良性循环，营造鼓励创新、宽容失败的良好氛围。党的二十大报告提出，必须坚持科技是第一生产力、人才是第一资源、创新是第一动力，深入实施科教兴国战略、人才强国战略、创新驱动发展战略，开辟发展新领域新赛道，不断塑造发展新动能新优势。

近年来国内高校和研究机构加大了人工智能相关人才的培养力度，但人工智能人才供需矛盾依旧突出，尤其是高端人才相对稀缺。有研究数据显示，截至 2021 年 7 月，共有 345 所高校设立了人工智能专业，但培养的人工智能人才只有 5 万人，供需比例严重失衡。根据领英发布的人工智能全球最具影响力学者榜单，美国提名学者有 1146 人次，我国仅有 232 人次，这说明中国在高端人工智能人才储备方面与美国存在较大差距。人工智能需要具备深厚的技术知识和专业能力的人才支持，但国内高校的人工智能教育多注重垂直应用，缺乏跨学科合作和多技术融合创新，与世界一流高校还存在一定差距，人才供给不足、质量不高在一定程度上间接导致中国人工智能关键核心技术研发能力不足，限制了人工智能领域创新能力和核心竞争力的提升。

从长期趋势看，复合型人才是高质量发展的长效动力。随着人工智能日益通用化，各行各业对掌握人工智能基本技能的人力需求急剧增长。从我国生成式人工智能的实际技术水平来看，特别是在顶尖人工智能人才储备方面还存在明显不足，人工智能复合型人才更加短缺。加强人工智能领域人才培养，是我国推动产业持续升级的重要任务。

一是，聚焦发展需要，深化人才制度和体制机制改革，健全人才培养、引进、使用和评价制度。

习近平总书记强调,"发展新质生产力,必须进一步全面深化改革,形成与之相适应的新型生产关系""要深化经济体制、科技体制等改革"。以人工智能为引擎发展新质生产力,需要加快制度创新,建立健全培养创新型复合型人才的体制机制。尤其是针对人工智能相关前沿技术领域的稀缺人才,探索建立差异化、长周期、多元化的专业人才评价体系。把培育国家战略人才力量的政策重心放在青年科技人才上,造就规模宏大的青年科技人才队伍,支持青年人才挑大梁、当主角。如在科技研究领域,深入推进科研评价制度改革,引导青年科技人才做真研究、实研究。

二是,深化高等教育改革,创新人才培养模式。

习近平总书记还强调,要走好人才自主培养之路,高校特别是"双一流"大学要发挥培养基础研究人才主力军作用,全方位谋划基础学科人才培养,建设一批基础学科培养基地,培养高水平复合型人才。培养高水平复合型人才是一项系统工程,创新型、复合型、应用型人才培养改革,重点要突破传统方式、路径依赖,要充分发挥大学等高等教育机构在培养人工智能创新型复合型人才方面的主力军作用,创新"融合学科思维、复合知识结构、跨越不同界限、解决复杂问题"的人才培养模式。

深化面向人工智能技术研发和创新应用的教育教学改革,针对高校专业学科和课程设置,打造"交叉型"学科专业课程新生态。高校专业学科设置必须主动适应社会需求,前瞻布局一批未来新兴专业,升级改造一批现有传统专业,淘汰撤销一批陈旧落后专业。鼓励高校主动调整优化人才培养方案,加快人工智能拔尖创新人才培养,以人工智能赋能教育教学改革创新,全面提升师生数字素养。

创新高校教学模式。基于海量多模态数据,人工智能能够理解人类表达的自然语言和上下文语境,并通过强大的计算能力更快速给出问题的答案,这使教育教学形态创新成为可能。在培养综合型复合型人才过程中，要推动人工智能等信息技术与教育教学深度融合，打造一批智慧课程、"人工智能+"课程，提升师生人工智能素养，构建虚实融合、"师/生/机"三元交互的教学新范式。

三是，充分发挥各类社会机构的作用，加强跨界合作，创新人才培养模式。

大力发展职业教育，注重构建以职业院校为基础，学校教育与企业培训紧密联系，政府推动与社会支持相互结合的人工智能人才培养体系。深化校企合作，通过提供智能化场景案例和解决方案等方式增加学生实际经验培训。

鼓励大型科技企业和社会教培机构开展人工智能应用型人才培训，以适应人工智能领域技术快速迭代、人才需求量大、应用广泛的特征。结合人工智能人才供需情况，鼓励企业和机构灵活设置从人工智能基础素质培训，到尖端人工智能人才的系统性培养体系，满足当前各领域对人工智能的应用型需求。

深化高校、职业院校和企业之间的合作，通过校企合作设立的研发基地和实习基地等平台，加强产学研融通合作，打通科研创新、科技成果转化和产业创新的"接口"。要不断突破区域、产业、组织边界，推进企业、高等院校、科研机构跨界合作，建构"一体化"培养人才体系，深化产学研用深度合作；创新开展"订单培养""预就业创业"等多种教学和培养模式。

第四章

数据要素:
新质生产力的创新引擎

在人类改造自然和书写文明的历史进程中，新技术层出不穷、高速迭代与广泛应用。时至今日，人与数字技术深度融合的创新发展生态系统正在加速形成。这一系统的底层支撑便是海量的数据资源，数据的生产、流动、存储、挖掘、利用正在以前所未有的广度和深度发生着。也就是在这个意义上，数据被看作是数字经济时代的新的关键生产要素，与工业经济时代的石油相提并论。数据要素正在快速融入社会生产生活，深刻影响并加速重构经济运行和社会治理的方方面面，成为影响一国经济社会发展的关键战略性资源。

2023年我国进行新一轮党和国家机构改革。这一轮机构改革中，成立了国家数据局，重新组建科技部，国家知识产权局由国家市场监督管理总局管理的国家局调整为国务院直属机构，进一步强化其作用……这些都是我国顺应数字经济发展大势所趋，旨在加强国家科技创新和全面落实数字中国发展战略的重大举措，也是充分释放数据要素潜在价值和加快发展新质生产力的必然要求。

第一节 从"互联网+"到"数据要素×"

我国是世界上首个把数据作为生产要素的国家，实现了数据要素理论层面的重大创新。从理论的视角阐释数据要素的概念内涵及其特征，剖析数据要素创造价值的内在机理，是准确理解和把握新质生产力发展规律的基础。

一、数据何以成为生产要素

（一）关于数据

数据是人们在实践活动中记录客观事物而形成的可识别的、抽象的符号，是对客观事物的性质、状态以及相互关系等进行记载的物理符号或这些物理符号的组合。[1]数据最早诞生于人们开展的科学实验和记录的各种观测结果。数据与信息密不可分，对信息进行数字化后形成数据。数据是信息的载体和表现形式；信息是数据的内涵，对数据作出具有一定含义的解释。[2]

何为信息？香农认为，信息是用来消除不确定性的东西。[3]人类对数据进行收集、利用和再利用的历史悠久。考古证据表明，至少在公元前2000年的古埃及、古希腊和古代中国，就已经有了较为可靠的人口、土地、作物、食物等重要资源的数据收集技术和使用方法。[4]文明发展早期，人类主要是通过感觉器官对社会中以自然形态存在的信息进行感知，并通过发明文字、语言、数字以及各种记录载体，来传递信息。为了简化数字计算，人类还发明了算盘、算尺、机械计算机等计算工具。

从控制论的角度看，信息这个名称的内容就是我们对外界进行调节并使我们的调节为外界所了解时而与外界交换来的东西。[5]从经济学的角度看，信息是人们从事社会生产、交换和社会交往活动的基础，也是

---

1 赵明，董大治. 基于区块链技术的数据资产管理机制研究.
2 阳雪雅. 论个人信息的界定、分类及流通体系——兼评《民法总则》第111条.
3 Claude Shannon. A Mathematical Theory of Communication.
4 Whitby A. The Sum of the People: How the Census Has Shaped Nations, from the Ancient World to the Modern Age.
5 维纳. 人有人的用处：控制论与社会.

人们作出各种决策的基础。

从"技术-经济"理论的视角看,数据成为生产要素与信息技术和信息化的快速发展密切相关。随着计算机的诞生和互联网的发展,这些记录的符号可以通过计算机应用程序处理转化成为电子化数据,海量数据的出现、流动和开发利用有了技术层面的支撑。进而,数据实现了跨越时间空间限制的全球范围内的自由流动,货物、资本和其他服务贸易也因此得到快速发展。麦肯锡的一份研究报告显示,受 2008 年全球金融危机的影响,全球货物和金融贸易增长在较长时间里都陷入停滞状态,而数据跨境流动的体量却持续增大,在 2005 年后的 10 年间增长了 45 倍。全球范围内 86% 的技术创业企业具有跨境业务,超过 9 亿社交网络用户有国际联系,3.6 亿网民参与过跨境电子商务。[6]2015 年,包括货物、服务、资本和数据等在内的主要生产要素的全球流动,为全球 GDP 带来了至少 10% 的增长(相当于 7.8 万亿美元),其中互联网数据流动贡献了 2.8 万亿美元,占到 35% 以上。[7]数据流动成为全球价值链的重要组成部分。

(二)关于数据要素

数据要素概念实际上是从生产要素的角度提出的,是将数据看作是一种具有经济价值的新型生产要素。从实践层面看,把数据作为一种重要的生产要素,是我国首次提出的重大理论创新。关于生产要素,《政治经济学大辞典》对其界定是:生产某种商品时所投入的各种经济资源,是社会财富的基本来源。

从历史上看,在农业经济时代,"劳动是财富之父,土地是财富之

---

[6] 贾开. 走向数字未来:新技术革命与全球治理选择.
[7] 陈咏梅,张姣. 跨境数据流动国际规制新发展:困境与前路.

母",土地和劳动被看作是重要的生产要素;在工业经济时代,资本、知识、技术、管理的重要性日益显现,并被纳入生产要素体系。在工业化时代后期,计算机和互联网被发明和应用,广泛捕捉和汇聚人类经济活动中的各种信息,并将其转化为数字化形态,数据量呈现指数级增长,人类进入数字经济时代。

21世纪以来,机器学习、数据挖掘、神经网络等新一代技术创新迭代加速,承载海量信息的数据被广泛识别和挖掘应用,数据对经济活动效率提升,企业数字化转型等的赋能作用日益凸显,成为数字经济发展的关键性生产要素。2020年3月,《中共中央 国务院关于构建更加完善的要素市场化配置体制机制的意见》将数据与土地、劳动力、资本、技术并列为五大生产要素。

在从农业经济、工业经济到数字经济的文明更迭过程中,每一次重大科技革命和产业变革都引发了经济形态的重大变化,相应的生产要素的内涵和外延也不断拓展和丰富。中国信息通信研究院在其发布的《数据要素白皮书》中指出,"数据要素"一词面向数字经济,指根据特定生产需求汇聚、整理、加工而成的计算机数据及其衍生形态。[8]关于数据作为生产要素(即数据要素)的研究,当前学术界更侧重于从生产力角度强调数据生产价值,数据资源、数据资产、数据资本、数据产品均为数据价值实现过程中的不同表现形态。[9]

(三)数据成为生产要素的两个条件

数据生产要素化的过程,就是利用数字技术对人类生产活动中积累下来的承载各类信息的数据进行数字化转换、存储和进一步挖掘利用,

---

[8] 中国信息通信研究院. 数据要素白皮书(2022).
[9] 李海舰,赵丽. 数据成为生产要素:特征、机制与价值形态演进.

并催生新质生产力的过程。数据成为生产要素，是它可以实现市场化配置的前提和基础。而数据之所以能够成为生产要素，也需要有一定的条件。

条件之一是劳动资料数字化。

"生产方式的变革，在工场手工业中以劳动力为起点，在大工业中以劳动资料为起点。"[10]劳动资料，也称生产资料，是指在生产过程中劳动者用以影响和转化劳动对象的物质手段和物质条件。它们包括工具、机器、厂房、土地等，是生产过程中不可或缺的物质要素。劳动资料是人类劳动的物质载体，通过它们，劳动者能够加工自然物质，创造出满足人类需要的使用价值。马克思在《资本论》等著作中深入分析了劳动资料在生产过程中的作用和它们在不同生产方式下的特点。从劳动资料与生产力的关系看，马克思认为，劳动资料是社会生产力发展的物质基础。劳动资料的发展水平决定了生产效率和生产规模。随着科技的进步和生产技术的发展，劳动资料不断改进和革新，从而推动生产力的增长。从劳动资料与生产关系的关系看，劳动资料不仅是生产的物质条件，也与特定的社会生产关系相联系。在资本主义社会中，生产资料（包括劳动资料）的私有制导致了劳动者与生产资料的分离，劳动者必须出卖自己的劳动力以获取生存手段，而资本家则通过拥有劳动资料来获取剩余价值。

生产资料的数字化是指将传统的生产资料通过信息技术转化为数字形式，使其能够在网络环境中被存储、处理和传输。互联网、物联网等网络基础设施的发展和传感器、智能装备等数字化智能化终端的普及，一方面，突破物理空间的约束，大大拓展了数据收集、存储、传输和处理的空间；另一方面，也使得随时随地和全天候收集各类数据成为可能。人工智能、云计算、区块链等数字技术支撑形成的强大的算法和算力，

---

[10] 弗里德里希·恩格斯，卡尔·马克思. 马克思恩格斯全集（第23卷）.

推动隐性信息和知识显性化，为高效利用大数据提供了"发动机"，使数据转化为生产力成为可能。[11]

条件之二是不断丰富和拓展的应用场景。

数据是以非实体的虚拟态存在的。数据的形成及其转化成生产要素，必须有技术作为支撑，新技术的出现与使用，"就如同牵拉一根丝会引起整个蜘蛛网的伸展和重塑一样……会引起经济中的价格和生产网络在各行各业伸展、重塑"。[12]数据无法脱离技术而独立存在。而且，数据要发挥其作为重要生产要素的价值，必须在技术的支撑下"动"起来和"用"起来，即数据要应用于具体的场景中，与劳动力、资本、技术等传统生产要素密切结合，才能发挥其优化生产要素组合方式、提升资源配置效率和劳动生产率等作用，并产生价值倍增效应。

根据中国信息通信研究院发布的报告，数字经济是以数字化的知识和信息作为关键生产要素，以数字技术为核心驱动力量，以现代信息网络为重要载体，通过数字技术与实体经济深度融合，不断提高经济社会的数字化、网络化、智能化水平，加速重构经济发展与治理模式的新型经济形态。数字经济这一概念包含了"数字产业化、产业数字化、数字化治理与数据价值化"等多个维度的内涵。数据要素在经济社会各场景的广泛应用，是数据发挥其生产要素作用的重要条件。

（四）数据要素的主要特征

作为新型生产要素，数据一方面具有关键生产要素的一般性和共性特征。根据佩蕾丝的观点，在新一代技术群的作用下，历次技术革命都会出现 1~2 种关键性的生产要素，大规模可得性和价格低廉是成为关

---

[11] 刘洋，董久钰，魏江. 数字创新管理：理论框架与未来研究.
[12] 布莱恩·阿瑟. 技术的本质：技术是什么，它是如何进化的.

键生产要素的主要特征。[13]从政治经济学的角度看，数据成为生产要素是生产力和生产关系矛盾运动的必然结果。[14]另一方面，作为数字经济时代的新型生产要素，数据又具有与土地、劳动力、资本等传统生产要素完全不同的独特特性，如非稀缺性、参与主体多样性、非均质性等。数据要素这些特性使得传统经济理论中有关生产要素的解释、生产要素促进生产力发展的机理等都面临新挑战。

虚拟性和非稀缺性。数据以"0-1"编码形式、非实体的虚拟形式存在，而且在量上是无限供给的。人类每天的生产生活无时无刻不在产生数据，通过无处不在的信息感知终端进行数据收集，再通过功能强大的技术进行数据分析和挖掘，整个社会的数据要素供给量呈几何级增长。虚拟性和非稀缺性特点使得数据对传统的土地、劳动力等生产要素具有替代性[15]，因而可以缓解传统生产要素短缺的问题。如以数据驱动的生产流程再造和自动化，可以部分甚至全部替代传统生产流水线上的工人劳动，实现对劳动力的替代；依托数字孪生技术可以在虚拟空间构建"数字孪生城市"，进行产品的虚拟生产和实验。

非竞争性意味着一个人的消费不会减少其他人的消费数量，许多人可以同时消费同一种物品；非排他性则意味着依靠私人手段不能将竞争者完全排斥在某商品之外。[16]数据同时具有非竞争性和非排他性的特点，这两者的结合意味着，多方主体可以在互不冲突的情况下同时对数据进行加工和使用，数据利用的边际成本几乎为零。而且，在算法等技术的加持下，数据要素的开发利用甚至是"反竞争"的，数据要素再利用过程可以实现对原数据的校验与整合，并进一步提升数据的附加价值。

---

13 卡萝塔·佩蕾丝. 技术革命与金融资本.
14 王传智. 数据要素及其生产的政治经济学分析.
15 王谦，付晓东. 数据要素赋能经济增长机制探究.
16 秦颖. 论公共产品的本质——兼论公共产品理论的局限性.

参与主体和权利主体多样性。一方面，数据要经过收集、清理、加工和分析等一系列过程才能成为有价值的生产要素，在这整个过程中，会涉及多个（多种类型）参与者，所有参与者都要对数据进行相应的处理和投入，这些参与者都可能成为数据的权利主体，这就使得数据的权属关系相当复杂。数据的权利主体包括自然人、政府和企业等，不同类型权利主体的权利内容存在巨大差异。另一方面，这些参与者可能在不同环节通过数据的收集、清洗、分析、处理等注入劳动，赋予数据以新的价值，同时也会在不同环节拥有对数据的控制权和使用权。所有参与者都认为自己参与了数据价值创造。而且，数据价值还受不同的应用场景影响，正是多样化的场景应用使得数据价值倍增。在这种情况下，数据最初提供者要行使其权利，可能需要不同环节上数据控制者的支持和配合，这些都使得数据权属问题具有了多样性。

（五）从"互联网+"到"数据要素×"

2015 年 7 月，《国务院关于积极推进"互联网+"行动的指导意见》发布，"互联网+"正式成为国家层面经济社会发展政策，我国经济社会发展搭上了信息时代的快车，也因此与世界各国更加紧密地结合在一起。2023 年 12 月，新成立的国家数据局推出的首份政策文件《"数据要素×"三年行动计划（2024—2026 年）》正式发布，提出要充分发挥中国海量数据规模和丰富应用场景优势，激活数据要素潜能，做强做优做大数字经济，增强经济发展新动能。数字经济将进入新一轮加速发展期。

"互联网+"大大加速了我国网络化、信息化、数字化进程，数字经济和数字社会发展水平持续快速提高。国家数据局发布的《数字中国发展报告（2023 年）》显示，近年来我国数字经济保持稳健增长，2023 年，数字经济核心产业增加值占 GDP 的比重达到 10%左右；累计建成 62 家"灯塔工厂"，占全球总数的 40%；连续 11 年成为全球第一大网络零售市场；数字政府在线服务指数继续保持全球领先，积极推进"高效办成一件事"，92.5%的省级行政许可事项实现网上受理和"最多跑一次"；数字文化建设全面推进，数字阅读用户达到 5.7 亿人；数字社会更加普惠可及，网民规模达到 10.92 亿；数字教育和数字医疗健康服务资源加速扩容下沉；数字生态文明成色更足，全国累计建成 196 家绿色数据中心，平均电能利用效率（PUE）为 1.27；数字基础设施不断扩容提速，算力总规模达到 230 EFLOPS，居全球第二位；先进技术、人工智能、5G、6G 等关键核心技术不断取得突破，高性能计算持续处于全球第一梯队。

"互联网+"为"数据要素×"奠定了坚实基础。互联网进入中国 30 年来，我国已经发展成为全球的互联网应用大国，从生产到消费到政府公共服务，各个领域、各行各业每天都在产生着海量数据，为建设数据要素市场、发挥数据要素乘数效应奠定了雄厚的数据基础。数据要素市场日趋活跃，2023 年，数据生产总量达 32.85 ZB，同比增长 22.44%。5G、AI、物联网技术的创新发展及智能设备的规模应用，推动数据生产规模快速增长。全国数据总流量同比增长 7.6%，消费领域数据交互活跃度较高。

从个人层面看，截至 2023 年 12 月，我国网民规模达 10.92 亿人，互联网普及率达 77.5%。网络视频、即时通信、在线政务、网络支付、网络购物 5 大主要网络应用的用户规模分别达到 10.67 亿人、10.60 亿人、9.73 亿人、9.54 亿人和 9.15 亿人，网民的人均每周上网时长达 26.1 小时，源源不断地产生和积累着与个人行为相关的数据。

从企业层面看，到 2022 年 7 月，我国具有一定行业和区域影响力的特色平台超过 150 家，其中重点平台的工业设备连接数超过 7900 万台、服务工业企业超过 160 万家，工业 App 数量 28 万余个。工业互联网标识解析体系国家顶级节点全面建成，"5G+工业互联网"基础设施建设取得重要进展；重庆、山东、浙江等国家工业互联网大数据中心区域分中心建设深入推进，从进企业、入园区到联通更多产业集群，随着工业互联网基础设施建设加速，与企业生产经营相关的数据规模将呈现爆发式增长。

我国 5G 基站数量位居全球第一，算力总规模居全球前列，数据收集、汇聚、传输便利高效，数字经济快速发展、数字基础设施规模和能级不断跃升，这些都是我国更好发挥数据要素作用的重要基础。

数据既是数字化、网络化、智能化的基础，也是数字经济时代新型生产要素，是培育和加快形成新质生产力的"催化剂"。为什么是"数据要素×"？这主要是数据要素的多场景复用性及其带来的乘数效应。数据要素的多场景复用性指的是数据可以被不同主体在多个不同的场景中重复利用，这种复用不仅限于单一的用途或领域，而是可以通过解构、重组、汇聚和融合等方式，多层次、多角度地挖掘数据的潜在价值。这种特性使得数据能够在不同行业和应用中发挥其价值，促进知识的扩散、市场的拓展，从而实现价值的倍增。数据要素的乘数效应则是指数据在经济活动中不仅仅作为单一的投入品，而是通过与其他生产要素结合，如劳动力、资本和技术等，能够产生倍增的经济效益。这种效应体现在数据能够降低不确定性、提升交易匹配质量、促进知识积累和创新、提高生产要素的协同性等方面。数据要素的乘数效应能够显著提升全要素生产率，推动经济增长和社会发展。

开展"数据要素×"行动是顺应数字经济时代发展趋势的战略选择，也是建设中国式现代化的内在要求。数据成为重要的生产要素、基础性资源和战略资源。充分发挥数据要素潜在价值，是我们开辟发展新领域新赛道、培育发展新动能、增强竞争新优势的关键环节。

二、数据要素如何创造价值

(一)"数据+技术"双轮驱动提升全要素生产率

在科研领域,一系列搭载类 GPT 技术的科研工具的应用,大大提升了科研人员的工作效率。互联网的出现使得人们获取信息的渠道从纸质媒介扩展到虚拟的数字空间,ChatGPT 等工具的出现和应用则为人们提供了生成式的信息源。有了这些工具的帮助,人们不再需要进行烦琐的信息输入、检索、识别等活动,直接通过 ChatGPT 获取所需要的信息。因为 ChatGPT 具有跨语种的信息集成、大范围的数据检索、分类整理与研究主题相关的文献资料的能力。例如,提供学术搜索的人工智能引擎 Consensus,具有学术文献分类检索、内容评估与争议比较功能的 Scite,通过智能识别、问答式交互帮助科研人员快速阅读和分析学术材料的 ChatPDF,辅助科研人员进行信息匹配、思路论述和对照评价的人工智能研究助理 Elicit 等。GPT 技术从"文本-文本"的生成式交互向"文本-图像""文本-语音""文本-视频"等的发展,意味着人类思想的交流与互动也将呈现出全新的形态。人们既可以将 ChatGPT 作为一种搜索引擎,也可以使用它进行统计分析、文献资料梳理、综述分析、撰写文稿,甚至可以让 ChatGPT 作为讨论者加入讨论,在思想碰撞中提高创新活动效率,创新进程也因此得到了加速。

在制造业领域,汽车企业在某汽车产品焊接工艺优化中,使用已有焊缝射线图像、焊接电流、电压等数据进行模型训练,建立焊接工艺参数与焊接缺陷的预测模型。这一模型可以有效帮助设计人员选择工艺参数、减少焊接缺陷并提高产品质量,实现制造大数据驱动的焊接工艺自适应设计。

在农业领域,通过遥感技术和传感器收集的土壤、气候、作物生长等数据,结合地理信息系统(GIS)和决策支持系统,农民可以更准确地了解作物生长状况和土地利用情况。利用机器学习模型，可以预测作物病虫害发生的可能性，指导合理施肥、灌溉和收割，从而提高农作物的产量和质量。

在金融领域，算法交易已经成为金融市场的一个重要组成部分，大量的交易数据、用户行为数据和市场数据被用来分析与预测市场趋势。基于复杂的数学模型和实时数据分析的交易策略，大大提高了交易的速度和效率。通过信用评分模型和风险评估算法，金融机构能够更准确地评估贷款风险，提供更个性化的金融产品和服务。

（二）数据要素通过优化企业内部资产性能和辅助科学决策提高经济活动效率

以电子信息产业、软件服务业为代表的数字产业化的兴起和发展，为数据资源的收集、存储、分析、建模提供了日益强大的技术和产业支撑，数字经济发展所必需的数据价值链条也不断完善。一旦数据被转化为数字智能并通过商业用途货币化，价值创造就会出现。[17]大数据分析技术有助于提升经济预测和科学预测的精确程度，进而指导生产；还可以不断创造新知识，进而促进全社会生产效率的提高。

在制造业领域，"数据+算法+模型"被广泛应用于维护设备、优化生产流程、提高资源利用率和企业运营效率。传感器和物联网技术的应用使得制造企业可以实时收集生产线上的各种设备运营数据、损耗数据和故障情况，依据这些数据，企业可以对设备进行预测性维护和全生命周期管理，可以对经营活动是否会出现异常等情况进行预测分析，并作出最佳的生产运营决策。机器人制造企业发那科公司（Fanuc）与思科公

---

17 United Nations Conference on Trade and Development (UNCTAD). Digital Economy Report 2019 Value Creation and Capture: Implications for Developing Countries.

司（Cisco）合作建立了设备运营数据仓库，客户企业可以安全共享其机器人故障数据。发那科通过分析不同客户的数据，了解客户使用习惯和设备故障模式，为其提供更优质的维护服务。发那科预计，该项目将帮助其客户企业减少停机时间 48%、提高设备综合效率（Overall Equipment Efficiency，OEE）16%、降低产品缺陷率 49%。[18]南京钢铁集团有限公司基于工业互联网实现生产过程全方位数据感知集成，降低原料、物流、能耗等综合成本 4.8 亿元，平均减碳 0.5 公斤/吨铁。

在农业生产领域，数据挖掘和分析是进行科学化经营决策和发展精细化农业的重要基础。天津对花卉生产数据进行收集、比对、分析，结合植物生长特性，发出精准浇花指令，多余水自动回流，水资源重复利用率达 97%。

（三）数据要素催生新业态提升经济活动效率

基于大数据进行的分析和预测，能够大幅减少经济活动中的信息不对称，深化市场经营主体之间的协同与合作，实现资源优化配置和提高市场运行效率。例如，过去工业生产中存在成本、效率、规模三者难以兼顾的"不可能三角"，但今天，数据驱动的大规模定制模式能够同时满足大规模、定制化、低成本和高效率等要求，因而可以快速适应市场变化，为消费者提供个性化产品，帮助破解过去工业生产中的"不可能三角"难题。有研究表明，基于数据要素的分析和预测与生产率显著相关，对生产率水平的提升幅度为 3.8%～6.7%。

数据驱动制造业新模式、新业态加速落地，实现从"规模生产"到"定制生产"。上汽大通以数据贯通产品、客户与生产管理系统，实现大规模个性化定制生产，在汽车市场整体放缓趋势下实现 60%的年复合增

---

18 Cisco. Making the Factory of the Future a Reality with FANUC.

长。在金融、物流等生产性服务业领域，随着数据整合共享广度和应用的不断提升，通过对用户数据画像、用户反馈等的数据挖掘和分析，可以开展差异化定价、精准营销、智能投顾等服务活动，提升服务质量和服务的精准性。线上线下相结合的新零售模式，以数据挖掘和分析应用为基础，大幅提升零售服务的供给规模、服务范围和服务效率。

网络平台成为驱动经济发展的新模式。一方面，数字平台提供了让参与者聚集在一起进行在线互动的机制[19]，通过全方位、全链路的数字化/网络化来减少信息不对称，提高供需匹配效率；另一方面，依托数字平台，承载行业知识的数据可以在大量生产设备终端、生产者（人）之间进行高效流动和共享，数据流进一步带动资金流、人才流、物资流、技术流进行优化和重组。网络平台为数据要素转化为现实生产力提供了必要的技术手段和应用场景，不断积累的数据要素则成为网络平台拓展其生态圈和实现技术迭代升级的重要基础。企业的组织边界也随着平台的生态化扩张变得模糊，跨行业、跨产业的融合发展越来越普遍。因此，平台经济发展从根本上改变着传统的资源配置方式、社会生产方式、价值创造与分配机制、传统的贸易模式，并催生出新的经济发展范式。

这些具有颠覆性和重构作用的网络平台，需要多项综合性技术作为支撑。例如，将现实世界与数字世界连接的信息通信技术（ICT），支撑现实世界与数字世界互动的虚拟现实、增强现实技术、数字孪生技术，支撑高效率计算的大数据、云计算、人工智能技术等。在产业互联网领域，主要包括基础架构即服务（Infrastructure as a Service，IaaS）、平台即服务（Platform as a Service，PaaS）、软件即服务（Software as a Service，SaaS）等。近年来，区块链和人工智能、大数据、物联网等技术的深度

---

19 United Nations Conference on Trade and Development (UNCTAD). Digital Economy Report 2019 Value Creation and Capture: Implications for Developing Countries.

融合，推动了产业互联网平台不断集成创新和融合应用。

（四）数据要素通过提高产业链上下游企业的协作效率创造价值

数据要素在赋能产业集群化发展方面的作用尤其值得关注。互联网平台和各种智能化、数字化终端，随时随地在汇聚遍布全球的消费者的各种数据，这些数据从不同维度反映着消费者的潜在需求和兴趣偏好，成为企业进行生产决策的重要支撑。企业还可以依托工业互联网平台，以更低的成本、更高的效率广泛集聚各种原材料供应商、生产设备供应商，汇聚大量从事研发设计、金融保险、物流运输等提供生产性服务的企业，从而实现小批量定制、大规模生产、全产业链贯通、全球化配送。依托数字化的产业互联网平台，这些企业之间可以实现生产过程的全面贯通，并形成以消费者和客户为中心的全产业链紧密协作的产业集群。

海尔集团基于近40年的制造经验，搭建了以大规模定制为核心、引入用户全流程参与体验的工业互联网平台——卡奥斯（COSMOPlat），赋能多个行业数字化转型升级。在海尔卡奥斯工业互联网场景下，海尔集团借助其市场优势地位和积累的丰富资源，搭建了白色家电制造行业的产业链基础平台，通过统一数据和接口标准等，将供应商和客户企业接入共同的数据库与系统，管理原材料、中间产品、最终产品在供应链企业之间的交易流通。由此，可以降低库存安全缓冲规模、减少运输过程的零件丢失、降低加急费用、减少生产中断事故、优化物流运输，提升产业链整体运行效率。为了实现产业链数据共享和融合开发，上下游企业必须将其数据合并到同一系统中，并使用统一的数据标准来记录产业链交易活动。[20]这对产业链协同管理提出较高要求，需要头部企业发

---

20 World Economic Forum. Share to Gain:Unlocking Data Value in Manufacturing.

挥市场引领作用。

各大电商平台深入赋能生产供应链和消费价值链，使得供需双向高质量发展。截至 2023 年 10 月初，阿里集团打造的 1688 平台汇聚了近 100 万卖家，工厂和贸易商各占一半，覆盖了超过七成的全国一级产业带。每年约有 6000 万买家从 1688 平台上"采购批发"和"找工厂定制"，然后通过淘宝、拼多多、抖音、微信以及线下小店等渠道售卖出去。其中，近一年新买家超过 2000 万，GMV 达到 8000 亿元。1688 平台正在持续进行以"搭建数字化供应链"为核心的全面业务升级，数字化升级使得商品从生产到满足消费者需求的整个链条更短且更有效率，从而为制造业中小企业、产业带和消费者创造更大价值。随着 Temu 跨境平台的扩张，拼多多带动广东、福建、浙江、江苏、山东、河北、安徽、陕西、四川、湖北等地的 100 个优质产业带出海，为上千家产业带商家开辟了一条新销路。

（五）数据要素对其他生产要素的替代效应

在熊彼特看来，所谓创新就是要"建立一种新的生产函数"，要把一种从来没有过的关于生产要素和生产条件的"新组合"引进生产体系中去，"把各项生产要素和资源引向新用途"，把生产指往新方向。数据进入生产函数后，可以减少其他生产要素的使用和投入，即在同样产出下对其他要素具有替代效应。例如，移动支付会替代传统自动取款机和金融机构的营业场所。波士顿咨询（BCG）估计，由于互联网和移动支付的普及，中国线下支付基础设施的建设投入至少减少了 1 万亿元。电子商务的兴起极大地改变了消费者的购物习惯。通过收集和分析用户数据，电商平台能够提供个性化的商品推荐和精准的营销策略，这在很大程度上替代了传统实体店铺的功能，因而减少了传统商业基础设施建设的大规模投入。随着人工智能技术的进步，越来越多的企业开始使用智能客服系统来处理客户咨询。这些系统通过分析客户的问题数据,提供快速准确的回答,从而替代了一部分传统的人工客服。智能客服不仅能够提供24小时不间断服务,还能够通过持续学习优化服务质量,提高客户满意度。在线教育平台通过收集学习者的数据,提供个性化的学习资源和教学方法,这在一定程度上替代了传统的面对面教学模式,在线教育不仅节省了学生的通勤时间,还能够跨越时空限制,推动更大范围内的优质教育资源共享。

此外,新一代信息技术创新呈现出多点突破、群发性突破的特点,有望带来巨大的经济价值。布鲁金斯学会预计,人工智能可能在未来10年为全球产出增值数万亿美元,并将推动经济向服务驱动型经济转型。[21] 同时,新技术还将极大地降低企业成本,波士顿咨询公司预测,云计算有助于帮助企业节省15%~40%的IT运营成本。[22]

第二节 释放数据要素价值

当前,世界各国对于数据要素的重要价值已经初步形成了一些共识:数据蕴含着巨大的价值,堪称数字经济时代的"石油";数据的价值在于"使用",只有经过开发利用的过程,数据的潜在价值才能发挥出来;而且,数据在加工利用过程中还可以实现自身的不断增值和再造。数据要素、数据技术可以与各种产业、商业模式相结合,形成新产业、新业态、新模式,同时也可以与人的劳动技能相融合,使得人们的科学决策、预测分析和生产制造等能力不断实现突破。因此,问题的关键就落

---

21 Meltzer J P. Artificial Intelligence Primer: What is Needed to Maximize AI's Economic.
22 Dutta S, Grewal G, Hrishikesh H. For Many Enterprise Applications, the Cloud is Ready for Prime Time.

在了如何最大限度地对社会中分散的数据资源进行整合共享和开发利用。

一、"先用起来"的发展理念

数据作为一种新型生产要素，用于市场主体生产经营活动与服务创新，具备创造经济价值的潜力。要将数据要素由潜在生产力转化为现实生产力，则需要发挥多方面的作用，如强调市场机制、自由流动与配置效率的市场化配置方式。随着国家数据局的成立以及"数据二十条"等文件的出台，数据基础制度建设步伐加快，上下联动、横向协同的全国数据工作体系初步形成。

尽管当前我国数据基础制度尚不完善，如数据要素如何确权、如何定价、如何进行收益分配等，很多方面的制度仍不健全。但在实践中，我国高度重视数据作为一种新型生产要素的关键作用，总体上坚持了搁置争议、"先用起来"的政策思路，旨在充分释放数据要素价值的政策体系日益完善。数据要素的流动、开发和利用按照一定的市场规则运行，数据驱动的商业模式创新在我国呈现出蓬勃发展态势。

早在 2000 年，我国已经开始将信息资源纳入国家资源体系，并且将信息资源与其他有形的资源并列提出，后来又在一系列重要会议和政策文件中强调数据要素的重要作用。随着《中共中央 国务院关于构建数据基础制度更好发挥数据要素作用的意见》的发布和国家数据局的组建，《"数据要素×"三年行动计划（2024—2026 年）》等政策文件陆续印发，我国数据要素化进入新阶段。

2020 年 3 月 20 日，我国发布《中共中央 国务院关于构建更加完善的要素市场化配置体制机制的意见》，将数据作为五大生产要素之一，要求深化要素市场化配置改革，加快培育数据要素市场，并且确定推进政府数据开放共享、提升社会数据资源价值、加强数据资源整合和安全保护三项具体措施。2022 年年底出台的《中共中央 国务院关于构建数据基础制度更好发挥数据要素作用的意见》系统性布局了数据基础制度体系的"四梁八柱"。

  2023 年 8 月，财政部出台《企业数据资源相关会计处理暂行规定》（简称《暂行规定》）。关于数据资产入表，《暂行规定》提出了两方面的准则和要求：一是数据资源会计处理适用的准则，按照会计上的经济利益实现方式，根据企业使用、对外提供服务、日常持有以备出售等不同业务模式，明确相关会计处理适用的具体准则，同时，对实务反映的一些重点问题，结合数据资源业务等实际情况予以细化。二是列示和披露要求。要求企业应当根据重要性原则并结合实际情况增设报表子项目，通过表格方式细化披露，并规定企业可根据实际情况自愿披露数据资源（含未作为无形资产或存货确认的数据资源）的应用场景或业务模式、原始数据类型来源、加工维护和安全保护情况、涉及的重大交易事项、相关权利失效和受限等相关信息，引导企业主动加强数据资源相关信息披露。《暂行规定》适用于符合企业会计准则规定、可确认为相关资产的数据资源，以及不满足资产确认条件而未予确认的数据资源的相关会计处理。2023 年 9 月，在财政部指导下，中国资产评估协会印发《数据资产评估指导意见》，进一步提出，企业使用的数据资源，符合相关条件的，可以被认定为无形资产，企业可通过抵押的方式从银行获得贷款。该意见从实践操作层面明确了对数据资产价值内涵的认知，迈出了数据资产价值评估的重要一步，我国数据资产价值评估体系建设有望加快推进。我国关于数据要素的重要政策和部署如表 4-1 所示。

表 4-1 我国关于数据要素的重要政策和部署

时间	文件/活动名称	关于数据要素的重要部署
2004 年	《中共中央办公厅 国务院办公厅关于加强信息资源开发利用工作的若干意见》	对加强信息资源开发利用、促进信息资源市场繁荣和产业发展等工作提出明确要求

续表

时间	文件/活动名称	关于数据要素的重要部署
2014年2月	中央网络安全和信息化领导小组第一次会议	信息资源日益成为重要生产要素和社会财富，要用信息流引领技术流、资金流、人才流
2015年8月	国务院印发《促进大数据发展行动纲要》	首次提出要引导培育大数据交易市场，促进数据资源流通
2015年	党的十八届五中全会	实施国家大数据战略，推进数据资源开放共享
2016年12月	工业和信息化部印发《大数据产业发展规划（2016—2020年）》	鼓励数据交易发展
2017年12月	中央政治局第二次集体学习	要构建以数据为关键要素的数字经济，首次明确了数据是一种生产要素
2019年10月	党的十九届四中全会	健全劳动、资本、土地、知识、技术、管理、数据等生产要素由市场评价贡献、按贡献决定报酬的机制。第一次以政府文件形式明确了数据作为生产要素参与社会分配
2020年3月	《中共中央 国务院关于构建更加完善的要素市场化配置体制机制的意见》	将数据正式纳入主要生产要素范畴，与传统的土地、技术、劳动力、资本等并列，并明确提出了数据要素市场制度建设的方向和重点改革任务
2020年5月	《中共中央 国务院关于新时代加快完善社会主义市场经济体制的意见》	加快培育发展数据要素市场，建立数据资源清单管理机制，完善数据权属界定、开放共享、交易流通等标准和措施，发挥社会数据资源价值
2021年12月	《"十四五"数字经济发展规划》	对数据要素市场建设进行具体部署
2022年1月	《要素市场化配置综合改革试点总体方案》	对数据要素的流通交易、开发利用、安全保护等具体问题综合改革试点提出了明确要求
2022年12月	《中共中央 国务院关于构建数据基础制度更好发挥数据要素作用的意见》	系统性布局了数据基础制度体系的"四梁八柱"

在数据生产、流通、使用等过程中，个人、企业、社会、国家等相关主体对数据有着不同利益诉求，且呈现复杂共生、相互依存、动态变

化等特点，传统权利制度框架难以突破数据产权困境。我国 2022 年年底发布的"数据二十条"提出，"以促进数据合规高效流通使用、赋能实体经济为主线，以数据产权、流通交易、收益分配、安全治理为重点"。也就是说，以解决市场主体遇到的实际问题为导向，创新数据产权观念，淡化所有权、强调使用权，聚焦数据使用权流通，创造性提出建立数据资源持有权、数据加工使用权和数据产品经营权"三权分置"的数据产权制度框架，构建中国特色数据产权制度体系。

针对数据特性复杂，数据交易存在确权难、定价难、互信难、监管难等挑战，"数据二十条"提出，从流通规则、交易市场、服务生态等方面加强数据流通交易顶层设计，建立数据流通准入标准规则，探索开展数据质量标准化体系建设；统筹优化全国数据交易场所规划布局，出台数据交易场所管理办法，构建多层次市场交易体系；培育数据商和第三方专业服务机构两类主体。

从理论层面看，数据交易并不是必须以数据确权为前提条件的，尤其是在没有交易成本的情况下，是否确权并不重要。从实践层面看，现实生活中大量的数据使用并不依赖于数据交易。在数字经济发展过程中，市场主体之间存在大规模的自由数据流通和数据交互行为，例如，数据在垂直领域的流通、在供应链上下游的流转等，由此才有了各种经济业态和商业模式的创新涌现。数据交易只是数据流通方式的一种，甚至可能只占数据流通总量很小的一部分。在大力倡导建设数据要素市场和鼓励数据交易与开发利用的同时，也要避免"只有经过交易的数据才是可用数据"的认识误区和行为导向。

在 2023 年第十四届财新峰会上，参与"数据二十条"起草的全国人大社会建设委员会副主任委员江小涓指出："最终'数据二十条'确定的方案仍有不少有待进一步研究解决的问题，当前强调的更多是'先

第四章 数据要素：新质生产力的创新引擎

用起来'。"[23]

国家数据局发布的《全国数据资源调查报告（2023年）》显示，我国数据资源"产-存-算"规模优势基本形成，数据"供给-流通-应用"主体逐渐丰富，海量数据和丰富场景优势潜力亟须释放，数据资源管理和利用整体处于起步阶段。一是数据资源总量大。2023年，我国数据生产总量达32.85 ZB，同比增长22.44%。5G、AI、物联网技术的创新发展及智能设备的规模应用，推动数据生产规模快速增长。二是算力存力较合理。2023年，全国2200多个算力中心的算力规模约为0.23 ZFLOPS，同比增长约30%；全国数据存储总空间为2.93 ZB，存储空间利用率为59%。三是数据流通交易需求旺盛。2023年，全国数据总流量同比增长7.6%，消费领域数据交互活跃度较高。四是数据应用场景加速落地。公共数据成为引领数据开发利用的催化剂，公共数据开放量同比增长超16%，96%的行业重点企业已实现数据场景化应用。与此同时，我国数据资源开发利用也存在一些亟待解决的问题，如数据有效供给不足，存储数据中一年未使用的数据占比约四成，数据加工能力不足导致大量数据价值被低估、难以被挖掘复用；数据供给难以满足旺盛需求，亟须建立和完善多元流通模式；数据多场景应用、多主体复用难度大，尽管96%的行业重点企业已实现数据场景化应用，但实现数据复用增值的大企业仅占8.3%，数据价值有待释放。

数据要素，根据供给主体的不同，可以分为公共数据和社会数据。公共数据是指包括各级政府在内的公共部门在履行职能时所形成或积累的数据，也有人将其称为政府数据，是面向公共需求的基础数据资源，具有公共物品属性，主要通过政府部门内部共享和授权运营等形式实现开放与利用。社会数据又可进一步细分为个人数据和企业数据。个人数

---

[23] 江小涓谈"数据二十条"：数据产权问题继续探讨，要先用起来.

据主要是包含个人信息内容的数据，其供给主体就是数据生产者。因个人数据的人身属性和可识别性，公民可根据个人意愿将自身数据转让、授权给他人使用，但个人数据的商品化、市场化以人格权和财产权的保障为前提，需严格脱敏且不可逆后方可交易。[24]企业数据是平台企业在日常经营活动中积累起来的各种数据，既包括用户注册相关的静态信息，反映用户消费行为、搜索与浏览行为等的动态信息，也包括通过物联网汇集起来的来自供应链上下游企业的数据。

二、"让数据流动起来"

要充分发挥数据要素的潜在价值，必须让静止的数据"流动起来"。尤其是生成式人工智能的快速发展对算力提出了更高、更迫切的需求。赛迪智库数据显示，2023年，国产大模型呈现出快速增长态势，据不完全统计，截至2023年年底，国产大模型已有200多个，大多数已向全社会开放服务，呈现出"百花齐放"的发展态势。大语言模型所消耗的计算资源每几个月翻一倍，算力需求也呈指数级增长。

算力通常指计算机系统的计算能力。根据不同的应用场景和计算需求，算力可分为基础算力、智能算力和超算算力三类。基础算力通常指的是执行通用计算任务的能力，如文本处理、网页浏览、简单的数据分析等，主要依赖于传统的CPU处理器，计算速度和处理能力相对较低，适用于日常的个人和企业计算需求。智能算力是指专门用于支持人工智能和机器学习应用的计算能力，通常由GPU、TPU或其他专门的AI加速器提供，在自动驾驶、语音识别、图像处理和数据分析等领域有着广泛的应用。超算算力指的是高性能计算（HPC）的能力，通常用于科学计算、大规模数据分析、天气模拟、物理模拟等需要极高计算速度和处理能力的任务；超级计算机是实现超算算力的硬件基础，由成千上万的

---

24 苏成慧. 论可交易数据的限定.

处理器核心组成，能够执行每秒数千亿甚至数万亿次的浮点运算；超算算力在科研、国防、能源、生物医药等领域有着重要的应用，是推动科学发展和技术创新的关键因素。

近年来，以生成式人工智能（AIGC）为代表的 AI 应用所需要的数据量和参数规模呈指数级增长，对发展智能算力需求提出了迫切需求。有公开报道显示，GPT-3 模型参数超过 1700 亿个，GPT-4 模型参数规模扩大到 1.8 万亿个，是 GPT-3 的 10 倍以上，训练算力需求上升到 GPT-3 的 68 倍，在 2.5 万个 A100 芯片上需要训练 90～100 天。在中文大语言模型方面，2023 年 3 月，百度发布文心一言，4 月，华为发布盘古大模型，阿里发布通义千问大模型，商汤科技推出日日新大模型体系，5 月，科大讯飞推出星火大模型等。中国信息通信研究院发布的报告显示，2022 年，我国计算设备总算力规模中，基础算力占比 40%，智能算力占比高达 59%，成为算力快速增长的驱动力。根据预测，到 2026 年智能算力规模有望达到每秒十万亿亿次浮点计算（ZFLOPS）级别。

建设全国一体化算力体系显得尤为迫切。2024 年，《政府工作报告》提出，要适度超前建设数字基础设施，加快形成全国一体化算力体系。"一体化算力体系"首次写进政府工作报告。《关于 2023 年国民经济和社会发展计划执行情况与 2024 年国民经济和社会发展计划草案的报告》进一步指出，统筹提升"东数西算"整体效能，优化数据中心建设布局和供给结构，加快形成全国一体化算力体系，提升多元算力综合供给，提高西部地区算力利用水平。

"构建一体化算力体系"写入政府工作报告，凸显了政府部门对算力网络建设的重视与支持，也受到业界广泛关注。算力是数字经济时代的新质生产力，是深入推进数字经济创新发展的基础支撑。推进数字经济的发展，深化大数据、人工智能等研发应用，开展"人工智能+"行动等，都需要有强大的算力支撑。算力已经成为推动经济社会高质量发展的重要引擎。加快建设全国一体化算力体系,是做强、做优、做大数字经济和发展新质生产力的关键。

适度超前建设意味着预先规划并部署相应的基础设施,以满足未来可能出现的更大规模、更加庞大的计算需求,这是促进科技创新和产业升级,推动我国经济社会整体数字化转型和高质量发展的客观需求;加快形成全国一体化算力体系,既是对新质生产力基础底座这一技术产业趋势的准确把握,也为今后一个时期我国经济社会数字化转型、新型工业化发展指明了一个突破方向。此外,在全球化竞争加剧背景下,先进的数字基础设施也是提升国家在网络空间的战略优势和国际竞争力的重要基础。

2022年2月,国家发展和改革委员会等多部门印发通知,在京津冀、长三角、粤港澳大湾区、成渝、内蒙古、贵州等8地启动建设国家算力枢纽节点,并规划建设10大国家数据中心集群,这是继2020年12月印发《关于加快构建全国一体化大数据中心协同创新体系的指导意见》和2021年5月印发《全国一体化大数据中心协同创新体系算力枢纽实施方案》之后的又一重大举措,意味着我国"东数西算"工程暨一体化大数据中心体系建设正式全面启动。

随着一系列政策出台落地,国家枢纽节点建设取得阶段性成果,东西部算力资源空间分布不均衡局面得到较大改善,一体化算力网加快构建。2023年12月,国家发展和改革委员会、国家数据局等部门联合印发《关于深入实施"东数西算"工程 加快构建全国一体化算力网的实施意见》,提出到2025年年底,普惠易用、绿色安全的综合算力基础设施体系初步成型,东西部算力协同调度机制逐步完善,基础算力、智能算力、超级算力等多元算力加速集聚。京津冀、长三角、粤港澳大湾区、成渝4个节点,立足服务重大区域发展战略实施的需求,进一步统筹好城市内部和周边区域数据中心布局。贵州、内蒙古、甘肃、宁夏4个节点，在清洁能源供给方面具有天然优势，适宜建设绿色算力基地，通过积极承接东部地区中高时延业务，推动东部人工智能模型训练推理、机器学习、视频渲染、离线分析、存储备份等业务有序转移，并承担本地实时性数据处理。截至 2023 年年底，我国提供算力服务的在用机架数达到 810 万标准机架，算力总规模居全球第二位。算力正加速向交通、金融、教育、医疗、科技、能源等领域渗透，全国一体化算力网将赋能各行各业数字化转型升级，推进新型工业化和数字经济向纵深发展。

同时还要看到，尽管我国算力基础设施建设已达到世界领先水平，但仍存在算力供给紧张与部分算力未能有效利用的矛盾，标准化、普惠化算力服务统一大市场尚未形成。例如，我国东部经济发达地区算力供不应求，但区域内算力资源供给能力和增长潜力有限。西部地区具有大规模算力设施发展的资源禀赋优势，但本地需求不足，资源利用率不高。相关数据显示，在已经开工的 8 个国家算力枢纽中，2023 年新开工的数据中心项目近 70 个。其中，西部地区新增数据中心的建设规模超过 60 万机架。尽管数据中心项目数量不断增长，但使用效率并不理想，数据中心存在闲置。需要在统筹全国算力设施区域优化布局的基础上，解决好算力服务统一市场构建和资源全域有效利用问题。国产智算软硬件生态体系不健全也是算力基础设施建设面临的重大挑战。智能算力芯片面临"卡脖子"风险，超高速、低延迟、大规模、低成本的数据传输技术尚待突破，如何实现跨域算力的高效调度和管理也是亟待破解的技术难题。此外，由于基础设施建设投入巨大，如何确保项目投资的长期经济效益和社会效益相统一，则是商业化运营中的重大挑战。

建设全国一体化算力网可以看作在"东数西算"工程基础上的升级和深化。算力网的"一体化"体现在多个方面：从设施类型上看，基础计算、智能计算、超级计算的建设布局要实现一体化，要建设融合异构计算资源的算力服务平台。从区域布局上看，东、中、西部区域算力要实现一体化协同，建立跨区域算力资源调度机制。从应用层面上看，算力与数据、算法实现一体化应用，构建可信计算网络环境，推进行业数据要素可信有序流通，深化数据流通体系与算力支撑体系协同运行。从可持续发展角度看，要实现算力与绿色电力的一体化融合，探索算力电力协同、碳汇互认结算技术及机制，并开展试点验证。从安全保障角度上看，算力发展与安全保障要一体化推进，建立健全算力网安全防护机制，持续推进算力网安全新技术迭代和应用。

三、公共数据开放

在我国政策文件中使用的公共数据概念，既包括政府部门在履行职能过程中积累的数据，也包括非政府性质的公共事业单位的数据。

"公共数据"的提法最早出现在 2015 年 9 月颁布的《促进大数据发展行动纲要》中。不过在这份文件中，除了"公共数据"，还提到了"公共机构数据""公共信息资源""政府数据""政府信息"等概念。在后来几年发布的很多国家层面的政策文件中，相关概念和表述基本都是并行的。在 2021 年发布的《中华人民共和国国民经济和社会发展第十四个五年规划和 2035 年远景目标纲要》中，专门设置了一节关于"加强公共数据开放共享"的内容，明确提出要"建立健全国家公共数据资源体系""探索将公共数据服务纳入公共服务体系""开展政府数据授权运营试点"和"鼓励第三方深化对公共数据的挖掘利用"，公共数据与政府数据的概念基本确定下来。在 2022 年出台的《中共中央 国务院关于构建数据基础制度更好发挥数据要素作用的意见》中，关于公共数据的表述为："各级党政机关、企事业单位依法履职或提供公共服务过程中产生的公共数据"，"公共数据"的来源包括政府部门和提供公共服务的企事业单位。

公共数据开放具有重要的经济和社会意义。政府等公共部门在日常活动中生成、收集和保存了大量与公众的生产生活息息相关的数据，是一个国家最主要的数据生产者和保有者。世界四大会计师事务所之一德勤在 2017 年进行的一项研究发现，通过以开放的方式共享数据，伦敦交通局每年可以节省 100 万英镑的客户支持成本。通过使用将这些数据与其他资源相结合的应用程序，乘客平均每年可节省价值 7000 万～9000 万英镑的时间。[25]

我国高度重视公共数据开放工作。《中华人民共和国国民经济和社会发展第十四个五年规划和 2035 年远景目标纲要》将"加强公共数据开放共享"作为"提高数字政府建设水平"的首项内容，明确要求"扩大基础公共信息数据安全有序开放，探索将公共数据服务纳入公共服务体系，构建统一的国家公共数据开放平台和开发利用端口，优先推动企业登记监管、卫生、交通、气象等高价值数据集向社会开放"。《中共中央 国务院关于构建数据基础制度更好发挥数据要素作用的意见》提出要"坚持共享共用，释放价值红利""对各级党政机关、企事业单位依法履职或提供公共服务过程中产生的公共数据，加强汇聚共享和开放开发""对不承载个人信息和不影响公共安全的公共数据，推动按用途加大供给使用范围"。

我国公共数据体系不断完善，数据汇聚能力持续提升。国家数据局发布的《全国数据资源调查报告（2023 年）》显示，2023 年，全国一体化政务数据共享枢纽接入 53 个国家部门、31 个省（自治区、直辖市）和新疆生产建设兵团数据，挂接资源达 2.06 万个，实现累计调用 5361.35 亿次服务，"一网通办"事项不断增加。2023 年，我国公共数据开放量同比增长超 16%。18.6%的平台企业和 51%的中央企业在数据开发利用过程中应用到政府开放数据。工商、气象、交通、地理等公共数据被广泛应用于数据开发利用中，成为释放数据价值的催化剂。

---

[25] 李勇坚. 建立体现效率促进公平的数据要素收益分配制度.

各地积极响应国家政策导向和要求，大力推进公共数据开放共享。

一是开放数据平台建设。自 2012 年上海推出我国首个地方政府数据开放平台以来，各地数据开放平台逐步上线，数据开放水平不断提升。2017 年 5 月，国务院办公厅在《政务信息系统整合共享实施方案》中提出，要加快公共数据开放网站建设，全国地级及以上政府推出的数据开放平台的数量明显增长。这些数据平台在开放数据目录建设与更新、订阅推送、数据集浏览和获取、社会数据开放等方面的功能不断完善。调查显示，各地开放数据平台总数从 2012 年的 3 个上升至 2023 年 8 月的 226 个。其中，省级平台 22 个（不含直辖市和港澳台），城市平台 204 个（含直辖市、副省级与地级行政区）。从内容上看，这些政府数据开放平台大多有人口信息、自然资源信息、地理空间信息、社会信用信息和法人注册信息等基础数据库，还设有人力资源和社会保障、教育、公安、民政等不同行业和领域数据库。从区域分布看，当前我国地方公共数据开放整体上呈现从东南部地区向中西部、东北部地区不断延伸扩散的趋势，同时也呈现区域发展不平衡的特点。从各地开放数据平台上的数据来看，开放数据的重点不在于数据集数量多少，而在于所开放的数据能否满足用户需求、数据集的更新频率和数据质量是否足够高。截至 2023 年 8 月，各地公共数据开放平台上的开放数据数量和容量已初具规模，所开放的数据集从 2017 年 8398 个增加到 2023 年的 345853 个。[26]

二是推进公共数据开放相关的法律法规和标准体系建设。尽管我国尚没有国家层面的针对公共数据开放利用的法规和统一政策，一些地方（如上海、浙江、重庆等）制定了相关的规范性文件，明确了开展公共数据开放利用工作的原则方向和一些具体工作制度。2019 年 10 月，《上海市公共数据开放暂行办法》正式实施，这是我国首部公共数据开放的专

---

[26] 郑磊, 刘新萍. 我国公共数据开放利用的现状、体系与能力建设研究.

门性地方政府规章。一些地方（如北京、天津、山东、浙江、四川、贵州等）还制订了年度公共数据开放工作计划。在标准规范建设方面，山东、广东、贵州、江西等地，都围绕数据开放平台建设、开放数据质量管理、开放数据评价指标体系等重点内容，提出了推进公共数据开放的标准和规范要求，对促进地方公共数据开放工作发挥了重要作用。

但从总体上看，当前我国公共数据开放水平仍难以满足数字经济发展的客观需要。一是，2023年全国大约还有一半的地级、副省级和省级城市没有上线数据开放平台；已建成的数据开放平台也存在数据质量低、容量少、更新慢、生硬格式转化、碎片化等质量问题，部分数据集名称表述不够清晰或文字过长、过于复杂，难以被用户理解。[27]二是，一些具有很大潜在开发价值的公共数据，如水电煤等公共设施、公共交通和气象机构等数据开放也很有限。大量公共数据由于开放程度低而处于"沉睡"状态，既不利于数字经济企业的业务创新，也严重影响着数据资源向现实生产力转化。三是，数据要素流通渠道不畅和流通效率低下。不同行业之间、区域之间的数据要素流通面临种种壁垒，远未达到大数据"三融五跨"的总体要求。平台企业尤其是超大型平台通过并购等方式日益形成自己的"数据帝国"，甚至建立起跨行业的数据垄断体系。四是，中国信息通信研究院发布的《数字时代治理现代化研究报告（2021年）》显示，地方政府更多聚焦数据平台建设而非数据的利用，数据利用层的指数普遍偏低是各地方政府数据开放的共性。尽管数据开放网站或平台的访问量与日俱增，但访问行为不是数据利用，访问量也不能反映数据价值创造。

四、公共数据授权运营

充分发挥政府机构数据的要素价值，激发数字经济发展活力，是数

---

[27] 郑磊，刘新萍. 我国公共数据开放利用的现状、体系与能力建设研究.

字经济时代我国推动高质量发展、重塑国际竞争优势的重要命题。除了大力推进公共数据开放，政府数据授权运营也是近年来各地积极探索的重点。政府数据授权运营就是将数据授权并交予政府之外的其他专业机构开发并发挥其价值的一种方法。政府数据授权运营对数字经济发展的促动作用，不仅体现在数字产业化，即大数据产业发展，更体现在产业数字化，即数据与国民经济各个领域的辐射带动效应，两个方面相互促进，共同推动数字经济繁荣发展。

国家数据局发布的《全国数据资源调查报告（2023年）》显示，我国公共数据授权运营机制正初步探索。2023年，人力资源和社会保障部、文化和旅游部、国家市场监督管理总局、国家卫生健康委等国家部委开展了公共数据授权运营。北京、浙江、上海、重庆等15个地区的省级管理部门开始探索公共数据授权运营机制。公共数据应用场景主要为公共服务和社会管理。

政府数据授权运营是继政府信息公开、政府数据开放后，一种社会化、市场化利用公共数据的全新举措。政府数据授权运营是政府将数据作为国有资产授权给某个主体运营，以公共数据产品或服务的形式向社会提供。政府数据授权运营与公共数据开放的区别主要体现在供给主体不同、供给对象不同、供给收益不同和供给风险不同等多个方面。[28]

我国是全球率先探索政府数据授权运营的国家之一。2018年，《公共信息资源开放试点工作方案》将北京、上海、浙江、福建、贵州5个省份作为公共信息资源开放试点地区。《中华人民共和国国民经济和社会发展第十四个五年规划和2035年远景目标纲要》明确提出要"开展政府数据授权运营试点，鼓励第三方深化对公共数据的挖掘利用"。《"十四五"数字经济发展规划》进一步提出，通过数据开放、特许开发、授

---

28 王伟玲. 政府数据授权运营：实践动态、价值网络与推进路径.

权应用等方式,鼓励更多社会力量对政务数据和公共数据进行增值开发利用。国家层面的政策文件为我国开展公共数据运营指明了方向,推动着各地区积极开展公共数据运营的创新实践。截至 2023 年 4 月,已公开在数据条例或者管理办法等法规文件中写入数据运营的省份已有 17 个,副省级城市有 10 个。[29]

许多地方都以地方法规形式,如地方数据条例或数字经济条例,中提出政府数据授权运营的基本制度要求。从各地已经出台的相关规定看,主要包括四个共性要求:一是明确了公共数据授权运营的定义和范围。许多地方将公共数据授权运营定义为政府或数据主管部门依法依规按程序授权给符合条件的运营单位,在协议约定的范围内加工处理公共数据形成产品或提供服务的过程。二是建立相关工作机制。各地政策中普遍提出了建立公共数据授权运营的工作机制,包括但不限于授权流程、监管措施、安全保障等方面,以确保公共数据授权运营的规范性和有效性。三是建设技术平台。为了支撑公共数据授权运营的实施,各地纷纷建立了技术平台,这些平台通常包括授权管理、运营管理、开发管理、安全管理等模块,以提供必要的技术支持和服务。四是积极探索和创新公共数据在不同领域的应用场景,如金融、医疗、交通、教育等,通过数据的融合和分析,提升公共服务质量和治理效能。

在具体的推进思路方面,各地也有不同。例如,根据被授权运营主体的数量不同,有"1 对 1 模式"也有"1 对 N 模式"。

公共数据授权运营的"1 对 1 模式",是指政府或数据主管部门将公共数据的运营权集中授权给一个特定的运营主体,由该主体负责在授权范围内对公共数据进行加工处理,并形成数据产品或服务向社会提供。这种模式通常适用于对数据安全性和权威性要求较高的场景,能够确保

---

[29] 刘枝,于施洋. 还数于民:公共数据运营机制的构建.

数据的统一管理和高效利用。成都市政府将数据作为国有资产进行市场化运营，将数据运营权授予了成都市大数据股份有限公司。该公司在政府指导下搭建了相应的公共数据服务平台，并制定了相应的数据运营制度。政府在数据授权运营过程中，并没有对数据进行精细确权，而是根据各级政府部门职责和管理权限，统一将数据交由本地的国有企业成都市大数据股份有限公司进行市场化运营。数据使用单位通过与大数据集团签署使用协议和安全协议获得数据的使用权，有效地集中了数据资源的管理与运营，形成了政府数据授权运营的"成都模式"。

公共数据授权运营的"1 对 N 模式"，是指政府或数据主管部门将公共数据的运营权授权给多个运营主体，由这些主体在授权范围内对公共数据进行加工处理，并形成各自的数据产品或服务。这种模式有利于促进市场竞争和创新，允许多个运营主体参与到公共数据的加工和应用中，从而丰富数据产品和服务的类型，满足不同用户的需求。成都市政府作为数据的持有者和授权方，负责制定公共数据授权运营的政策和规则，并通过协议将数据运营权授予成都数据集团。成都数据集团作为唯一的运营主体，承担起数据加工、产品开发和服务提供的职责。它在政府的指导下，利用自身的技术和资源，将分散在各个政府部门的数据进行整合和加工，形成有价值的数据产品和服务。2023 年 8 月开始实施的《浙江省公共数据授权运营管理办法（试行）》提出，试点市、县（市、区）政府坚持总量控制、因地制宜、公平竞争的原则，结合具体应用场景确定授权运营领域与授权运营单位，并报省政府备案。也就是说，相关政府部门允许多个运营主体，包括企业、研究机构或其他组织参与到公共数据的运营中，它们获得授权后可以对公共数据进行分析、加工和产品化，形成具有市场竞争力的数据产品和服务，促进数据资源的多元化开发和利用。

政府数据授权运营通过将数据授权给专业力量挖掘数据要素价值，

同时更加关注深化供给侧结构性改革，联合多方行业力量，打造丰富高效的产业生态。据不完全统计，我国大约有十多个省市成立了国资背景的数据集团，围绕公共数据授权运营、数字基础设施建设、数据要素市场化运营、数据资产管理等方面展开积极探索。同时，数据资产评估、登记结算等市场运营体系加快建设，数据收集、存储、应用等领域专业化企业快速发展，数据要素产业体系初步形成。

第五章

新型工业化与新质生产力：互促互动为中国式现代化提供强劲支撑

习近平总书记强调:"新时代新征程,以中国式现代化全面推进强国建设、民族复兴伟业,实现新型工业化是关键任务。要完整、准确、全面贯彻新发展理念,统筹发展和安全,深刻把握新时代新征程推进新型工业化的基本规律,积极主动适应和引领新一轮科技革命和产业变革,把高质量发展的要求贯穿新型工业化全过程,把建设制造强国同发展数字经济、产业信息化等有机结合,为中国式现代化构筑强大物质技术基础。"习近平总书记的重要指示,为我国推进新型工业化提供了根本遵循和行动指南。

新质生产力和新型工业化都是马克思主义基本理论与中国实践相结合的重大理论创新成果,将为中国式现代化建设实践提供重要理论指导。从实践层面看,随着新一轮科技革命和产业变革不断加深,国际环境复杂严峻,中国式现代化建设对全面推进新型工业化提出了新需求和新要求。推进新型工业化,既是我国加快发展新质生产力的客观要求,也是发展新质生产力的主阵地。新质生产力与新型工业化二者互促互动,统一于中国式现代化建设的伟大实践,为实现中华民族伟大复兴提供强劲支撑。

第五章　新型工业化与新质生产力：互促互动为中国式现代化提供强劲支撑

第一节　推进新型工业化

工业特别是制造业是国家经济命脉所系，工业是一个国家经济增长的主引擎和技术创新的主战场，是一国综合国力的重要根基和支撑。世界发展史表明，工业化是一个国家经济发展的必由之路，工业化水平在很大程度上决定着一个国家现代化的进度和水平。高质量的工业发展是国家宏观经济大盘的稳定器，是提升国家现代化水平、速度和效率的根本力量。

一、中国工业化的历史探索

工业化通常指由工业技术革命带来的工业经济活动在国民经济中占据主导地位的历史发展过程。工业化主要体现在两个方面：一是工业或者第二产业在国民经济生产总值中的占比不断上升，二是工业或者第二产业容纳的就业人数在总就业人数中的占比不断上升。衡量一个国家或地区工业化发展水平的指标通常有人均工业生产总值、工业化率、三次产业在国民经济中的产值结构、就业结构等指标。从历史上看，每一次技术革命都会推动具有不同特点的工业化进程，因而工业化的具体内涵、发展路径和主要特点等有着深刻的时代烙印和时代特征，并且处于不断发展演变中。

中华人民共和国成立后，我国具备了进行大规模工业化的前提条件，中国共产党以国家富强、民族复兴为己任，开始全面推进工业化。正如马克思所说，"工业最发达的国家向那些就工业规模来说跟在后面的国家所显示的，只是后者未来的景象。"[1]通过工业化使一个国家摆脱贫穷

---

[1] 弗里德里希·恩格斯，卡尔·马克思. 马克思恩格斯全集.

走向富裕，先行工业化国家的经验为后发国家提供了指引。

建国初期，我国的工业化在很大程度上是学习的苏联模式。在当时的计划经济条件下，国家把工业化放在经济建设首位，采用优先发展重工业的战略，建设以 156 项重大工程为代表的工业项目。这种情况下，工业化在很大程度上被看作是等同于现代化的。1964 年，第三届全国人民代表大会明确提出要实现"四个现代化"的宏伟目标，即农业现代化、工业现代化、国防现代化和科学技术现代化，赶上和超过世界先进水平[2]，并将"建立一个独立的比较完整的工业体系和国民经济体系"作为我国实现四个现代化的第一步。

改革开放后，邓小平同志明确提出"我们搞的现代化，是中国式的现代化"[3]，并提出了"到 20 世纪末人均国民生产总值 1000 美元"的量化标准。我国确立了"以经济建设为中心"的基本路线，党中央以建设高度文明、高度民主的社会主义国家为目标，大力推进工业现代化。坚持改革开放，充分发挥我国市场规模大、劳动力资源丰富和成本较低的比较优势，积极加入全球制造业分工网络。我国劳动密集型制造业呈现快速发展态势，并发展成为世界重要的加工制造基地、第一工业大国和制造业大国。

党的十八大以来，新一轮科技革命和产业变革持续深入，世界处于百年未有之大变局，全球经济增长乏力，地缘政治形势复杂严峻，产业链价值链面临重构。习近平总书记指出，"高质量发展是全面建设社会主义现代化国家的首要任务"，要"推动形成以国内大循环为主体、国内国际双循环相互促进的新发展格局"。党的十九大报告进一步提出现代化强国的建设目标，党的二十大报告提出，到 2035 年，我国发展的

---

[2] 周恩来. 周恩来选集（下卷）.
[3] 邓小平. 邓小平文选（第3卷）.

总体目标包括人均 GDP 达到中等发达国家水平、高水平科技自立自强、居民人均可支配收入再上新台阶、碳排放达峰后稳中有降、生态环境根本好转等。所有这些都意味着，我国经济由高速增长转向高质量发展，工业化面临新的机遇和挑战，也肩负新的历史使命。新型工业化是高质量的工业化，是制造强国建设的必由之路。

经过不懈努力，我国仅用了几十年的时间就走完了发达国家几百年的工业化历程，建成了全球最完整、规模最大的工业体系，创造了经济快速发展和社会长期稳定两大奇迹。

二、中国新型工业化的现实基础

在一系列政策指导下，我国持续深化数字技术与实体经济融合，工业规模稳步壮大、产业结构持续优化、数字化绿色化转型不断推进，加快构建以先进制造业为骨干的现代化产业体系，新型工业化发展基础日益坚实。

（一）工业发展基础

工业化是现代化的前提和基础。我国是工业大国，是全世界唯一拥有联合国产业分类中全部工业门类的国家，拥有 41 个工业大类、207 个工业中类、666 个工业小类。2023 年，我国工业增加值接近 39.9 万亿元，占 GDP 比重 31.7%。制造业增加值占全球比重超过 30%，连续 14 年位居全球第一，在全世界 500 种工业品种中，我国有 4 成以上的产品产量位居全球第一。新能源汽车、光伏产量连续多年保持世界第一，培育了 45 个国家先进制造业集群，建成了全球规模最大、技术领先的移动通信网络。2023 年末，我国规模以上工业企业资产已经超过 167 万亿元，多种关键设备保有量全球领先，如工业机器人保有量占全球三分之一，新增装机量超过全球总量的一半；风电等新能源设备装机量连续多年保持全球第一。

工业领域一些前沿方向开始进入"并跑""领跑"阶段。2023 年，全年规模以上工业增加值同比增长 4.6%，重点行业生产整体向好，41 个工业大类行业中 28 个保持增长。截至 2023 年 11 月，规模以上工业企业数量达 48.3 万户，较 2022 年年底增加 3.2 万户，经营主体不断发展壮大。

就制造业而言，2012 年至 2022 年，我国制造业增加值从 16.98 万亿元增加到 33.5 万亿元。产业结构不断优化，高技术制造业和装备制造业占规模以上工业增加值比重分别从 2012 年的 9.4%、28%提高到 2022 年的 15.5%、31.8%。形成了一批具有国际竞争力的企业群体，65 家制造业企业入围了 2022 年世界 500 强企业榜单。"专精特新"中小企业达到 7 万多家，产业链供应链韧性、创新力、竞争力持续提升。

在新技术的推广应用与验证方面，中国也走在世界前列，为新技术的快速部署应用树立了标杆。如智能设备，2023 年，智能车载设备制造、智能无人飞行器制造的增加值分别增长 60.0%、20.5%；服务机器人、3D 打印设备等智能化产品产量分别增长 23.3%、36.2%。目前，中国已成为全球最大的机器人市场。据统计，中国工业机器人 2022 年销量为 29 万台，占据了 52.5%的全球市场份额，远高于排名第二的日本（5 万台）。传统产业改造升级加快，已培育了 45 个国家先进制造业集群，数字化绿色化转型成效明显。2022 年我国工业企业关键工序数控化率达到 58.6%，数字化研发设计工具普及率达到 77%。

（二）科技创新能力基础

以科技创新推动产业发展不断取得新突破。我国科研研发力度持续加大，超前布局新兴领域，加强关键技术攻关，出现越来越多的创新突破。2023 年行业研发经费同比增长 9.8%，高出收入增速 3.6 个百分点。5G 定制化基站、5G 轻量化技术实现商用部署；发布"手机直连卫星"商用服务，在全球首次实现大众消费类手机直连卫星双向语音通话和短信收发通信服务；成功研制并商用国内首款可重构 5G 射频收发芯片——"破风 8676"，助力攻克 5G 关键核心技术壁垒。

我国日益成为全球新技术研发与创新的重要源头地。2023 年，我国研究与试验发展经费支出 3.3 万亿元，同比增长 8.1%，研发支出绝对额居世界第二位，占国内生产总值比重 2.64%，接近经合组织（OECD）国家的平均水平。从技术发明看，截至 2023 年年底，我国国内（不含港澳台）发明专利拥有量达 401.5 万件，同比增长 22.4%，成为世界上首个国内有效发明专利数量突破 400 万件的国家。高价值发明专利拥有量 166.5 万件，在有效发明专利中占比 41.5%，每万人口高价值发明专利拥有量达 11.8 件。在 5G 等重要领域，我国拥有的专利量居世界第一。在量子计算、人工智能、核聚变等前沿领域，我国也贡献了一批世界级的科技成果。当前，中国人工智能领域企业数量已经超过 4400 家，人工智能芯片、开发框架、通用大模型等创新成果不断涌现，算力规模位居全球第二。中国已成为名副其实的知识产权大国，持续为全球创新发展贡献重要力量。

（三）数字基础设施和技术基础

数字经济核心产业的快速发展为新型工业化提供了重要的基础设施和技术支撑。

网络基础设施日益完备。截至 2023 年年底，我国累计建成 5G 基站 337.7 万个；平均每万人拥有 5G 基站 24 个；5G 网络覆盖所有地级市城区、县城城区，并持续推进向重点场所深度覆盖。5G 定制化基站、5G 轻量化技术实现商用部署，推出全球首款卫星通话智能手机；6G、量子通信、人工智能等创新能力进一步提升；全国行政村 5G 覆盖率超 80%。

新型基础设施适度超前规模化部署。千兆光网快速规模部署，FTTR（光纤到房间）进入用户推广阶段，千兆光网支撑千行百业部署企业/工厂网络、智慧教育民生工程等，赋能社会数字化转型。截至 2023 年年底，具备千兆网络服务能力的 10 G PON 端口数达 2302 万个，增幅达 51.2%，形成覆盖超 5 亿户家庭的能力。算力网络实现阶段性跃升。截至 2023 年年底，三家基础电信企业为公众提供的数据中心机架数达 97 万架，可对外提供的公共基础算力规模超 26 EFlops（每秒万亿亿次浮点运算）。适应跨网络算力调度、承载需求多样化等发展趋势，不断加强算力、能力、运力等协同提升，打造算力网络一体化与云网融合的全光底座。

构建人工智能基础设施体系。内部应用与外部赋能相结合探索人工智能应用新模式，推动"云网智"融合发展，全面向"人工智能+"战略转变。在网络规划、建设、维护、优化等网络运营各环节引入人工智能和大数据技术，提升网络智能化水平，降低网络故障率、节约基站能耗、优化信号覆盖。三家基础电信企业积极构建"1 个通用+N 个专用"的通专结合大模型体系，通用大模型达千亿级参数级别，专用大模型可面向政务、应急、文旅等多个领域。

海量的数据基础。据预测，2019—2024 年，我国工业大数据市场年复合增长率约 30%，2024 年工业大数据市场规模有望达到 497.6 亿元。[4] 工业数据产品和服务日益丰富。据中国工业互联研究院测算，2017—2021 年，我国工业互联网产业增加值规模从 2.36 万亿元增长到 4.14 万亿元，占当年国内生产总值的比重从 2.83%提高到 3.67%。[5]

---

4 前瞻研究院. 2020 年中国工业大数据行业市场现状及发展前景分析.
5 中国工业互联网研究院. 中国工业互联网产业经济发展白皮书（2021 年）.

三、新时期推进新型工业化的战略意义

党的十八大以来,以习近平同志为核心的党中央从党和国家事业发展全局出发作出了推进新型工业化的重大战略部署,推动我国新型工业化迈出了坚实步伐。

(一)全面推进新型工业化是我国抢抓新一轮科技革命带来的重大历史机遇的战略要求

新一轮科技和产业革命为中国工业化带来了诸多机遇。一是技术创新驱动发展。数字科技、生命科学、新能源、新材料、先进制造等领域技术不断走向成熟,在产业发展中的应用日益深化,不同领域技术之间交叉融合,技术创新迭代速度加快,技术创新呈现单点突破、群发式突破,为工业发展注入新动能,不断催生新产业、新业态、新模式。二是通过发展智能制造和服务型制造加快推动工业产业结构优化升级。人工智能、大数据、物联网等新技术不断成熟和深化应用,推动智能制造加速发展;基于数据挖掘的个性化定制、协同制造等制造新业态、新模式的发展,推动制造业向服务型制造转型,进一步拓宽服务领域和提高产品附加值。三是构建工业创新生态系统。新一轮科技革命进一步推动科技创新、产业转型和企业发展的良性循环,推动科研机构、企业和市场等各方面主体深化协同合作,促进创新成果的转化和应用,工业发展的创新生态系统不断丰富和完善。

(二)全面推进新型工业化是我国在复杂激烈的国际竞争形势下实现技术自主独立发展的客观要求

当前,我们正面临百年未有之大变局。一是全球产业格局正在发生重大改变。人工智能、物联网、云计算、大数据等新一代信息技术与制造业深度融合,一方面,工业领域催生出制造业新业态、新模式,产业链、价值链出现分化和重组;另一方面,原有产业的生产要素、生产组

织方式、业务流程、商业模式等各方面发生深刻变革,进而影响全球产业链价值链。随着国际产业结构的调整和转型,一些传统产业正在向低成本地区转移,同时高附加值产业和新兴产业正逐渐成为竞争焦点。二是高新技术和产业领域国际竞争加剧,西方国家脱钩断链式的科技打压和产业围堵带来新的巨大挑战。由于国家之间力量对比发生深刻调整,单边主义、保护主义、霸权主义有抬头趋势,逆全球化思潮涌动。美国等发达国家推出一系列振兴制造业的政策措施,更加注重发挥工业在国民经济中的作用;同时通过加征关税、高技术产品断供、限制人才流动等多种手段,打压遏制我国战略性新兴产业和高技术产业发展。此外,越来越多国家更加关注产业链的安全性、稳定性和韧性,都在积极采取措施保障关键领域供应链安全,全球产业链供应链呈现出区域化、多元化、数字化等新趋势。所有这些都要求我们必须走出一条科技自强自立的工业化道路。

(三)全面推进新型工业化是破解我国工业化发展进程中的难点痛点问题的迫切需求

传统工业化模式在我国经济发展的初期起到了一定的推动作用,但随着经济社会的不断发展、人民生活水平的提高和国际国内形势的新变化,其带来的环境、资源、结构等问题逐渐凸显。一是环境污染和资源浪费问题。传统工业化模式对资源的消耗量大、资源利用率低下,对经济增长和经济效益的过度追求往往以牺牲环境为代价,导致环境污染问题突出。世界主要国家签署了旨在应对全球气候变暖的《巴黎协定》并设定碳达峰碳中和时间表,对工业化模式的绿色低碳转型提出了更迫切的要求。二是产业结构单一以加工制造业为主导。缺乏多元化和高附加值产业支撑,难以适应不断多元化、个性化的市场需求。三是结构性产能过剩和附加值低。由于过度投资和过度扩张,部分行业产能过剩,导致市场供需失衡,引发价格下跌和企业盈利能力下降。四是创新力不足。

从历史上看，为了参与国际市场，获得全球化产业发展带来的技术红利和分工效率，我国的工业化进程具有高度依赖外需的特点，注重规模扩张和成本控制，创新投入相对不足，缺乏核心技术、自主知识产权，影响企业竞争力和长期发展。五是劳动力成本持续上升，我国在劳动密集型产业及产业链劳动密集型环节的竞争力正在减弱。

区域发展不平衡，地区之间经济发展水平和工业化水平差距较大，工业发展对外需依赖过大，在获得全球产业分工效率红利的同时自主创新的能力受到损害，进入传统工业化后期产业发展缺乏原始创新支撑、关键核心技术受制于人，成为中国实现建设社会主义现代化强国这一新发展战略目标过程中的短板。

第二节 以新型工业化培育发展新质生产力

我国工业化的历史和当前的现实表明，在科技革命和产业变革持续深化、国际形势日趋复杂、全面建设中国式现代化的时代背景下，在我国这样一个有14亿多人口的发展中大国推进工业化，既要遵循世界工业化的一般规律，又要立足国情民情；既要坚持走科技自立自强之路，又要坚定不移地推进高水平对外开放，走一条有中国特色的新型工业化之路。

一、新型工业化的内涵和时代特征

新型工业化是在总结人类工业化历史经验的基础上，结合新一轮科技革命和产业变革影响下工业经济发展规律和趋势与中国式现代化建设实践而提出的，具有一系列新特征和新内涵。

（一）新型工业化的演进

从党的十六大报告首次提出"新型工业化"到党的二十大报告提出"2035 年基本实现新型工业化"，我国新型工业化的内涵和外延随着实践的发展不断丰富。

"新型工业化"一词最早出现在 2002 年党的十六大报告中，"坚持以信息化带动工业化，以工业化促进信息化，走出一条科技含量高、经济效益好、资源消耗低、环境污染少、人力资源优势得到充分发挥的新型工业化路子。"从这一表述看，新型工业化主要目的在于解决工业发展过程中存在的难点问题，具有明显的问题导向性；重点强调"信息化带动工业化"和"工业化促进信息化"，新型工业化的落脚点就在于信息化和工业化的相互促进。

2007 年，党的十七大报告关于新型工业化的表述是："为了走出一条具有中国特色的新型工业化道路，需要人与自然、经济、社会之间的和谐发展"。实际上是站在科学发展观的高度，将工业化道路与践行科学发展观相融合，阐释我国新型工业化道路的内涵和要求，进一步将工业化与科学发展观相融合。

2012 年，党的十八大报告提出，"坚持走中国特色新型工业化、信息化、城镇化、农业现代化道路，推动信息化和工业化深度融合、工业化和城镇化良性互动、城镇化和农业现代化相互协调，促进工业化、信息化、城镇化、农业现代化同步发展。"新型工业化在之前工业化和信息化"两化融合"的基础上，拓展到了工业化、信息化、城镇化、农业现代化"四化"同步发展。新型工业化既是目标也是任务，是其他"三化"发展的重要动力。

2017 年，党的十九大报告提出，"必须坚定不移贯彻创新、协调、绿色、开放、共享的发展理念"，"推动新型工业化、信息化、城镇化、农业现代化同步发展"。我国进入贯彻新发展理念、构建新发展格局的新发展阶段，新发展理念赋予我国新型工业化新的内涵和新的要求，即顺应新一轮科技革命和产业变革趋势，新型工业化进程必须完整、准确、全面贯彻新发展理念，要更加注重创新发展、协调发展、绿色发展、开放发展和共享发展。

2022年，党的二十大报告提出，"坚持把发展经济的着力点放在实体经济上，推进新型工业化，加快建设制造强国、质量强国、航天强国、交通强国、网络强国、数字中国。"这就更加突出了实体经济的重要性，进一步明确了新型工业化的战略目标和主攻方向。

（二）新型工业化的时代特征

（1）产业体系现代化。

产业体系的构建和经济发展战略息息相关。中华人民共和国成立以来，我国从最初的重工业优先，到重点发展以出口为导向的劳动密集型产业，再到构建起三次产业全面发展的产业布局，我国的产业结构和产业体系逐渐完善，产业自主创新能力不断加强。要实现高质量经济发展，就必须实现产业体系的现代化，充分发挥现代产业体系塑造现代化经济的影响作用。[6]

产业体系现代化意味着要有优化的产业结构和强大的产业发展内在动力。这就需要：一是在实体经济的核心和主体部分制造业领域，深化新一代信息技术、人工智能、高端装备、绿色环保技术等应用，大力发展先进制造业和战略性新兴产业，激发经济增长新动能和争夺未来产业竞争制高点。大力推进工业互联网建设，利用人工智能、物联网、大数据等新一代信息技术拓展生产和制造边界，全面提升资源配置效率、

---

[6] 夏杰长. "两步走"战略视角下中国服务业现代化的现实基础和推进策略.

行业创新水平和竞争能力。二是全面提升包括基础零部件（元器件）、基础技术、基础软件等在内的产业基础能力，大力提升底层技术、关键核心技术自主供给能力和原始创新能力，为确保经济循环畅通提供更有力的科技创新支撑。三是利用数字技术赋能传统产业升级，大力发展智能制造和现代服务业，深化数字技术在农业生产经营中和农村管理中的应用，全面推进产业数字化转型。四是着力提升产业链韧性和安全水平，针对一些具有国际竞争力的领域产业链不完整的问题，采取有效措施补链强链。以规模和潜力巨大的国内市场为基础，构建多元化的产业链形态，增强对产业链的控制力。五是加快建设和适度超前部署数字基础设施，全面推进传统基础设施数字化智能化改造。

（2）产业链供应链韧性化。

提升产业链供应链安全水平的国家战略意义凸显。近年来，国际形势复杂多变，给全球产业链供应链带来巨大挑战，越来越多的国家把强化产业链供应链安全、防范产业安全风险上升为国家战略，特别是在医药卫生、粮食安全、重要能源资源、先进技术、高端制造等与国家安全和发展战略高度相关的领域或行业，对供应链布局的安全考量高于效率考量、强调关键核心环节自给自足将成为新趋势，并制定相关法律法规提供制度保障。这种形势下，我国发展新型工业化必须提升产业链供应链的韧性化水平，构建起生态化的产业关系。数字技术的深化应用不仅提升了产业聚集水平，还能进一步保证经济发展系统内每一个单元、每一个子系统的稳定性，从而提高我国整体经济发展面对外部环境冲击的稳定性。[7]

因此，我国需要聚焦事关国家发展和安全的战略考量，找准存在"卡脖子"风险的薄弱环节，着力提升产业体系自主可控能力；要切实推进重点产业补链强链，既要注重发挥链主企业对于本土制造业供应链整体

---

[7] 徐紫嫣，姚战琪，夏杰长. 协同集聚对出口技术复杂度的影响研究——基于区域创新中介效应检验.

第五章　新型工业化与新质生产力：互促互动为中国式现代化提供强劲支撑

能力提升的作用，也要不断增强产业链上众多中小企业的连接能力和创新活力，全面提升产业链上大中小企业协同能力。

（3）发展模式绿色化低碳化。

绿色低碳是新型工业化的生态底色。新型工业化具有典型的资源节约和环境友好特点，将带来新一轮绿色革命。绿色低碳转型将贯穿于推进新型工业化全过程，新型工业化是一条以绿色与可持续发展为导向的生态化道路。积极稳妥推进"碳达峰""碳中和"，加快规划建设新型能源体系，既是我国构建现代产业体系的目标，也是走新型工业化道路的必然要求。制造业企业在能源使用、生产制造、产品包装、交通运输、物流配送、废物排放等多个环节，打造绿色环保供应链体系，是未来工业化和制造业发展的大趋势，这一趋势也将对处于工业化进程中的国家产业链布局产生重要影响。

因此，我国需要着眼于满足人们不断增长的美好生活需要，全面推进质量品牌建设。深入实施智能制造，大力发展先进制造业，推进制造业数字化和服务化转型，加快完善5G、数据中心、工业互联网等新型基础设施，深入实施工业领域碳达峰行动，全面推行绿色制造和低碳发展，不断构建资源节约型和环境友好型的绿色生产和工业制造业发展体系。

（4）创新体系高效化。

实现高水平科技自强自立是中国式现代化建设的关键。习近平同志指出，相比美国等发达国家，"我们在自主创新方面还相对落后""互联网核心技术是我们最大的命门，核心技术受制于人是我们最大的隐患"。[8]在科技创新成为数字经济时代国家之间竞争的主战场和制高点的时代，构建健全高效的创新体系和提升领域创新能力是新型工业化的重要任务。

---

8 中共中央党史和文献研究院. 习近平关于网络强国论述摘编.

构建健全高效的创新体系，一是要密切围绕国家战略需求并结合全球数字技术发展最新态势，在集成电路、关键软件、人工智能、新型显示等重点领域加大技术创新力度，为引领未来发展增加核心关键技术储备。二是要建立以企业为主体、产学研相结合的数字技术创新与产业创新体系，持续完善促进科技创新成果实现产业化转化的机制，打造产业聚集型技术创新和产业创新模式。三是要围绕产业链部署创新链，充分发挥科技创新对产业发展的驱动作用，对于那些面临国外打压和封杀的产品及所在产业链，既要增强自身产业在各产业链上的供给和配套能力，还要加大创新力度，推动产业不断向全球价值链中高端迈进，构建产业链与创新链互促互动、良性发展新格局。四是要充分发挥新型举国体制对推进关键领域重大科技创新的制度保障作用。既要加强党中央的集中统一领导，充分发挥国家作为重大科技创新组织者的作用；又要发挥市场机制在资源优化配置方面的决定性作用，让创新要素向企业集聚，激发企业作为市场主体的创新活力和潜力。

二、新型工业化培育新质生产力的作用机理

以新质生产力赋能新型工业化，驱动中国工业向高端化、网络化、智能化与服务化转型，是促进数字文明与工业文明融合发展，推动高质量发展与建设中国式现代化的必由之路。新质生产力的形成和发展意味着我国新型工业化有了新的内涵，并将加速新型工业化的进程。推进新型工业化与培育新质生产力二者互促互动，为中国式现代化建设和实现中华民族伟大复兴提供强劲动力。

（一）新型工业化通过重点工业领域技术的创新性突破形成新质生产力

新型工业化突出创新驱动。新型工业化强调将高水平科技自立自强作为国家实现高质量发展的战略支撑，充分发挥数字化智能化技术的主

导作用，着力在新一代通信、人工智能、区块链、新能源、新材料等前沿技术领域实现自主性和颠覆性创新，以科技创新提高我国工业在全球产业链价值链中的地位。全面推进新型工业化需要面向世界科技前沿、面向经济主战场、面向国家重大需求、面向人民生命健康，深入实施创新驱动发展战略、人才强国战略和科教兴国战略，不断完善国家创新体系，建设科技强国。

（二）新型工业化通过提升工业资源配置效率形成新质生产力

工业领域平台经济发展加速。平台经济是以互联网平台为主要载体，以数据为关键生产要素，以新一代信息技术为核心驱动力、以网络信息基础设施为重要支撑的新型经济形态。一方面，数字平台提供了让参与者聚集在一起在线互动的机制[9]，通过全方位、全链路的数字化网络化减少信息不对称，提高供需匹配效率；另一方面，依托数字平台，承载行业知识的数据可以在大量生产设备终端、生产者（人）之间高效流动和共享，数据流进一步带动资金流、人才流、物资流、技术流优化和重组，企业组织边界越来越模糊，跨行业跨产业的融合发展越来越普遍。工业领域平台经济发展不断催生具有更高效率的资源配置方式、生产经营方式、价值创造与分配机制、商品贸易模式等，培育形成新质生产力。

工业领域颠覆性创新将更加层出不穷。数字化、网络化、智能化转型成为各行各业的必然选择，企业成功与否，将取决于其能否运用一系列新技术，为客户、员工及业务合作伙伴带来个性化的体验。[10]数字技术与实体经济融合的广度和深度都将前所未有地扩展，在企业数字化转型加速推进的新阶段，任何新的市场需求、应用场景都可能激发技术创

---

9 United Nations Conference on Trade and Development (UNCTAD). Digital Economy Report 2019 Value Creation and Capture: Implications for Developing Countries.
10 European Commission (EC). Shaping Europe's Digital Future: Commission Presents Strategies for Data and Artificial Intelligence.

新和商业模式创新,都可能对传统生产工艺、生产组织方式、资源配置方式等产生革命性影响。

(三)新型工业化通过释放数据要素价值潜力形成新质生产力

数据要素驱动企业内部业务流程优化和企业间协作模式创新。以电子信息产业、软件业服务业为代表的数字产业化的发展,为数据资源的收集、存储、分析、建模提供了日益强大的技术和产业支撑,工业经济发展所需的数据价值链条也不断形成和完善。数据一旦被转化为数字智能并通过商业用途货币化,价值创造就会出现。[11]工业生产过程可以通过对大数据的分析和挖掘实现智能化决策、分析市场需求变化趋势,并对企业的研发、设计、制造、营销等生产经营各个环节的业务进行有效赋能、放大和创新,形成企业的数据资产和数据生产力。在此基础上,不断提升人的生产效率和能力,重塑企业内部业务流程、企业与外部组织的关系,进而重塑整个社会的组织结构和管理体系,为工业发展创造更多价值。

数据要素赋能工业企业集群化发展。互联网平台和各种数字化智能化终端,能随时随地汇聚遍布全球的消费者的各种数据,这些数据从不同维度反映着消费者的潜在需求和兴趣偏好,成为企业进行生产决策的重要支撑。企业还可以依托工业互联网平台,以更低的成本、更高的效率广泛集聚各种原材料供应商、生产设备供应商,汇聚大量从事研发设计、金融保险、物流运输等提供生产性服务的企业,从而实现小批量定制、大规模生产、全产业链贯通、全球化配送。依托产业互联网平台,这些企业之间可以实现生产过程全面贯通,并形成以消费者和客户为中心的全产业链紧密协作的产业集群。

---

11 United Nations Conference on Trade and Development (UNCTAD). Digital Economy Report 2019 Value Creation and Capture: Implications for Developing Countries.

（四）新型工业化通过提升工业发展质量和效益形成新质生产力

新型工业化更加注重提升发展效率和经济社会效益。新型工业化坚持质量第一、效益优先的原则，不仅关注工业规模扩张和结构变迁，更注重效率和效益提升。新型工业化强调用新技术提高劳动生产率和全要素生产率，把产品质量、服务质量、经济效益和社会效益贯穿到经济社会发展的各方面、各环节、全过程，着力改变资源消耗、投资拉动、单一追求量的扩张的增长模式，更好地统筹质的有效提升和量的合理增长，推动工业经济发展由规模速度型向质量效益型转变，由低成本低价格竞争向以品牌、知识为核心的竞争转变。

新型工业化推动我国经济发展从人口红利转向人才红利。新型工业化以推动实现共同富裕和让所有人共享发展成果为己任，强调通过工业化创造数量更多、质量更高的就业岗位，提高居民收入水平。尤其要在数字技术与工业制造业深度融合领域创造更多的技能型、知识密集型工作岗位，为青年人和高校毕业生等重点就业群体提供更多创新创业机会，在实现更加充分就业的基础上，利用新型工业化创造的知识密集型就业机会，充分发挥我国人力资源大国优势，推动工业实现高质量发展，加快形成新质生产力。

（五）新型工业化通过改变传统工业化发展路径形成新质生产力

新型工业化将新发展理念贯穿工业发展始终。强调将创新、协调、绿色、开放、共享与工业化有机结合，将绿色低碳发展理念贯穿工业生产的全领域、全过程和全链条，鼓励、引导或倒逼工业企业利用绿色低碳技术、开发绿色低碳产品和构建绿色低碳发展模式等，推动工业化绿色低碳高质量发展，实现工业发展与自然资源保护、生态环境保护和谐共生，在建设美丽中国的进程中走出一条绿色低碳的新型工业化道路。

新型工业化从粗放式发展转向集约式发展。与过去依靠大规模资源投入的粗放式发展模式不同，新型工业化走的是一条以知识、信息、技术投入为主的、创新驱动的集约式发展模式，因而是能够不断提升可持续发展能力的工业化。新型工业化更加强调资源的循环利用、生态建设和环境保护，强调处理好企业发展、产业发展、经济发展与人口、资源、环境之间的关系，充分利用数字化智能化技术，降低资源消耗和减少环境污染，增强经济社会可持续发展能力和后劲。

第三节 推动制造业深度转型升级

工业制造业是国民经济的重要支柱，是国家综合实力的重要体现和国际竞争力的重要基础，是一国经济的立身之本、财富之源。全面提高经济发展水平，创造更多高质量就业机会，提高国民收入与生活水平，必须有强大的工业制造业为支撑。随着以智能化、大数据、物联网、云计算、区块链发展为主要特征的新一轮科技革命和产业变革的不断深化，人类正加速进入数智化时代。全球制造业竞争力也随之从传统的资本和劳动要素驱动，转向数据、技术、信息、知识等要素驱动。在进入经济高质量发展的新阶段，我国制造业转型有着良好的基础、巨大的现实需求，又恰逢技术革命和产业变革带来的巨大历史机遇，但同时也面临着新的挑战和艰巨的任务。推动经济高质量发展，以及最终实现强国建设、民族复兴的伟大目标，根本上必须通过新型工业化道路把工业制造业做强、做优、做大。要充分发挥后发优势，抓住新机遇，需要同步推进数字化、网络化、智能化，推进数字技术与制造业深度融合，以实现制造业数字化智能化转型升级。

第五章　新型工业化与新质生产力：互促互动为中国式现代化提供强劲支撑

一、制造业转型的重要意义

当前，世界面临百年未有之大变局，这一大变局的一个重要方面就是新一轮科技革命和产业变革。这轮科技革命与我国加快培育新质生产力、建设中国式现代化形成了历史性交汇。制造业转型升级就是重要的交汇点之一。制造业转型升级主要指传统制造业走向高端化、智能化、绿色化、融合化的过程。传统制造业转型升级事关我国现代化产业体系建设全局。

（一）推动制造业转型升级是我国主动适应和引领新一轮科技革命和产业变革的战略选择

工业化是所有国家实现现代化的重要任务，是中国式现代化与世界各国现代化的共同特征。马克思认为，"工业最发达的国家向那些就工业规模来说跟在后面的国家所显示的，只是后者未来的景象。"[12]西方发达国家的工业化起步早、历史时期长、发展水平较高。中华人民共和国成立后，中国共产党领导全国人民立足中国实际，在学习借鉴其他国家工业化经验的基础上，逐步明确了工业化的发展方向和发展路径。到20世纪70年代末，我国初步建立起独立的、比较完整的工业体系和国民经济体系。从总体上看，这一时期我国是在追赶西方发达国家的过程中，逐步探索出适合自身国情的工业化发展道路。

经过多年的努力，我国科技实力整体水平已经大幅提升，正在实现由"跟跑者"向"并行者"和"领跑者"的转变。[13]当前，全球新一轮科技革命和产业变革持续深化，新一代信息技术、新能源、新材料、生物医药、绿色低碳等领域日益交叉融合，推动制造业企业生产方式、资

---

12 弗里德里希·恩格斯，卡尔·马克思. 马克思恩格斯全集（第43卷）.
13 习近平. 习近平谈治国理政（第1卷）.

源配置方式、企业组织形态等发生根本性变革。许多工业大国纷纷推出再工业化战略，制定产业政策，抢占竞争制高点，夺取发展主动权。加快推动制造业转型升级，是我国面向数字经济时代大国竞争作出的战略选择。

（二）制造业转型升级是我国推进新型工业化、加快建设制造强国的必然要求

从世界范围来看，随着不同历史时期技术革命的演进，工业化道路可分为传统和现代两种。传统工业化以蒸汽与电气技术为主导，以煤炭、石油和天然气等能源支撑的机器大工业为产业载体，开始于第一次工业革命，并随着第二次技术革命的完成而走向深入。与西方发达国家工业化进程不同的是，我国在工业化发展水平不高的情况下，赶上了信息革命的时代浪潮（它推动全球从工业经济加速向数字经济迈进）。研究显示，到2030年，人工智能和新一代信息技术将推动全球GDP年均增长1.2%，超过蒸汽机和信息通信技术扩散所带来的0.3%和0.6%的年均增长效应。数字产业发展和技术应用深度与广度正在日益深刻地影响着国家兴衰和全球竞争格局。这为我们提供了一条与传统工业化道路完全不同的新型工业化道路。我国新型工业化的重要任务就是要充分利用新一代信息技术，大力发展"技术+数据"驱动的新产业新模式，推动现代制造业从"有"到"强"的"蝶变"升级。"强"体现在技术创新能力、产业基础能力、产品质量和企业经济效益等诸多方面。

（三）制造业转型升级是提升我国产业链供应链韧性和安全水平的重要举措

尽管近年来我国在很多产业领域取得了巨大突破，不容忽视的是，这些突破中的很多关键元器件、关键材料、高端精密仪器等主要都依赖

国外进口。这就使得我国在制造业核心环节、核心技术和核心能力方面受制于发达国家，掌控产业链的能力不强，甚至很多产业长期处于产业链外围。尤其是近年来，逆全球化思潮和地方贸易保护主义抬头，美国等国家采用产业回流、限制出口、限制合作交流等举措对我国产业链特别是高技术产业链实施封堵与"脱钩"。国际分工体系也在经历深刻变革，我国产业链参与国际分工的模式和路径遭受冲击和限制，产业链不稳定性和安全问题逐渐凸显，主要体现在如纺织服装、电子产品、机械制造等中低端产业领域出现产业链外迁的趋势，产业链关键核心技术不足带来严峻的经济安全风险等。因此，我国亟须通过制造业转型升级加强制造业产业基础能力建设，提升产业链供应链的自主可控水平、数字化水平和全链条的协同发展水平，以提升我国产业链供应链的韧性和安全水平。

（四）制造业转型升级是形成新质生产力的重要途径

改革开放以来，我国工业化进程不断加快，从 2010 年开始，我国制造业增加值就位居世界第一，成为世界制造大国，也是工业贸易大国，在全球产业体系中有着日益重要的地位。但总体来看，我国工业化进程中存在着发展不平衡不充分问题，例如，工业基础能力较弱，产业基础不牢，突出表现在"工业四基"［核心基础零部件（元器件）、关键基础材料、先进基础工艺、产业基础技术］自主化程度低，关键共性技术缺失等方面；产业质量问题突出，产品质量和可靠性难以满足要求，包括试验验证、检验检测、标准认证和信息服务等基础服务体系亟须完善；在全球价值链中处于较低端地位，价值链控制力较弱，基础软件、操作系统、计算机算法等现代产业的核心技术主要依赖国外等。

科技创新与产业发展决定着一个国家经济持续发展的动能、质量与国际竞争力。工业制造业是技术创新的重要领域，是各类创新活动最活跃、创新技术应用最集中、创新成果最丰富多样、创新活动溢出效应最强的领域。据统计，美国工业占国内生产总值比重不到20%，但70%的创新活动直接或间接依托于工业领域。当前，我国正处于从高速增长阶段转向高质量发展阶段，处于加快转变经济发展方式的关键期。制造业转型升级意味着要从高投入、高消耗、高污染、低效益、不可持续的传统工业化转向资源消耗低、环境污染少、经济效益高、人力资源优势得到充分发挥的新型工业化。这个转型升级过程必然伴随着技术创新和深化应用、新产业形态和新模式的形成，因而也是新质生产力的不断涌现和发展壮大的过程。

二、服务型制造的发展路径

服务型制造是全球制造业转型发展的重要趋势。发展服务型制造是我国推进制造业转型的重要任务，是顺应新一轮科技革命和产业变革，增强制造业核心竞争力、培育现代产业体系、实现高质量发展的重要途径。

自2016年7月《发展服务型制造专项行动指南》发布以来，我国服务型制造呈现出快速发展态势。一系列的政策文件为全面推动先进制造业与现代服务业深度融合、发展服务型制造和促进制造业高质量发展作出系统部署。《中国制造2025》指出，"加快制造与服务的协同发展，推动商业模式创新和业态创新，促进生产型制造向服务型制造转变。大力发展与制造业紧密相关的生产性服务业，推动服务功能区和服务平台建设。"《中华人民共和国国民经济和社会发展第十四个五年规划和2035年远景目标纲要》明确提出，要发展服务型制造，推动现代服务业同先进制造业深度融合，促进传统制造业向高附加值环节攀升。

（一）什么是服务型制造

近半个世纪以来，制造业服务化进程呈现加速态势。高额的利润不断地向服务环节集中。欧美发达国家制造业的服务化特征十分突出，普遍存在"两个 70%"现象，即服务业产值占 GDP 比重的 70%，生产性服务业占整个服务业比重的 70%。在工业化进程中，制造与服务不断融合，逐步发展出了服务型制造这种新型产业形态。

什么是服务型制造？在工业和信息化部、国家发展和改革委员会、中国工程院牵头制定的《发展服务型制造专项行动指南》中，"服务型制造"的定义为："服务型制造，是制造与服务融合发展的新型产业形态，是制造业转型升级的重要方向。"该指南指出，"发展服务型制造，是增强产业竞争力、推动制造业由大变强的必然要求。"

服务型制造是制造业和服务业深度融合形成的新业态，也是制造企业将生产制造与服务融合发展的新型制造模式。服务型制造主要包括定制化制造、工业设计服务、共享制造、协同制造、信息增值服务、全生命周期管理、系统解决方案服务、生产性金融服务、节能环保服务等新产业形态和新服务模式。随着数字化智能化技术的创新发展，传统制造业与服务业之间的分工日益模糊，服务型制造也将不断创造出新的业态和模式。

服务型制造是一种新型产业形态、一种新型制造模式，也是一种新型制造业发展理念。服务型制造强调以客户需求为导向，提供个性化、差异化、高附加值的综合解决方案；强调以敏捷化、精细化、柔性化的智能技术为支撑；将制造与服务有机结合、将先进制造业和现代服务业深度融合。我国在制造业服务化转型升级过程中，赶上了智能化浪潮，服务型制造也避免不了被打上智能化的烙印。因此，我国制造业服务化的进程实际上是"多化"并行的，即智能化、网络化、平台化和生态化同步推进，制造业服务化的过程，必然是制造业智能化、网络化、平台化和生态化的过程。

服务型制造的典型特征是跨界融合，体现在跨行业、跨产业、跨产品、跨场景等多个方面，因而可能对传统的基于行业和产业分工定义的产业结构体系产生颠覆性影响。跨界融合之所以可以实现，离不开建立在现代信息技术基础上的网络平台的作用。随着"互联网+"、云计算、物联网、大数据等技术的繁荣发展，传统制造企业纷纷搭建起平台化的服务生态，制造企业的服务化转型成为可能。[14]苹果公司通过搭建 iCloud 平台，将手机、计算机、平板电脑、手表等多种智能化终端连接起来，更好地为用户服务。iPhone 面世后，很快就取代了之前以诺基亚为代表的只重视传统手机功能的产品。我国的华为公司、小米公司等电子信息产品制造企业，都通过构建企业内部多元化生态系统，或者与合作伙伴一起搭建起优势互补、资源共享的生态系统，实现资源共享与制造协同。企业基于网络平台的生态化扩张不断拓展蓝海市场，为企业创造新的发展机遇，帮助企业更好地满足用户多元化、个性化和快速变化的需求，从而增强企业的市场竞争力。

（二）服务型制造的主要模式

服务型制造的本质是以满足客户需求为导向，依托数字化智能化的服务平台和数字技术，提升制造业企业全生命周期生产和服务能力，实现制造全要素、全过程服务增值。从企业实践层面看，制造业企业开展的个性化定制、柔性生产等，都是在数字化智能化技术支撑下，制造业企业提升服务水平、实现服务端价值增值和竞争优势的重要体现，都是将企业生产制造流程中的具体环节和制造要素数字化后映射到网络空

---

14 Ardolino M, Rapaccini M, Saccani N, et al. The Role of Digital Technologies for the Service Transformation of Industrial Companies.

间，实现网络化和互联互通，从而实现生产制造活动进一步向服务活动延伸，并实现价值增值。这个过程主要是依托数字化智能化技术和平台实现，大大降低了制造业企业对人工的依赖，并且可以实现跨越时空的协同和资源配置，因而可以大大提高制造业企业的效率和效益。

制造业企业发展服务型制造的模式主要有：网络协同制造、柔性制造、个性化定制、互联工厂和产品追溯等。

网络协同制造：航空、航天、汽车制造等领域，通过搭建制造资源共享和协同生产平台，实现企业与企业之间在研发、管理、服务和系统等方面的集成和对接，为参与平台的企业提供研发设计、运营管理、数据分析、知识管理、信息安全等服务，开展制造服务和资源的动态分析和柔性配置。从实践层面看，这种制造模式能够协调供应链上下游和优化资源配置。

柔性制造：服装制造业、铸造业等领域，通过信息化智能化技术应用，实现生产线同时加工多种产品/零部件，车间物流系统实现自动配料，构建高级排产系统（APS），并实现工控系统、制造执行系统（MES）和企业资源计划系统（ERP）之间的高效协同集成。这种制造模式使企业可以更快地响应市场的多元化需求。

个性化定制：服装、纺织、家居等消费品制造领域通过智能化信息化技术手段，实现产品模块化设计、构建产品个性化定制服务平台和个性化产品数据库，从而实现定制服务平台企业研发设计、供应链管理、售后服务等信息系统的全面集成，这种制造模式使企业可以更好地满足用户个性化需求。

互联工厂和产品追溯：在石化、钢铁、电子、制药、食品等行业领域，应用物联网技术实现产品、物料等的唯一身份标识，构建起生产数据采集系统、制造执行系统（MES）和企业资源计划系统（ERP），并实现这些系统之间的高效集成。在生产过程中，应用传感器、智能仪器仪表、工控系统等自动收集质量管理所需数据，通过 MES 系统开展在线质量监测和预警。由此打通企业运营过程中的"信息孤岛"，不断提升产品追溯和质量管控能力。

（三）服务型制造与信息增值服务

在人工智能时代，制造业服务化转型更强调利用大数据、云计算、物联网、人工智能等技术手段，对产品和服务进行智能优化和创新，对价值链进行动态协同和整合，实现对客户需求的精准识别和满足。服务型制造既要关注生产过程，强调以新一代数字化智能化技术提升生产过程的效率和质量，又关注提升产品和服务的价值，强调通过提供信息和数据驱动的增值服务提升企业和行业整体竞争力。

2020 年 7 月，工业和信息化部等多个部门联合发布《关于进一步促进服务型制造发展的指导意见》，提出要"发展信息增值服务，探索和实践智能服务新模式""持续推动服务型制造创新发展，促进制造业与服务业融合"。信息增值服务是基于企业的核心产品，为用户提供的产品核心功能之外、与产品使用密切相关、能够带来市场价值的服务。这一创新模式已经成为许多制造企业服务化转型的重要路径，实现从传统的产品制造向融入大量信息服务的产品服务系统转变。

各种智能硬件制造企业的服务化发展模式就是典型的例子。随着物联网、大数据技术的发展，具备通信交互和数据传输能力的智能硬件终端迅速普及，智能穿戴、智能家居、智能车载等应用日益广泛，信息增值服务在硬件制造企业中的占比日益提高，硬件制造与信息增值服务深度融合，不断催生出智能服务新业态、新模式，也使得大量新技术的普及应用速度大大加快。

信息增值服务以智能硬件产品在使用过程中采集的各种数据为基础。具有数据采集功能的数字化平台发挥着重要的支撑作用，也是各种新业态、新模式不断涌现和发展的载体。接入平台的智能硬件越多，采集到的数据量就越大，通过大数据分析和挖掘形成的信息越有价值，就越有可能为用户提供更加多样化、精准化和个性化的增值服务，进一步提高用户黏性并吸引更多新用户加入。

以小米公司为例。在服务型制造领域，小米公司开拓了生态链孵化服务、MIUI 系统增值服务、人工智能服务等服务产品。小米公司早期依托 MIUI 系统，结合智能手机的生产和销售，创新推出"产品+信息服务"的商业模式。一方面推出高性价比的智能手机，一方面依托 MIUI 平台，为智能手机使用者提供互联网软件服务和信息内容服务并实现盈利。随着物联网技术的发展，各种基于物联网技术的智能产品走进人们的日常生活。小米公司通过投资物联网领域，积极布局物联网生态，并在发展中摸索出了独特的投资孵化模式，目前已发展成为全球最大的智能硬件孵化生态。小米公司的客户群体主要包括其投资的生态链企业（如华米、智米等）、大型智能硬件企业合作伙伴（如美的、奥克斯等），以及接入平台的企业和个人开发者。依托这些客户群体，小米公司构建起了"智能终端产品+信息增值服务+生态链服务"新模式。

第四节　布局建设未来产业

2023 年 9 月，习近平总书记在黑龙江考察期间强调，整合科技创新资源，引领发展战略性新兴产业和未来产业，加快形成新质生产力。2024 年 1 月，在主持中共中央政治局第十一次集体学习时，习近平总书记再次强调，要及时将科技创新成果应用到具体产业和产业链上，改造提升传统产业,培育壮大新兴产业,布局建设未来产业,完善现代化产业体系。《中华人民共和国国民经济和社会发展第十四个五年规划和2035年远景目标纲要》明确提出,谋划布局一批未来产业,特别是要在类脑智能、量子信息、基因技术、未来网络、深海空天开发、氢能与储能等前沿科技和产业变革领域,组织实施未来产业孵化与加速计划。在我国经济由高速发展进入高质量发展、以新发展理念发展新质生产力的新阶段,前瞻谋划和引领发展未来产业是我国实现高质量发展、加快形成新质生产力的关键所在,更是在数字经济时代抢占面向未来的国家竞争优势的战略制高点和牢牢把握未来发展主动权的关键。

一、未来产业引领形成新质生产力的作用机理

习近平总书记指出,新质生产力由技术革命性突破、生产要素创新性配置、产业深度转型升级而催生。根据工业和信息化部等七部门发布的《关于推动未来产业创新发展的实施意见》,未来产业是由前沿技术驱动的,当前处于孕育萌发阶段或产业化初期,具有显著战略性、引领性、颠覆性和不确定性的前瞻性新兴产业。未来产业代表着新一轮科技革命和产业变革的重要方向。布局建设未来产业是引领科技进步、带动产业升级、培育新质生产力的战略选择,不仅是我国高质量发展的应有之义,而且可以为加快形成新质生产力提供源源不断的驱动力。

(一)未来产业通过在重大前沿技术领域的颠覆性突破,推动形成新质生产力

习近平总书记在中共中央政治局第十一次集体学习时强调,"必须加强科技创新特别是原创性、颠覆性科技创新,加快实现高水平科技自立自强,打好关键核心技术攻坚战,使原创性、颠覆性科技创新成果竞相涌现,培育发展新质生产力的新动能"。与传统生产力相比,新质生产力不是简单的"量的扩张",而是"质的跃升",因而"增量型"的技

术创新难以带来生产力的质变,而是需要前沿技术领域的重大突破和颠覆性创新。从产业发展的角度看,尽管从当前看未来产业的成熟度相对较低,但它是发展期潜力极大的前沿产业。未来产业代表着科技创新的方向,具有科技含量高、知识密集和绿色特征突出的特点,高度依赖于基础研究、原始创新和颠覆性创新。未来产业的发展必然伴随着颠覆性技术创新,进而催生出新质生产力。

从世界上主要国家在未来产业领域的布局来看,未来产业发展所依托的核心关键技术领域日益明确,重点聚焦于信息、生物、材料、能源等新技术领域。美国提出重点发展人工智能、先进制造、量子信息科学和 5G 通信等新技术,宣布投入超过 10 亿美元新建 12 个人工智能和量子信息研发机构。日本重点支持人工智能、新材料、新能源、航空航天等未来产业领域开展基础研究,在其发布的《实现面向未来投资的经济对策》中,计划投资规模高达 28 万亿日元(折合人民币大约 1.71 万亿元)。

我国的科技创新整体实力也在持续提升,前沿科技领域发展迅速。人工智能、量子技术等科技新赛道处在世界第一梯队,量子计算原型机"九章三号"刷新世界纪录、中国空间站进入应用与发展阶段,光伏电池、锂离子电池、新能源汽车等"新三样"成为我国出口的新亮点,航空发动机、燃气轮机等传统短板取得长足进展。这些都是新质生产力涌现的重要赛道。

(二)未来产业通过促进生产要素创新性配置,加速形成新质生产力

未来产业代表着技术产业化发展的方向,是产业关联性强、多领域融合度高的、市场空间大的产业,产业发展过程也是生产要素创新性配置的过程。首先,人工智能、大数据技术逐步演化为未来产业的通用技

术，数据要素作为重要的新型生产要素，大规模进入未来产业从技术研发、设计、制造、营销等全流程全价值链，深刻改变着产业发展过程中资源配置方式、要素结构和价格形成机制。其次，未来产业以算力网等新兴基础设施基础为依托，跨界集成各类软件系统和智能硬件终端，建构起"人机协同"新的生产方式。生产方式的变化既对劳动者的数量、数字化智能化技能提出了新的更高要求，也在重构产业发展过程中参与各方之间的收益分配机制，引导着包括劳动者等在内的生产要素的市场流动。最后，未来产业的底色是绿色低碳化，产业发展过程必然会调整能源等生产要素的投入结构。能源投入由传统的燃料密集型向清洁化、多元化转型，进一步带动新型材料、智能硬件、新型设备等的新需求，并引导其市场流向。未来产业发展必然会加快推动技术在不同行业领域的重新组合，构建起跨界融通的新业态、新模式，引领生产方式发生重大变化，技术、劳动者、能源等生产要素的创新性配置是新质生产力加快形成的重要驱动力。

（三）未来产业通过推动产业深度转型升级，加速形成新质生产力

习近平总书记指出，进入 21 世纪以来，"以人工智能、量子信息、移动通信、物联网、区块链为代表的新一代信息技术加速突破应用，以合成生物学、基因编辑、脑科学、再生医学等为代表的生命科学领域孕育新的变革，融合机器人、数字化、新材料的先进制造技术正在加速推进制造业向智能化、服务化、绿色化转型，以清洁高效可持续为目标的能源技术加速发展将引发全球能源变革，空间和海洋技术正在拓展人类生存发展新疆域。"[15]传统产业由于发展历史较长、技术应用相对成熟、进入门槛较低，因而市场竞争激烈，存在产业利润率和附加值偏低等问

---

15 习近平. 努力成为世界主要科学中心和创新高地.

题。尤其是在当前"双碳"目标的刚性约束下，很多传统行业在能源消耗、污染物排放、二氧化碳排放等方面难以符合绿色化、低碳化的发展要求，发展未来产业是推动传统产业的转型升级的重要途径，也是培育经济发展新赛道和新增长点的必然选择。例如，通过开发风能、太阳能、氢能等新能源，可以减少传统产业领域化石能源的投入，新能源推动传统产业转型升级的过程也是培育新质生产力的过程，同时也是拉动新兴产业需求快速增长的过程，因而也会进一步加速未来产业发展，加速新质生产力的形成。

二、发展未来产业加快形成新质生产力的重点任务

布局建设和引领发展未来产业是加快形成新质生产力的关键"阵地"。围绕培育发展新质生产力布局发展未来产业，需要重点做好以下几个方面的工作。

（一）打好关键核心技术攻坚战，在基础研究领域形成一批具有颠覆性的重大创新成果

习近平总书记指出，要从三个方面把握核心技术，"一是基础技术、通用技术；二是非对称技术、'杀手锏'技术；三是前沿技术、颠覆性技术"。[16]作为国之重器的关键核心技术是要不来、买不来、讨不来的，必须靠自力更生，加快科技自立自强步伐，要"坚持原始创新、集成创新、开放创新一体设计，实现有效贯通"。[17]一是要加强前瞻谋划部署，面向国家重大战略需求和人民美好生活需要，进一步夯实重点产业基础，加大基础研究领域投入，加快补齐基础元器件、基础零部件、基础材料、基础软件、基础工艺等短板，大力提升底层技术、关键核心技术自主供

---

16 习近平. 在网络安全和信息化工作座谈会上的讲话.
17 习近平. 在纪念马克思诞辰 200 周年大会上的讲话.

给能力和原始创新能力。着力突破人形机器人、量子计算机、超高速列车、下一代大飞机、绿色智能船舶、无人船艇等高端装备产品，打造全球领先的高端装备体系，夯实未来产业发展根基。二是建立健全市场经济条件下关键核心技术攻关的新型举国体制，构建由国家实验室、全国重点实验室、高水平科研院所、高校和创新型领军企业共同参与的科技创新体系，集聚产学研用资源，优化科技资源配合，推动跨领域技术交叉融合创新。

（二）以场景创新和落地应用为牵引，加强创新性研究成果的产业化转化

习近平总书记强调，要围绕推进新型工业化和加快建设制造强国、质量强国、网络强国、数字中国和农业强国等战略任务，科学布局科技创新、产业创新。要从开拓新型工业化场景、打造跨界融合场景和建设标志性场景等多个方面入手，创新丰富技术应用场景。一是面向服务国家战略需求，载人航天、深海深地等重大工程和项目场景，探索未来空间方向的成果创新应用，推进前沿技术和产品的跨领域、综合性试点应用，打造示范标杆。二是要深化数实融合，在实体经济的核心和主体部分制造业领域，深化新一代信息技术、人工智能、高端装备、绿色环保技术等应用，大力发展先进制造业、智能制造和服务型制造业。三是要面向通用人工智能、元宇宙、人形机器人、脑机接口、生物制造等重点方向，加速推进新技术新产品落地应用，以场景创新带动制造业转型升级。四是要坚持企业主体的创新地位，鼓励企业面向应用场景开展创新研发，支持高校和科研院所针对原创性、颠覆性技术，建设早期试验场景，谋划和布局一大批高技术产业落地，建设具有国际影响力的科技创新中心，培育一批领军企业和具有国际竞争力的产业集群。

（三）密切关注前沿技术和产业领域发展动态，加强重点行

业统筹布局和引导区域错位协同发展

习近平总书记特别关注大数据、先进制造、量子调控、人造生命等技术的新突破新趋势，强调"我们必须高度重视、密切跟踪、迎头赶上"。[18]一是在重点技术和产业领域方面，要"在类脑智能、量子信息、基因技术、未来网络、深海空天开发、氢能与储能等前沿科技和产业变革领域，组织实施未来产业孵化与加速计划，谋划布局一批未来产业"。[19]二是在区域布局方面，要"在科教资源优势突出、产业基础雄厚的地区，布局一批国家未来产业技术研究院，加强前沿技术多路径探索、交叉融合和颠覆性技术供给。实施产业跨界融合示范工程，打造未来技术应用场景，加速形成若干未来产业"。[20]要通过规划引导、投资引导等方式，引导地方政府落实因地制宜和错位特色发展战略，防止产能过剩和低水平重复建设。

（四）强化要素支撑和政策供给，打造面向未来产业的良好的创新生态体系

一是加强新型基础设施建设，加大5G、新一代互联网、智慧能源、智慧交通系统等新基建建设力度，打造国际领先、体系完备的新型基础设施体系。二是加强面向未来产业的人才培养和引进。加快完善科教融合体制机制，构建产教融合、科教融合的人才培养体系；畅通教育、科技、人才的良性循环，完善人才培养、引进、使用、合理流动的工作机制，推动教育、科技、人才一体化发展，推进全球高层次人才交流与合作。三是加大数据要素供给，整合生产、消费、政务服务、社会机构等分散化的数据资源要素，优化数据要素交易机制及数据收益分配方式，

---

18 中共中央党史和文献研究院. 习近平关于网络强国论述摘编.
19 中华人民共和国国民经济和社会发展第十四个五年规划和2035年远景目标纲要（释义）.
20 中华人民共和国国民经济和社会发展第十四个五年规划和2035年远景目标纲要（释义）.

为未来产业创新发展提供丰富的数据要素供给。四是创新面向未来产业的金融服务。配合窗口指导等手段，鼓励金融机构给予面向未来产业的优惠信贷措施；创新金融工具和估值方法，帮助相关企业直接上市融资；创新投融资模式，引导风险投资投向未来产业，营造公平竞争的行业发展环境。五是为未来产业创新创业营造良好的生态。完善面向未来产业的创新孵化体系、科技公共服务体系、知识产权保护体系和科技投融资体系，在未来产业重点领域培育一批掌握关键资源和核心能力的链主企业和一批"专精特新"中小企业，构建开放包容、充满活力的产业发展生态系统。

第六章

新质生产力与共同富裕：中国式现代化的价值指向

推进中国式现代化是新时代最大的政治，全体人民共同富裕是中国式现代化的重要特征和价值指向，共同富裕与中国式现代化有着内在逻辑的一致性和统一性。当前，我国正以中国式现代化推进中华民族伟大复兴，在高质量发展中扎实推进共同富裕成为必然要求。在全球科技创新进入空前活跃期并且与产业变革深度融合的时代背景下，科技创新驱动形成的新质生产力是高质量发展的强劲推动力和支撑力。因此，经济社会高质量发展对加快形成新质生产力提出了迫切需求和内在要求，大力发展新质生产力也就成了高质量发展的重要着力点。"加快形成新质生产力"意味着中国式现代化进程必然伴随着社会生产力的质变和迭代跃迁。如何把握这场"生产力革命"带来的历史机遇，扎实推进共同富裕，是中国式现代化进程中的一个重大课题。回应这一时代之问，我们需要准确把握中国式现代化视域下共同富裕的内涵、本质和基本要求，明晰新质生产力赋能共同富裕的理论逻辑和作用机理，进而探索出以发展新质生产力促进共同富裕的实践路径。

第一节　共同富裕的历史探索

马克思、恩格斯在《资本论》等经典著作中，对资本主义制度下大机器生产的生产方式及其所引发的人的异化现象进行了深入剖析和批判。马克思指出，对剩余价值的极致追求是资本主义生产方式的根本奥秘所在，也是造成无产阶级贫困的根源。要想实现"生产将以所有的人

第六章　新质生产力与共同富裕：中国式现代化的价值指向

富裕为目的"[1]的美好愿景，必须通过无产阶级革命推翻剥削人奴役人的资本主义制度，建立其无产阶级专政国家，由此指出了一条实现共同富裕的路径。

在我国现代社会文明发展进程中，共同富裕是贯穿于我国探索发展道路、明确改革方向和创新经济社会发展理论的核心价值指向。中国共产党团结带领全国人民，践行马克思主义基本原理，在带领全国人民走上富裕幸福生活的道路上取得举世瞩目的伟大成就。中国特色社会主义建设的发展历程和创新实践，也使得马克思主义基本理论在中华民族发展史上展现出强大的生命力，共同富裕理论不断得到丰富和发展，并在实践中变成现实。

一、中华人民共和国成立到改革开放之前对共同富裕的探索

中华人民共和国成立以后，以毛泽东同志为代表的中国共产党人为实现国家富强与人民富裕作出了积极又富有成效的探索。毛泽东同志率先鲜明地提出共同富裕的美好目标，"使农民能够逐步完全摆脱贫困的状况而取得共同富裕和普遍繁荣的生活"[2]；并指出，社会主义是实现共同富裕的道路，"我们就得领导农民走社会主义道路，使农民群众共同富裕起来"[3]。为改变国家贫穷落后的面貌，中国共产党带领全国人民积极探索，实施了一系列政策措施。

一是在全国范围内实施土地改革，颁布《中华人民土地改革法》，使广大农民获得了土地这一生产要素，显著激发了人民参与生产劳动的积极性，为农村经济繁荣发展奠定了基础。

---

[1] 弗里德里希·恩格斯，卡尔·马克思. 马克思恩格斯文集（第八卷）.
[2] 中共中央文献研究室. 建国以来重要文献选编（第四册）.
[3] 中共中央文献研究室. 毛泽东年谱（1949—1976）.

· 185 ·

二是通过发展农业合作社和推动农业合作化,全面推行社会主义改造,引导农民走上互助合作道路,以解决传统小农经济的局限性问题。1953年12月发布的《中国共产党中央委员会关于发展农业生产合作社的决议》提出,党在农村工作最根本的任务是"使农民能够逐步完全摆脱贫困的状况而取得共同富裕和普遍繁荣的生活"[4],向人们描绘了共同富裕的宏伟蓝图,"共同富裕"一词第一次出现在党的文件中。针对农村开始出现的富农和贫农分化的现象,毛泽东同志提出,要"在农村中消灭富农经济制度和个体经济制度,使全体农村人民共同富裕起来"[5]。

三是大力发展经济。毛泽东同志认识到,"在农业国的基础上,是谈不上什么强的,也谈不上什么富的"[6]"没有工业,便没有巩固的国防,便没有人民的福利,便没有国家的富强"。[7]这一时期,我国以重工业为抓手,全面开展社会主义工业化建设。把社会主义工业化看作实现国家独立富强的必然要求和重要条件,逐步建立起独立完整的工业经济体系,为实现共同富裕奠定了重要的物质基础和技术基础。

四是大力开展手工业和资本主义工商业改造。毛泽东同志指出:"现在我们实行这么一种制度,这么一种计划,是可以一年一年走向更富更强的,一年一年可以看到更富更强些。而这个富,是共同的富,这个强,是共同的强。"[8]通过打破封建剥削制度,实行公私合营等形式,逐步建立起生产资料公有制占主导地位的社会主义经济制度,这是我国经济社会发展史上具有里程碑意义的社会变革,推进共同富裕有了重要的制度保障。

---

4 中共中央文献研究室. 建国以来重要文献选编(第四册).
5 中共中央文献研究室. 毛泽东文集(第六卷).
6 中共中央文献研究室. 毛泽东文集(第六卷).
7 中共中央文献研究室. 毛泽东选集(第三卷).
8 中共中央文献研究室. 毛泽东文集(第六卷).

二、改革开放初期对共同富裕的探索

改革开放开启了中国社会主义现代化建设新时期。在这一时期，中国共产党重点围绕什么是社会主义的本质、应该怎样建设社会主义等问题，进一步深化和拓展了共同富裕的理论，并通过一系列具体的政策措施将理论付诸实践。

1978 年，我国人均 GDP 仅为 0.02 万美元，人民日益增长的物质文化需要同落后的社会生产之间的矛盾愈发突出。面对这一具体国情，基于建国以来我国经济建设的经验教训和总结反思，邓小平同志强调指出，"整个社会主义历史阶段的中心任务是发展生产力。"[9]"社会主义的本质，是解放生产力，发展生产力，消灭剥削，消除两极分化，最终达到共同富裕。"[10]"社会主义不是少数人富起来、大多数人穷，不是那个样子。社会主义最大的优越性就是共同富裕，这是体现社会主义本质的一个东西。"[11]邓小平同志还特别强调，"在改革中我们始终坚持两条根本原则，一是以社会主义公有制经济为主体，一是共同富裕。"实现共同富裕要分阶段推进，即中国现代化的"三步走"战略：解决温饱、小康社会和基本实现现代化。根据中国国情，邓小平提出，要落实"三步走"战略，就要通过实施经济改革，鼓励一部分人通过努力奋斗先富起来，再带动更多的人一起致富。

在经济制度建设方面，党的十四大报告明确提出了建立社会主义市场经济体制的目标，要建立公有制为主体，多种经济成分共同发展的所有制结构。在分配制度建设方面，提出"以按劳分配为主体，其他分配方式为补充，兼顾效率与公平……合理拉开收入差距，又防止两极分化，

---

9 邓小平. 邓小平文选（第六卷）.
10 邓小平. 邓小平文选（第三卷）.
11 邓小平. 邓小平文选（第三卷）.

逐步实现共同富裕"。[12]这意味着，初次分配重点考虑效率，鼓励先进；再分配强调社会公平，注重加强宏观调控，这是确保全体人民共享经济发展成果的重要制度保障。也是在这一时期，邓小平同志指出了中国的现代化与西方国家现代化的不同之处：中国式的四个现代化概念不是西方式的现代化概念，而是"小康之家"。[13]

改革开放初期一系列理论创新为我国改革开放时期的政策制定提供了根本指导。党的十四大报告提出我国要建立社会主义市场经济体制的目标，要建立以公有制为主体、其他所有制经济为补充、多种经济成分共同发展；以按劳分配为主体，统筹考虑效率与公平，辅之以其他分配方式，既要合理拉开收入差距，鼓励一部分人和地区先富起来，又要防止贫富两极分化，以实现共同富裕的发展目标。

针对我国地域广阔、地区之间发展差异大的这一国情，我国高度重视区域协调发展。邓小平提出，"解决的办法之一，就是先富起来的地区多交点利税，支持贫困地区的发展"。[14]也就是说，"发达地区要继续发展"，并通过多交点利税、技术转让等多种形式支持欠发达地区。1995年9月，党的十四届五中全会通过的《中共中央关于制定国民经济和社会发展"九五"计划和2010年远景目标的建议》提出，把"坚持区域经济协调发展，逐步缩小地区发展差距"作为以后15年我国经济和社会发展必须贯彻的9条重要方针之一；要引导地区经济协调发展，形成若干各具特色的区域经济，促进全国经济布局合理化；要按照统筹规划、因地制宜、发挥优势、分工合作、协调发展的原则，正确处理全国经济总体发展与地区经济发展的关系，正确处理建立跨省（区、市）的具有特色的区域经济与发挥各省（区、市）积极性的关系，正确处理地区与

---

12 江泽民. 江泽民文选（第一卷）.
13 邓小平. 邓小平文选（第二卷）.
14 邓小平. 邓小平文选（第三卷）.

地区之间的关系。2000年12月，国务院印发的《关于实施西部大开发若干政策措施的通知》指出，实施西部大开发战略，加快中西部地区发展，是我国现代化战略的重要组成部分。2005年10月，党的十六届五中全会通过《中共中央关于制定国民经济和社会发展第十一个五年规划的建议》，提出了全面系统的区域发展总体战略：实施推进西部大开发、振兴东北地区等老工业基地振兴、促进中部地区崛起、鼓励东部地区率先发展。

三、新时代共同富裕的战略部署和实践探索

中国共产党团结带领全国人民艰苦奋斗和改革创新，我国经济实力显著增强，社会面貌和居民生活发生了翻天覆地的变化，国际社会影响力持续提升。党的十八大以来，中国特色社会主义建设进入新阶段，习近平同志立足新起点和新阶段，提出了一系列关于共同富裕的新思想、新理念、新战略和新部署，以独创性理论丰富了马克思主义共同富裕思想，进一步拓展和深化了中国式现代化理论体系，成为马克思主义理论中国化的重要理论成果。

一是打赢脱贫攻坚战和全面建成小康社会。

我国高度重视扶贫开发工作。习近平总书记指出，"全面建成小康社会，最艰巨最繁重的任务在农村，特别是在贫困地区。没有农村的小康，特别是没有贫困地区的小康，就没有全面建成小康社会。"党的十九届六中全会决议强调，实施乡村振兴战略，加快推进农业农村现代化，把解决农村地区、偏远地区的贫困问题看作是全面建成小康社会需要着力攻坚的重要问题，看作是我党治国理政的重要使命。

习近平总书记创造性地提出了精准扶贫的思想，以"六个精准"解决"两不愁三保障"等问题，主张扶贫工作重点应该由"输血式"转向

"造血式"，要将扶贫和扶志、扶智有机结合，因人、因户、因村施策，进一步丰富和发展了新时代共同富裕的理论体系，我国全面建成小康社会有了重要的理论引领和实践指导，带领全国人民走出了一条具有中国特色的扶贫脱贫道路。十九大以来，我国把精准脱贫摆在前所未有的重要地位，集中全党全国人民之力成功打赢了脱贫攻坚战，历史性地解决了绝对贫困问题，全面建成小康社会取得决定性胜利，标志着我们在走向共同富裕的道路上迈出了具有战略意义的坚实的一大步。我国社会生产力水平得到显著提高，总体上已经进入中等收入国家行列，这为我国今后发展提供了"更为完善的制度保证、更为坚实的物质基础、更为主动的精神力量"。[15]

二是新时期"分两个阶段"实现共同富裕的战略规划。

进入新时代，我党实现共同富裕的历史使命面临着新的国际国内环境。准确判断社会主要矛盾是我们党和国家作出科学决策和制定国家大政方针的重要前提和根本依据。习近平总书记敏锐地认识到新发展阶段我国社会主要矛盾的深刻变化，站在新的历史方位和发展高点深刻指出，我国社会的主要矛盾已经转变为人民日益增长的美好生活需要和不平衡不充分的发展之间的矛盾，中国式现代化的重要任务就是要解决这个矛盾。

实现共同富裕不仅是经济问题，而且是关系到执政基础的重大政治问题。[16]党的十九大报告在综合分析我国所处的时代条件、国际环境和具体国情的基础上，面向实现"第二个百年"的奋斗目标，作出了"分两个阶段"实现共同富裕的战略规划：第一阶段的时间节点和目标是，到2035年，基本实现社会主义现代化，全体人民共同富裕迈出坚实步

---

[15] 习近平. 在庆祝中国共产党成立100周年大会上的讲话.
[16] 习近平. 把握新发展阶段，贯彻新发展理念，构建新发展格局.

伐，具体体现在经济水平更加宽裕、中等收入群体占比显著提高、城乡区域发展差距和人民生活水平差距显著缩小等方面；第二阶段的时间节点和目标是，到 21 世纪中叶，建成社会主义现代化强国，全体人民共同富裕基本实现。

关于区域协调发展，习近平总书记强调指出："不平衡是普遍的，要在发展中促进相对平衡。这是区域协调发展的辩证法"。[17]党的二十大报告提出，要"促进区域协调发展。深入实施区域协调发展战略、区域重大战略、主体功能区战略、新型城镇化战略，优化重大生产力布局，构建优势互补、高质量发展的区域经济布局和国土空间体系"[18]，对促进区域协调发展作出新的部署。

回顾百年奋斗历史，中国共产党在带领全国人民追求共同富裕的过程中，创造性地走出了一条中国式现代化道路。中国式现代化既具有与其他国家现代化相似的共性特点，也有源自中国独特国情和历史条件下产生的特殊性。中国式现代化理论是马克思主义基本理论中国化和时代化的重大理论创新，开辟了人类文明和现代化发展新路径。作为中国共产党矢志不渝为之奋斗的伟大目标，全体人民共同富裕自然也就成了中国式现代化的重要特征与核心价值指向。

四、中国式现代化与共同富裕的时代特征

从中国古代的"博施于民而能济众""论其税赋以均贫富""等贵贱、均贫富"和"天下大同"，到西方的乌托邦，再到马克思、恩格斯关于共产主义社会的设想，都反映了历史上共同富裕的思想和追求。习近平总书记对中国式现代化与推进共同富裕的科学内涵、重要意义、目标任务、

---

17 习近平. 习近平谈治国理政（第三卷）.
18 习近平. 高举中国特色社会主义伟大旗帜，为全面建设社会主义现代化国家而团结奋斗——在中国共产党第二十次全国代表大会上的报告.

思路举措等作了深刻诠释,系统回答了站在新的历史发展方位该如何理解共同富裕的内涵和时代特征,进一步丰富了共同富裕的理论体系。

中国式现代化"是全体人民共同富裕的现代化,是物质文明和精神文明相协调的现代化"。[19]共同富裕与中国式现代化具有理论逻辑的内在一致性。

（一）共同富裕的内涵

作为中国式现代化的重要特征,共同富裕首先是指物质富裕,体现在社会物质文明的发展和极大丰富。物质富裕通常反映在国家经济水平、居民收入水平和包括医疗、教育等公共服务在内的与人民生产生活密切相关的具体指标上。物质富裕的重要基础是经济发展和社会生产力水平的提高。中国共产党带领全国人民经过百年奋斗,我国已发展成为世界第二大经济体、制造业第一大国、货物贸易第一大国、商品消费第二大国[20];2023年我国人均GDP达89358元,全国居民人均可支配收入从1978年的171元提高至2023年的39218元[21],国家经济实力显著增强,人民生活水平持续提高,经济社会发展呈现出翻天覆地的变化,中国人民从"站起来"走向"富起来"。尤其是建党百年之际,我国历史性地解决了绝对贫困问题,全面建成了小康社会。

其次,共同富裕还体现在"精神富裕",我们要实现的是物质和精神的"双富裕"。精神富裕与物质富裕息息相关,通常反映在居民的幸福感和获得感等体验和精神方面。一方面,社会经济发展和物质财富水平在很大程度上决定着人民精神富裕程度;另一方面,精神富裕还直接受到社会物质财富和社会公共服务的分配是否公平等因素的影响。扎实推

---

19 习近平. 把握新发展阶段,贯彻新发展理念,构建新发展格局.
20 习近平. 在庆祝改革开放40周年大会上的讲话.
21 中华人民共和国2023年国民经济和社会发展统计公报.

进共同富裕,既要大幅提升社会经济发展水平,又要构建起有助于促进社会公平的生产关系和上层建筑体系。

最后,共同富裕还要致力于实现所有人"共同"的富裕,即充分体现社会主义的本质,体现中国式现代化、社会物质文明和精神文明乃至人的全面发展等多方面要求。全面建成小康社会,一个也不能少;共同富裕路上,一个也不能掉队。[22]但强调"共同"富裕,又"不是整齐划一的平均主义",而是要分阶段推进,"允许一部分人先富起来,先富带后富、帮后富,重点鼓励辛勤劳动、合法经营、敢于创业的致富带头人。"[23]

(二) 共同富裕的本质属性

从本质属性上看,共同富裕是社会主义的本质要求,是中国式现代化的特征和价值指向。

马克思主义认为,资本主义社会的本质矛盾决定了,在资本主义制度下,存在"剥削者和被剥削者、游手好闲的富人和从事劳动的穷人之间的普遍的对立"。[24]近代以来几乎所有西方资本主义国家的现代化历程都伴随着贫富差距悬殊、社会财富分配不均、两极分化严重等现象。资本主义现代化道路建立在生产资料私有制的社会制度基础上,资本榨取剩余价值是社会经济发展的重要驱动力。也就是说,西方资本主义国家的现代化道路的核心逻辑是对资本无限增值的追求,内含着财富分配不公的逻辑,"整个社会日益分裂为两大对立的阶级:资产阶级和无产阶级"。[25]贫富差距和社会两极分化就成为资本主义制度下社会的固有矛盾和必然后果。只有社会主义和共产主义才能实现人的自由全面发展,才

---

22 习近平. 习近平谈治国理政(第三卷).
23 中国政府网. 习近平主持召开中央财经委员会第十次会议.
24 弗里德里希·恩格斯,卡尔·马克思. 马克思恩格斯选集(第三卷).
25 弗里德里希·恩格斯,卡尔·马克思. 马克思恩格斯选集(第一卷).

能真正实现共同富裕。马克思、恩格斯还设想了实现理想社会应该具备的条件，如极大丰富的社会产品、高度发达的社会生产力、生产资料公有制、无产阶级联合运动等。

"共同富裕是社会主义的本质要求，是中国式现代化的重要特征"[26]，这是在继承邓小平同志关于共同富裕是社会主义本质的理论的基础上，对全面建设中国式现代化时期共同富裕理论的重要创新和发展。毛泽东同志早就提出："现在我们实行这么一种制度，这么一种计划，是可以一年一年走向更富更强的。而这个富，是共同的富，这个强，是共同的强，大家都有份[27]。"习近平总书记进一步指出，"消除贫困、改善民生、实现共同富裕，是社会主义的本质要求。"[28]因此，实现共同富裕，要坚持基本经济制度，立足社会主义初级阶段，坚持"两个毫不动摇"。[29]社会主义基本经济制度可以从激发市场主体活力、调动社会各方面力量的积极性、促进效率和公平统一等方面，为实现共同富裕提供重要的制度保障和体制机制基础。从经济制度上看，公有制为主体、多种所有制经济共同发展的所有制结构，是实现共同富裕的重要制度基础。要实现全体人民共同富裕，要大力发挥公有制经济在促进共同富裕中的重要作用。[30]从分配制度上看，扎实推动共同富裕，要坚持巩固按劳分配，坚持多劳多得，着重保护劳动所得，增加劳动者特别是一线劳动者劳动报酬，提高劳动报酬在初次分配中的比重。[31]

---

26 习近平. 扎实推动共同富裕.
27 中共中央文献研究室. 毛泽东文集（第六卷）.
28 习近平. 习近平谈治国理政（第一卷）.
29 习近平. 扎实推动共同富裕.
30 习近平. 扎实推动共同富裕.
31 中共中央关于坚持和完善中国特色社会主义制度、推进国家治理体系和治理能力现代化若干重大问题的决定.

（三）共同富裕的主要特征

中国式现代化视域下的共同富裕，具有人民性、全民性、长期性和渐进性等特点。

一是人民性。"我们党干革命，搞建设，抓改革，都是为了让人民过上幸福生活。"[32]中国共产党成立以来，始终坚持为人民谋幸福的初心使命，成功带领全国人民历史性地解决绝对贫困问题，实现从温饱不足到总体小康再到全面小康的历史性跨越。全面建成小康社会后，人民对美好生活的需要内容更加丰富，对物质文化生活、社会民主法治、生态环境、社会安全等各个方面的需求都日益增长，共享改革开放发展成果的需求越来越强烈。作为中国式现代化的重要特征，共同富裕是一个全面的综合性概念，既包括物质层面的富裕，也包括精神层面的富裕，追求的是所有人的自由而全面的发展。

二是全民性。毛泽东同志曾指出："这个富，是共同的富，这个强，是共同的强，大家都有份"[33]，"决无所谓绝对的平均"[34]。邓小平同志认为，社会主义的致富是全民共同致富。社会主义的原则，第一是发展生产力，第二是共同致富。[35]习近平总书记在继承和发展毛泽东同志、邓小平同志共同富裕思想的基础上进一步提出，"共同富裕是全体人民共同富裕，是人民群众物质生活和精神生活都富裕，不是少数人的富裕，也不是整齐划一的平均主义"。[36]

三是长期性和渐进性。毛泽东同志在谈到把中国建设成为富强的现代化国家时曾说过：50年不行，会需要100年，或者更长时间。邓小平

---

32 习近平关于"不忘初心、牢记使命"论述摘编.
33 中共中央文献研究室.毛泽东文集（第六卷）.
34 毛泽东.毛泽东选集（第一卷）.
35 邓小平.邓小平文选（第三卷）.
36 习近平.扎实推动共同富裕.

同志提出建设小康社会要分"三步走",人民生活水平的提高要经历解决人民温饱、达到小康和比较富裕三个阶段。我国是世界上最大的发展中国家,我们要建设的中国式现代化是人口规模巨大的现代化;我国还处在社会主义初级阶段,区域之间、城乡之间和不同行业之间发展不平衡的问题突出明显。因此,"要坚持循序渐进,对共同富裕的长期性、艰巨性、复杂性有充分估计"。[37]

五、新征程上推进共同富裕面临的新形势

(一)促进共同富裕成为新阶段解决社会主要矛盾的重要着力点

改革开放以来,中国共产党坚持以"是否有利于发展社会主义社会的生产力,是否有利于增强社会主义国家的综合国力,是否有利于提高人民的生活水平"的标准,大力解放和发展生产力,持续提升我国综合国力和提高全国人民生活水平,积累了日益丰厚的物质财富和精神财富。到 2020 年年底,在现行贫困标准下,我国彻底解决了绝对贫困问题,完成了全面建成小康社会的宏伟目标,开启全面建设社会主义现代化国家的新篇章。实现共同富裕所必需的政治、经济、社会和生态基础更加坚实。

进入全面建设中国式现代化新阶段,我国社会主要矛盾已经转化为人民日益增长的美好生活需要和不平衡不充分的发展之间的矛盾,全面推进共同富裕成为中国式现代化建设的重要着力点。当前我国发展的不平衡体现在区域之间、城乡之间、不同社会群体之间、经济发展与生态环境保护之间等多个方面;发展的不充分问题在经济领域和社会领域有不同的表现:经济领域,如市场竞争不充分和科技创新不充分等,社会领域,如社会公平、正义、安全、环境等方面的发展与中国式现代化建

---

[37] 中国政府网. 习近平主持召开中央财经委员会第十次会议.

设的要求还有很大差距。

（二）我国在利用数字技术消灭绝对贫困方面积累了成功经验

网络扶贫是具有中国特色的脱贫攻坚创举，是我国打赢脱贫攻坚战的重要组成部分，也是运用现代信息技术为人民群众服务的典范。一是实施网络覆盖工程，利用数字技术为贫困地区实现跨越发展打通新渠道。工业经济时代，要想富先修路；数字经济时代，要发展先通网。与城市相比，广大农村和偏远地区互联网基础设施建设是短板。过去几年，我国在提高农村和偏远地区光纤网、宽带网的有效覆盖方面持续加大投入。二是实施农村电商工程，为人们提供更多的就业和获得收入的机会。电子商务发展有效拓宽了贫困地区农产品网上销售渠道，带动贫困地区农村特色产业发展，为贫困群众开辟了增收脱贫的新路。三是实施网络扶智工程，加快提升贫困地区教育信息化建设水平和贫困群众网络素养。通过"互联网+教育"等方式，实现国家精品在线课程在偏远山区的学校共享，山沟里的孩子也能接受优质在线教育，通过缩小城乡教育资源差距和促进教育公平，切断贫困代际传递。四是实施信息服务工程，实现精准扶贫。通过建立"一省一中心、一县一平台、一乡（镇）一节点、一村一带头人、一户一终端、一人一档案、一支队伍"的"七个一"信息服务体系，实现扶贫开发相关部门数据共享，整合各类信息资源和服务，利用大数据等技术手段，使精准扶贫、精准脱贫成为现实。五是充分利用大型平台企业的技术优势和市场优势，引导和鼓励平台企业积极参与网络扶贫。

截至 2020 年 11 月，我国网络扶贫取得了显著成效：贫困地区网络覆盖目标提前超额完成，贫困村通光纤比例由实施电信普遍服务之前不到 70% 提高到 98%；电子商务进农村实现对 832 个贫困县全覆盖，全国农村网络零售额由 2014 年的 1800 亿元，增长到 2019 年的 1.7 万亿元，规模扩大了 8.4 倍；网络扶智工程成效明显，全国中小学（含教学点）互联网接入率从 2016 年年底的 79.2% 上升到 2020 年 8 月的 98.7%；网络扶贫信息服务体系基本建立，远程医疗实现国家级贫困县县级医院全覆盖，全国行政村基础金融服务覆盖率达 99.2%。

（三）从乡村振兴走向共同富裕的物质基础更加坚实，制度保障有力

以缩小城乡发展差距方面为例。2021 年之前，我们成功打赢了脱贫攻坚战，消灭了绝对贫穷，全面建成小康社会。2021 年以来，我们以脱贫摘帽为新的起点，接续推进全面脱贫与乡村振兴有效衔接，以农业农村现代化为核心目标的数字农村建设全面展开，而此时我国农村的生产、生活、生态和产业发展方面都有了更加坚实的物质基础。

一是农村数字基础设施更加完善、农民数字素养全面提升。《数字中国发展报告（2021 年）》显示，在乡村数字基础设施方面，我国行政村、脱贫村通宽带率 100%，行政村通光纤、通 4G 比例均超过 99%，农村地区互联网普及率提升到 57.6%，城乡地区互联网普及率差异缩小 11.9 个百分点。在农民数字素养与技能培训方面，全面实施《提升全民数字素养与技能行动纲要》，聚焦数字生活、数字工作、数字学习和数字创新四大应用场景，着力提升农民对数字化"新农具"的使用能力。

二是农村数字经济发展充满活力。数字技术深度赋能种植、养殖、畜牧等各领域，乡村产业数字化升级步伐加快，智慧农业应用场景全面落地，农业生产信息化水平不断增强。2021 年，全国农产品电商网络零售额突破 4300 亿元。农村电商产业园、订单农业、农村直播带货等一批新业态、新模式不断涌现，拓宽了农民增收新渠道，乡村振兴潜力不断释放。

从制度保障角度看，我国已经建立起了有助于共同富裕制度体系：一是以公有制为主体、多种所有制共同发展的所有制，二是社会主义市场经济体制的基本经济制度，三是按劳分配为主体、多种分配方式并存的分配制度。

第二节 新质生产力促进共同富裕的作用机理

新质生产力是由科技创新驱动，对高质量发展具有强劲的推动力和支撑力的新的生产力形态。新质生产力作为摆脱了传统发展方式和路径、具有全新特征的生产力形态，为我国在新的历史条件下扎实推进共同富裕提供了新机遇和新途径。

一、把握新质生产力的内涵

生产力是人类社会发展和文明演进的终极动力和根本原因，是马克思主义分析认识人类社会发展基本规律的理论原点。新质生产力是由技术革命性突破、生产要素创新性配置、产业深度转型升级而催生的先进生产力质态，代表着先进生产力的演进方向。新质生产力的基本内涵是劳动者、劳动资料、劳动对象及其优化组合的跃升。新质生产力的理论内涵涉及生产力的基本要素、生产力的发展动力、发展方向和发展目标等多维度、多层次的丰富内容。新质生产力理论是马克思主义基本理论在当代的重大创新，进一步拓展和丰富了习近平经济思想的内涵和理论体系。深刻理解和把握新质生产力的理论内涵，需要把握以下几个关键方面。

第一，科技创新是加快形成新质生产力的根本驱动力。随着新一轮技术革命的持续深化，其孕育的诸多科技成果已经达到爆发的临界点，新产业、新业态、新模式持续涌现。人工智能、量子计算与生物、脑机接口、新材料、新能源等前沿技术和颠覆性技术深度交叉融合、相互赋能和集中涌现,基础科学和应用科学领域的发现、验证、应用持续加速,科研范式不断取得新突破。以低空经济、生物制造等为代表的战略性新兴产业日益成为国民经济重要引擎,量子技术、生命科学未来产业呈现蓬勃发展态势,现代化产业体系的内容和形式日益丰富,推动技术创新与产业变革相互交融并迭代加速。技术的革命性颠覆性突破,持续增强着人类改造自然和利用自然的能力,拓展着社会生产边界和人类文明发展空间,催生形成新质生产力。

第二,全要素生产率大幅提升是新质生产力的核心标志。从历史角度看,在"技术-经济"范式推动人类社会文明演进更迭的过程中,生产要素的纽带和推动作用不可忽视。新质生产力的发展将大幅提升全要素生产率。一方面,科技创新和应用带来了数字化智能化的生产设备、智能生活终端等新型生产资料;劳动者因其掌握了新型技术和知识而成为具备更高素质、更强能力知识密集型劳动者;"技术+数据"双轮驱动可以显著提升传统生产要素的资源配置效率、生产手段的技术水平和生产的组织管理水平。另一方面,新质生产力的发展创造了新的劳动对象和生产要素——数据。数据具有无限复用性、低边际成本、高渗透性和强赋能性等新特点,成为推动资源高效配置的重要驱动力,大幅提升着社会的全要素生产率,进而推动社会生产力水平整体实现跃升。

第三,产业深度转型升级是新质生产力的重要驱动力。发展新质生产力不是否定和放弃传统产业。从实践角度看,传统产业往往具有较为悠久的发展历史,所应用的技术相对传统,在国民经济中往往发挥着支柱作用,是发展新质生产力的重要物质条件和基础。但传统产业不代表着落后产业,关键看其所采用的技术手段、价值创造方式和组织管理方式。利用数字化智能化技术改造传统产业,既可以提升国内经济系统的整体效率,也可以增加对新技术和新产业的市场需求,还可以为部署战略性新兴产业和未来产业提供必要的物质基础和资源支撑。新质生产力具有高科技、高效能、高质量特征，发展新质生产力能够有效解决产业层次偏低，有力推动产业和企业发展质量变革、效率变革、动力变革，不断提升我国产业在全球价值链中的地位。

第四，绿色和可持续发展是新质生产力的"关键底色"。发展新质生产力要摆脱传统经济增长方式和生产力发展路径。中华人民共和国成立以来，我国经济发展取得了举世瞩目的成就，成为世界第二大经济体。但应该看到，在新发展阶段，过去主要依靠土地、资源等要素的大规模投入驱动经济规模扩张的粗放式发展方式面临的约束和瓶颈日益凸显。发展新质生产力意味着技术创新的广度、深度和技术应用的普及程度都大大提高，因而能够实现以更少的资源投入获得更多的产出，减少环境污染、资源浪费和生态破坏。新质生产力还具有良好的社会效益，体现在促进就业、改善民生和增加收入等多个方面，能够持续不断地创造出更多的经济价值和社会价值。

二、生产力质变带来经济水平全面提升

历史上每一次工业革命都带来了社会生产力水平和经济发展水平的大幅提高。第一次工业革命期间，蒸汽机和纺织机的发明使得机器代替人力在生产中发挥重要作用，推动工业经济发展和社会生产力发展水平出现一次质的跃升，纺织、钢铁和采矿工业获得大发展，这些行业的劳动者也获得了更高的劳动报酬。1850年，一个农业工人平均收入为29先令（1先令约等于0.3克黄金购买力），而纺织工人的平均收入可以达到55先令，煤矿工人为58先令，工程师为84先令，造船工人为68先令，这些"新质生产力"行业的收入水平远远高于传统生产力。从增幅上看，第一次工业革命期间，农业劳动力收入仅增加了69%，而煤矿工人增加了141%，工程师增加了248%。到工业革命结束时，英国510万

成年男子中，有 83 万人月收入 120 先令以上，一个新兴群体——"工人贵族"开始出现。[38]第一次工业革命期间，劳动报酬在国民生产总值（Gross National Product，GNP）中的比重从工业革命前的约 26%上升到 48.5%，1920 年、1968 年分别提高到 59.7%、74.1%。[39]这意味着，新质生产力的发展可以显著提高从业者的收入水平。

随着电子计算机、互联网的发明和应用，新一轮科技革命呈现出信息化、数字化、智能化趋势，推动人类经济活动和生产方式数智化转型，社会生产力再次发生质变。在数字经济发展过程中，数字产业化和产业数字化的发展持续扩大着实现共同富裕的经济基础。通过培育新产业、新业态、新模式，不断形成新的经济增长点，成为促进和扩大就业、提高居民收入的重要途径。不断提高居民的就业质量和收入水平是实现共同富裕基本前提。

依托数字技术发展起来的数字经济对提升我国经济发展水平的作用已经显现。2022 年，我国数字经济规模达到 50.2 万亿元，同比名义增长 10.3%，已连续 11 年显著高于同期 GDP 名义增速；数字经济全要素生产率从 2021 年的 1.66 上升至 2022 年的 1.75。[40]2023 年，我国 5G 发展直接带动经济总产出 1.86 万亿元，直接带动经济增加值约 5512 亿元，比 2022 年分别增长 29%和 41%。[41]大数据、人工智能等新技术赋能千行百业，推动传统产业数字化转型向高端化、智能化发展。过去十年，我国智能制造试点示范项目生产效率平均提高 48%，产品研制周期平均缩短 38%，产品不良品率平均降低 35%。[42]

---

38 Mokyr J. The Economics of the Industrial Revolution.
39 迈克尔·波斯坦. 剑桥欧洲经济史（第七卷）.
40 中国信息通信研究院. 中国数字经济发展报告（2023 年）.
41 中国信息通信研究院. 中国 5G 发展和经济社会影响白皮书（2023 年）.
42 人民网. 国家数据局解读："以数字经济促进共同富裕大有可为".

三、新业态发展助力缩小"三大差距"

我国仍然是处于社会主义初级阶段的发展中大国,长期以来形成的城乡二元结构、区域发展不平衡和收入差距大的问题,是实现共同富裕道路上必须着重解决的问题,新质生产力发展为缩小城乡差距、区域差距和收入差距提供了新途径。伴随技术创新不断涌现的各类软件工具使得数字化智能化终端的应用更加便利和简单,使用成本和门槛显著降低,显著缩小了使用者之间的能力差距,帮助社会不同群体实现应用能力平等。平台经济的发展催生了大量以数据为关键投入要素、能够突破时空限制的新模式,基于网络平台的新就业形态和新产业形态快速崛起,为构建促进共同富裕的长效机制奠定坚实基础。

不断完善的数字基础设施帮助越来越多的人实现平等接入,为实现共同富裕奠定了基础。截至 2023 年 12 月,我国行政村和脱贫村均已实现 100%宽带覆盖;行政村通光纤和 4G 的比例都超过 99%。网民规模达 10.92 亿人,互联网普及率达 77.5%。农村地区互联网普及率为 66.5%。[43] 以电子商务为代表的新业态、新模式的发展为农民增收致富带来了新途径。数据显示,2023 年前三季度,全国农村网络零售额达 1.7 万亿元,增长 12.2%。从 2012 年到 2022 年年底,返乡入乡创业人员累计达到 1220 万人,其中大部分从事农村电子商务、农村一二三产业融合等新产业、新业态,在延长农业产业链的同时带动农户就业增收。[44]

平台企业能够从各地区的自然资源禀赋和实际发展需求等情况出发,结合企业自身的技术和流量等优势,通过探索推出创新应用模式,来培养群众的发展意愿、激发其内生致富动力并帮助提升其脱贫致富能力。近年来,"直播+助农+电商"新模式在各地兴起,充分利用直播的

---

[43] 中国互联网络信息中心. 第 53 次中国互联网络发展状况统计报告.
[44] 人民日报. 农村电商推动农业转型升级.

传播优势帮助解决农产品滞销问题。短视频平台通过发起一系列活动，发挥网络平台的流量优势，对贫困地区的特色旅游景点进行流量推送，帮助打造贫困地区的"网红"景区，并吸引平台用户到这些景区旅游和消费，最终实现促进贫困地区经济发展和增加居民收入的目的。

数字技术助力乡村旅游、休闲农业、民宿经济加快发展。截至2022年9月，农业农村部通过官方网站发布推介乡村休闲旅游精品景点线路70余次，覆盖全国31个省（区、市）148个县（市、区）的211条乡村休闲旅游线路；利用"想去乡游"小程序推介乡村休闲旅游精品线路681条，涵盖2500多个精品景点等优质资源。返乡入乡创业就业快速增长，2021年，我国返乡入乡创业人员达1120万人，较上年增长10.9%，其中一半以上采用了互联网技术。电信运营商、互联网企业、金融机构、农业服务企业等市场主体积极投身乡村数字经济，研发相应的平台、系统、产品，推动智慧种养、信息服务、电子商务等业务在农业农村领域不断拓展。[45]

四、促进公共服务均等化、普惠化

新质生产力发展更好地解决民生痛点、堵点、难点问题，促进公共服务均等化、普惠化，也使得社会治理朝着有利于促进共同富裕的方向创新。

实现公共服务均等化是共同富裕的应有之义，也是重要途径。一方面，数字技术应用可以大大简化公共服务流程，使得政务服务跨越时空便捷无差别地触达每个人，更多的人可以及时、便捷、低成本地获取公共服务，提升政务沟通、决策和服务效率；基于大数据分析技术，政府可以更准确地了解人们的公共服务需求，实现政务信息资源和服务的精

---

[45] 农业农村部信息中心. 中国数字乡村发展报告（2022年）.

准化推送服务，有助于公共服务在不同地区、不同群体，特别是边远地区和弱势群体中的公平分配。另一方面，政府治理的数字化转型有助于建立健全共同富裕的治理体系。例如，利用大数据技术解决过去在税收、转移支付、社会保障等领域存在的违规现象，通过信息共享和数据互联提高治理透明度和促进社会公平，提高数字经济治理水平，不断完善初次分配、再分配、第三次分配领域的制度体系，更好地平衡发展过程中的效率和公平问题。

随着我国数字政府建设的持续推进，平台经济与政府公共服务深度融合，数字惠民服务水平不断提升。政务服务平台广泛覆盖，"指尖办""掌上办""最多跑一次"等数字化政务服务日益普及，"让百姓少跑腿、数据多跑路"成为现实。截至 2022 年年底，我国地市级、县级远程医疗服务已实现全覆盖，2022 年全年共开展远程医疗服务超过 2670 万人次。超过 99%的中小学（含教学点）学校网络带宽超过 100 Mbps，超过 3/4 的学校实现无线网络覆盖，99.5%的中小学设有多媒体教室；国家中小学智慧教育平台已汇聚各类优质教育资源 4.4 万条，其中课程教学资源 2.5 万课时。民政一体化政务服务平台及其移动端"民政通"已上线社会组织登记、残疾人两项补贴申请等 60 余项民政服务，接入 120 余项地方高频便民服务应用。我国已建成全国低收入人口动态监测信息平台，归集低保对象、特困人员、低保边缘人口、刚性支出困难家庭等 6600 多万低收入人口信息，社会救助精准化水平大幅提升。残疾人两项补贴资格认定申请、孤儿和事实无人抚养儿童认定申请已实现"跨省通办"。

五、数字技术赋能物质生活与精神生活"双富裕"

技术创新深刻地改变着文化产品创造和传播、供给和消费的方式。网络媒体的发展使得任何一个具备基本数字化能力的人都可以通过网络平台进行文化表达和文化内容创作，数字文化内容供给大大丰富。平台经济的发展催生了一批数字文化平台，使得优秀中华传统文化和具有中国特色的社会主义文化传播突破时空限制；同时，在虚拟现实、人工智能、元宇宙等新技术加持下，文化传播有了更加丰富多样的展现形式。基大数据技术的发展和应用还可以对人们的文化需求进行分析和预测，使得文化内容创作实现定制化，文化服务实现精准推送，在更好地满足人们日益多样化的文化需求的同时，还可以实现以消费侧的需求引领和带动供给侧结构性改革，推动文化产业转型升级。

技术创新推动数字文化服务供给日益丰富。以 5G、人工智能为代表的新技术持续赋能数字文化产业，不仅使得数字文化内容创作产量大增，而且使得创作内容可以定制化，更好地满足人们的多样化需求。利用 5G、XR、全息投影等创新技术打造更具沉浸感、更加多元的文化展示内容，带给人们更加逼真和丰富的在线观看体验；利用人工智能、云计算等技术，实现更强大的云直播、云游戏、云演艺等多种新业态融合发展。数字技术正在从内容创造和生产、展览展示方式、传播渠道等多个方面，丰富着人们的文化体验。网络视频、在线新闻、网络文学、动漫游戏等文化新业态蓬勃发展，不断满足着人们文化消费的新需求。

数字技术支撑的文化新业态对我国经济发展和满足公众文化需求的作用日益显著。截至 2023 年 12 月，我国网络视频、网络直播、网络音乐和网络文学的用户规模分别达到 10.67 亿、8.16 亿、7.15 亿和 5.20 亿。[46]2023 年，我国有 16 个文化产业的行业小类具有鲜明的数字化特点，营业收入超 5 万亿元；与互联网密切相关的数字出版、游戏动漫、搜索服务等 6 个行业小类的营业收入呈现喜人增速。[47]

---

46 中国互联网络信息中心. 第 53 次中国互联网络发展状况统计报告.
47 张帅. 夯实数字文化产业"底座".

但还要看到，新质生产力发展在为共同富裕提供新技术、新渠道和新模式的同时，也带来了新的挑战和风险。一是收入分配差距扩大的风险。从历史角度看，技术进步在大幅提高社会生产效率的同时，往往也伴随着收入分配和财富差距的扩大。皮凯蒂在《21世纪资本论》中对近两个世纪以来20多个欧美国家的收入分配状况进行深入研究，发现两次工业革命都伴随着收入分配差距的扩大，并且除了两次世界大战期间，主要发达经济体的收入分配不平等程度一直在上升。二是物质条件基础较差的群体、组织和个人，在拥有和使用现代信息技术方面处于劣势，相反，物质条件基础较好的则可能在新技术应用的帮助下，进一步提升自身能力，并依托网络获得更多的发展和提高收入机会，也就是技术应用可能会放大现实社会中已经存在的各种差距。三是在平台经济快速发展过程中，大型平台企业可能会利用其已经占据的规模优势、市场优势和技术优势，滥用市场支配地位，利用不正当竞争手段攫取来自其他企业，尤其是中小微企业和消费者的更多剩余价值。四是在数据基础制度尚未建立健全的情况下，数据作为新的生产要素可能被不平等地占有和使用。数据要素具有多主体性、融合性等特点，其生产和加工过程极其复杂。数据产权不清，相关基础制度不健全，一些大型企业会凭借其强大的技术优势以低成本甚至是无偿占有和使用数据要素，直接影响到数据生产其他参与方的利益。而且，数据产权不明确也会影响数据价格体系的建立，不仅影响数据要素价值发挥，也会直接影响到数据生产相关方参与要素报酬分配过程，带来报酬与贡献度不匹配等新问题。

第三节 发展新质生产力推进共同富裕的实践路径

习近平总书记指出，"实现共同富裕的目标，首先要通过全国人民共同奋斗，把'蛋糕'做大做好，然后通过合理的制度安排正确处理增长和分配关系，把'蛋糕'切好分好。这是一个长期的历史过程，我们要创造条件、完善制度，稳步朝着这个目标迈进。"[48]需要在提升国家整体经济发展水平的基础上，密切围绕缩小城乡差距、区域差距、群体差距和基本公共服务差距等多个方面，探索新质生产力促进共同富裕的实践路径。

一、以新质生产力促进城乡共同富裕

新质生产力赋能共同富裕的基本前提是社会建立起所有人都能用得上、用得起和用得好的数字基础设施。因此，发展新质生产力促进城乡共同富裕的首要前提就是，加快建设城乡共享普惠的数字基础设施。

在过去的十多年中，我国持续在信息基础设施建设方面加大投入力度，从发布"宽带中国"战略，到全面实施信息进村入户工程、推进网络提速降费，农村互联网建设步伐不断加快，光纤网、宽带网在农村的有效覆盖明显扩大。目前，我国已实现"村村通宽带""县县通5G""市市通千兆"，农村与城市"同网同速"基本实现，城乡数字基础设施鸿沟明显缩小。

尽管我国农村信息基础设施落后的问题得到历史性解决，但不同区域、不同群体、不同行业数字化发展的基础差异仍然很明显。[49]相比城市，农村互联网基础设施建设仍然是我们的短板。截至2023年12月月底，我国城镇网民和农村网民占网民整体的比重分别为70.2%和29.8%；城镇地区和农村地区互联网普及率分别为83.3%和66.5%。[50]城乡之间在网络基础设施普及方面存在差距。

---

48 习近平. 正确认识和把握我国发展重大理论和实践问题.
49 于凤霞. 数字经济背景下中国式现代化的理论逻辑、战略内涵与实践路径.
50 中国互联网络信息中心. 第53次中国互联网发展状况统计报告.

此外，要深化信息技术应用和数据要素开发利用，大力发展农村数字经济新业态。数字技术创新应用具有规模经济效应，深化数字技术在农业生产和农村经济发展中的应用，可以引导生产要素从低效率、低收益行业向高效率、高收益行业流动，通过优化农村资源配置效率、提高劳动生产率和改善物质生产条件等方式扩大农村产业规模，提高农村经济发展水平。数字技术应用不断催生农村电商、内容直播等新业态、新模式，为农村经济增长提供源源不断的新动力，同时创造大量的就业创业和提高农村居民收入的机会。网络视频和直播等新业态的发展，在直接创造经济价值和物质财富的同时，还可大大丰富农村居民的文化生活。让"手机变成新农具、数据变成新农资、直播变成新农活"将成为数字经济时代农村经济和农民生活的生动写照。

近年来，直播电商、社区电商等新型电商模式不断创新发展，农村电商继续保持乡村数字经济"领头羊"地位，对推动农村经济发展和乡村振兴发挥了重要作用。2022年，全国农村网络零售额达2.17万亿元，比上年增长3.6%。农村电商公共服务基础设施建设不断加强，截至2022年7月，电子商务进农村综合示范项目累计支持1489个县，支持建设县级电子商务公共服务中心和物流配送中心超2600个。截至2021年年底，36.3%的市级以上重点农业龙头企业通过电商开展销售，利用电商销售的农产品加工企业营业收入比上年增长10.8%。电子商务助力脱贫地区农产品销售，为防止规模性返贫发挥着重要作用。截至2022年年底，"832平台"入驻脱贫地区供应商超2万家，2022年交易额超过136.5亿元，同比增长20%。[51]

大力发展农村数字经济新业态、新模式，除了要加快完善农村地区数字基础设施外，还要重点做好如下工作：一是要加大国家对基础性和

---

51 农业农村部信息中心. 中国数字乡村发展报告（2022年）.

关键共性数字农业科技、数字农业装备与技术的研发支持力度，不断提升现代农业领域数字技术创新水平和自主可控水平；加快构建多元化的农业科技社会化服务体系，充分发挥数字技术在农业技术推广中的积极作用。二是要从制度和政策层面加快推动农业农村大数据的开放共享，切实发挥数据资源对促进农业生产经营决策精准化、智能化的支撑作用；三是要加强技术创新、管理和运营模式创新，在提升新型基础设施的服务水平的同时，不断降低其建设和运维成本，进而降低农村居民和企业的使用成本；四是要针对农民、低教育水平人群、老年人等重点群体开展数字技术应用能力培训，提升公众的数字素养和数字化技能水平；五是要加快推进社会公共基础设施的智能化、适老化改造和信息无障碍建设。

二、以新质生产力推动区域经济协调发展

我国幅员辽阔，不同区域之间在资源禀赋、人口与自然条件、历史发展基础等各方面差异显著，促进区域经济协调发展是我国高质量发展的重要目标。根据不同历史时期的社会主要矛盾、发展目标和解决客观问题的需要，我国区域经济发展格局和发展的战略思想也有所不同。例如，改革开放初期，我们提出"以效率优先为导向的区域非均衡发展战略"；21世纪初，提出"效率优先、兼顾公平的区域协调发展战略"；党的十八大以来，我国更加强调"在突出地区优势的基础上促进各地区发展水平的动态协调和相对平衡"；党的二十大报告将"实现全体人民共同富裕"作为中国式现代化的本质要求之一，并就"扎实推进共同富裕"作出一系列重要部署。共同富裕的实质是让全体人民共享美好的物质生活与精神生活，具体来说，就是要着力解决发展不平衡不充分的问题，不断缩小各区域基本公共服务水平、基础设施建设水平和人民基本生活保障水平。这对区域经济协调发展提出了新的要求。

我国数字经济发展速度快、规模持续扩大，数字经济规模已经连续多年位居世界第二。但同时也要看到，与世界数字经济强国相比，我国数字经济大而不强、快而不优，尤其是区域间数字经济发展水平差距较大，部分地区还尚未形成数字化与经济社会协同互动、良性互促的发展格局，区域间数字化发展水平差距有进一步拉大的风险。国家互联网信息办公室发布的《数字中国发展报告（2022年）》显示，2022年，我国地区数字化综合发展水平位居全国前10名的省份中，位于东部地区的有8个。

以数字经济推动区域经济协调发展，首先要加快完善数字基础设施。习近平同志明确指出，我国要"加快建设以5G网络、全国一体化数据中心体系、国家产业互联网等为抓手的高速泛在、天地一体、云网融合、智能敏捷、绿色低碳、安全可控的智能化综合性数字信息基础设施，打通经济社会发展的信息'大动脉'"。[52]当前，我国不同区域之间数字基础设施发展不平衡不充分问题突出，总体呈现出东部沿海地区在发展基础、普及率等方面明显要好于西部地区。《数字中国建设整体布局规划》明确提出，数字中国建设按照"2522"的整体框架进行布局，第一个"2"指夯实数字基础设施和数据资源体系"两大基础"，即打通数字基础设施大动脉、畅通数据资源大循环。数字基础设施建设成为国家基础设施建设的重头戏，主要包括两大方面：一是以5G网络、千兆光网、IPv6、数据中心、超算中心、智能计算中心、边缘数据中心等为代表的数字基础设施，是数字中国的"根基"，尤其是要系统优化算力基础设施布局，促进东西部算力高效互补和协同联动。二是包括公共数据、商业数据在内的数据资源大汇聚、大循环和深利用。

针对东西部地区算力资源分布不平衡的问题，我国于2022年2月

---

52 习近平. 不断做强做优做大我国数字经济.

启动了国家级算力资源跨域调配战略工程——"东数西算"工程，旨在引导中西部利用能源优势建设算力基础设施，在为东部沿海等算力紧缺区域提供服务，解决我国东西部算力资源供需不均衡问题的同时，促进东西部地区经济协调发展。从总体上看，我国东部地区数字技术创新能力强，数字产业化和产业数字化发展迅速，资金、人才、科技、教育等资源丰富，西部地区，尤其是欠发达地区在这些方面明显处于劣势；但从建设新型基础设施的角度看，东部地区在气候、资源、环境等方面不利于低碳、绿色数据中心的建设，算力基础设施布局向西部迁移和聚集，一方面可以充分发挥西部区域气候、能源、环境等方面的优势，推动我国新型基础设施实现低碳、绿色和可持续发展；另一方面又可以推动数据要素和技术要素从东部向西部流动，引领和带动物资流、资金流、人才流等流动，进而促进东部地区数字经济相关企业产业链向西部地区延伸，并提升西部地区对人才和资金的吸引力，激发西部地区数字经济发展活力，助力实现东西部区域经济协调发展。

三、发展平台经济构建共同富裕的长效机制

我国已经实现了全社会脱贫和全面小康，面向未来实现共同富裕的目标，我们还要尽最大努力消除新出现的贫困，及时帮助返贫人群和新贫困人群，赋予他们战胜贫困的能力和本领。建立健全脱贫扶贫和共同致富的长效机制的重要性不言而喻。发展平台经济是建立这样的长效机制的重要抓手。互联网平台经济是生产力新的组织方式，是经济发展新动能，对优化资源配置、促进跨界融通发展和大众创业万众创新、推动产业升级、拓展消费市场尤其是增加就业，都有重要作用。[53]

平台经济发展有助于我们走出一条以产业创新实现乡村振兴的新路子。近两年，从贵州"村超"、淄博烧烤、哈尔滨冰雪节到天水麻辣烫

---

53 国务院办公厅关于促进平台经济规范健康发展的指导意见.

等，一众现象级的新消费模式"引爆"了许多曾经名不见经传的地区。以曾经的国家级贫困县贵州省榕江县的"村超"为例。2023年，贵州"村超"吸引游客766万人次，这一数字是榕江县常住人口的20倍；这一年，"村超"实现的旅游综合收入高达84亿元，而当年全县的GDP为96亿元。这些成功案例背后的共同点是，充分利用了网络新媒体平台对地方特色资源进行广泛传播，吸引各地游客前来体验，不仅大大提升了当地的知名度和美誉度，还促进了地区经济发展，实实在在地提高了当地居民的收入和获得感，为数字经济时代推动乡村振兴、扩大内需和弘扬地方传统文化提供了新思路。与"村超"相关的网络流量单日最高流量达一亿次，支撑这个数字的则是榕江县精心培育的1.2万个新媒体账号和2200个本地网络直播营销团队，发动全县群众自发拍摄赛事短视频，并通过抖音、快手、视频号等新媒体平台大力宣传"村超"。

以实现共同富裕为指引，大力发展农业农村平台经济，除了要加快完善各地区普惠共享的新型基础设施外，还需要从多个方面努力，构建可持续发展模式。

一是要贯彻落实国家《数字乡村发展战略纲要》，推动互联网与特色农业深度融合，积极发展乡村新业态。大力支持推广互联网、大数据、物联网、人工智能等新技术在农业农村生产经营管理中的运用，促进新一代信息技术与农村生产生活、农产品加工、特色农业发展等领域的深度融合。依托网络平台整合社会资源，将产品与贫困地区特色相结合，并逐步发展成为地区特色和品牌产品，从而扩大产品生产和销售规模，为当地居民提供更多的就业和提高收入的机会，并在产业致富过程中持续提升当地居民满足平台经济发展要求的就业能力和数字素养。

二是要加强面向经济落后地区多层次的人才培训，全面提升当地居民利用现代信息技术实现就业的能力。受经济发展水平、受教育水平不高等多种因素影响，许多经济欠发达地区居民对新技术的认知、理解和应用等方面的能力偏弱，导致过去几年在网络扶贫过程中不可避免地出现了就业被边缘化的现象，只能从事相对低端和传统的生产与服务活动，很难真正享受到平台经济发展带来的红利，也为部分脱贫人口留下了返贫的隐患。只有针对性的技能培训和职业培训，才能从根本上防范由于技术发展造成的返贫风险，缩小经济欠发达地区与发达地区的数字鸿沟，提高精准扶贫脱贫与产业升级的同步性和可持续性。因此，一方面，既要加大财政对经济欠发达地区和人口信息技能培训方面的投入；另一方面，进一步发挥平台企业在培养技能型人才方面的优势，持续聚焦人才培养，开展多渠道、多层次、线上线下密切结合的人才培训活动，为欠发达地区平台经济发展夯实人才基础。

三是要探索有为政府和有效市场相结合的发展路子，在政府政策引导和制度保障下，充分发挥市场机制作用，调动企业、行业协会、社会机构和广大居民参与的积极性，激发各方面的创新潜力和活力。尤其是要持续优化营商环境，继续简化和优化行政审批服务流程，利用新技术持续提升政府对企服务的精准性和便捷性，加强平台企业经营合规性引导和指导。

四、大力发展数字文化产业

习近平总书记强调："促进共同富裕与促进人的全面发展是高度统一的。要强化社会主义核心价值观引领，加强爱国主义、集体主义、社会主义教育，发展公共文化事业，完善公共文化服务体系，不断满足人民群众多样化、多层次、多方面的精神文化需求。"[54]数字文化产业发展在满足人们日益增长的精神文化需求方面发挥着重要作用，但当前我国数字文化产业发展仍存在诸多问题，例如，优秀文化资源数字化网络化

---

54 习近平. 习近平谈治国理政（第四卷）.

和共享化水平较低，优质文化内容供给相对于人们不断增长的文化消费需求明显不足，文化消费领域侵犯消费者权益的现象屡禁不止，知识产权保护等制度建设落后于数字文化产业发展需要等。

我国数字文化产业发展具有一系列政策推动和支撑。党的十九届五中全会确立了到 2035 年建成社会主义文化强国、国家文化软实力显著增强的远景目标，提出要"健全现代文化产业体系""实施文化产业数字化战略"。数字经济成为大势所趋，从国家战略层面大力发展数字文化产业，可以在更高层次上满足人民日益增长的美好生活需要，也为居民数字文化消费增长提供更强的产业支撑。2022 年 5 月，我国正式发布《关于推进实施国家文化数字化战略的意见》，对战略路径和步骤作出重点部署，"发展数字化文化消费新场景，大力发展线上线下一体化、在线在场相结合的数字化文化新体验"是其中提出的八项重点任务之一。要顺应人们的文化消费日益个性化、多样化、线上线下一体化等新特征新趋势，深化新技术在公共文化服务领域和文化产业发展领域的应用，大力发展数字文化产业。

一是丰富数字文化消费供给。需要从国家战略层面做好数字技术与文化产业融合发展的顶层设计，加快推进文化产业数字化转型和传统文化资源数字化建设。大力推进新基建建设，持续提升文化消费的数字网络设施覆盖水平和支撑能力。积极推进 5G、大数据、云计算、人工智能、物联网、区块链等在文化消费领域的应用和创新，丰富网络音乐、网络动漫、网络文学等在线文化消费内容，提升演艺娱乐、工艺美术、广播电视、文化展览的技术含量。

二是大力发展数字文化消费场景，构建高效普惠的数字文化服务体系。要充分利用已有公共文化设施，推进数字化文化体验，巩固和扩大传统文化数字化创新成果的展示空间。充分利用大数据等技术，为各类移动终端用户量身定制个性化的数字文化内容服务，发展丰富多样的数字文化消费场景。深化信息技术在特色书店、文创商店、文化娱乐场、艺术展览等场所的普及应用，促进多业态融合发展。同时，还要注意解决发展不平衡问题，更加关注广大下沉城市、农村及偏远地区居民的数字文化消费需求，加快完善农村及偏远地区信息基础设施，构建适合这些市场特点的数字文化资源库，提供适合其生产生活特点的文化服务，提高数字文化服务的精准性和普惠性。

三是加快推进数字产权保护相关的制度建设。根据数字文化产业发展的最新态势，加快调整完善数字文化产业的法律法规建设，进一步细化数字文化消费领域相关制度实施细则。创新产权交易与保护模式，加强数字内容产权制度建设。数字产权保护的一个重要目的是促进交易，不断完善适应数字文化内容创造和生产、传播、消费等新特点的合理的制度安排，以促进数字内容产权的高效率交易，以市场化机制更好地满足人们不同层次、不同类型的数字文化消费需求，在市场流通中创造更大价值。

四是鼓励创新和审慎监管相结合，构建规范有序的产业发展环境。数字文化产业属于随着技术创新应用发展起来的新兴行业，面对发展中出现的问题，既要鼓励创新，又不能有"法外之地"。需要高度关注市场中出现的损害消费者权益、有损社会主流价值观的网络文化等问题，加强对数字文化市场动态监管，不断创新监管方式方法，加大执法力度。此外，需要不断完善数字文化产业相关立法工作，尤其需要加强知识产权保护制度建设，根据产业发展的实践需要，不断调整和完善相关制度体系。

五、形成促进共同富裕的新型生产关系

生产力与生产关系的辩证统一和矛盾运动是推动社会发展的根本动力。习近平总书记强调，发展新质生产力，必须进一步全面深化改革，

形成与之相适应的新型生产关系。技术是中立的，但任何技术创新和应用都是在一定的生产关系和社会制度体系下实现的，同样的技术可以服务于不同的制度体系和发展目标，并产生完全不同的应用效果。共同富裕不会伴随社会生产力的发展和社会财富的积累而自动实现。数字经济全球化是大趋势，从发展新质生产力中寻找人类走向共同富裕的新路径是确定的，但迄今技术应用带来的数字鸿沟扩大、公共治理困境、公平赤字、发展失衡等问题不容忽视。

以科技创新为核心驱动的新质生产力为实现共同富裕提供了技术手段、基础设施和物质条件。但还应该看到，数字技术应用具有"双刃效应"，不同地区和社会群体之间，在经济发展、收入水平、数字化素质等方面存在的差异，都可能直接带来新技术应用方面差异，进而导致原有差距进一步扩大，即技术影响下的数字鸿沟扩大的风险。

以发展新质生产力促进共同富裕，既要着眼于生产力和经济发展，也要注重构建新的生产关系和深化全方位改革。一是要加快推进数据要素市场建设，持续探索公共数据、企业数据、个人数据开发利用新路径，提升数据资源开发利用水平，发挥数据要素对传统生产要素的赋能作用，优化其他经济社会资源的均衡配置，推动优质生产要素向有利于新质生产力发展的领域流动和配置；二是要坚持创新发展与规范治理"两手抓""两手都要硬"，尤其是要加强算法和数据治理，对平台经济进行常态化反垄断监管，严防由数据垄断、技术垄断导致新的不平等或放大已有差距；三是要深化分配制度改革，建立健全数据基础制度，探索建立数据要素收益分配机制，在建立健全新质生产力发展过程中人力资本、数据要素、金融资本、物质资本等的价值贡献评估制度的基础上，科学设计既适应新质生产力发展要求又有助于促进共同富裕的社会初次分配、再分配和第三次分配的制度体系。

第七章

人工智能治理：
域外进展与中国实践

人类社会发展史表明，每个阶段社会发展的目标和所追求的价值不仅多元，甚至充满了矛盾和悖论；技术的发展并不意味着必然会消除这些悖论，甚至有些情况下会使得矛盾和冲突更加凸显。每一类创新技术的出现和广泛应用都伴随着各种新的风险和不确定性，技术治理的"迷思"一直伴随着人类社会的整个进程。

　　人工智能也是如此。2023年被业界称为生成式人工智能（AIGC）的突破年。AIGC的影响和意义在于它具有了像人一样的生成创造能力，带来了无限的创造潜力和应用空间，因而推动人工智能发展进入一个新时代，并掀起一场新的科技和产业革命。正如以往任何一种技术创新一样，人工智能的迭代创新发展也是"双刃剑"，在给人类带来更大惊喜和助推经济繁荣发展的同时，其在生成虚假有害信息、侵犯隐私、算法歧视、造成更大的社会不公平等方面的潜在风险，已经成为科技人士乃至社会的共识。

　　尽管人工智能的很多问题是自互联网出现和伴随信息技术发展一直存在的老问题，但毫无疑问的是，人工智能的快速发展使得这些问题更加复杂、更加凸显，处理不当而带来的社会风险更大。如何推动技术创新和保障安全发展，人类如何更好地利用和驾驭技术来解放自身而避免陷入新的技术异化，这些都是以人工智能为代表的新技术新应用给人类提出的新的时代之问。

　　2023年5月30日，习近平总书记在第二十届中央国家安全委员会第一次会议上强调,要"深刻认识国家安全面临的复杂严峻形势,正确把握重大国家安全问题""国家安全工作要贯彻落实党的二十大决策部署,切实做好维护政治安全、提升网络数据人工智能安全治理水平、加快建设国家安全风险监测预警体系、推进国家安全法治建设、加强国家安全教育等方面工作"。新形势下,全面提升网络数据人工智能安全治理水平,是加快推进国家安全体系和能力现代化,以新安全格局保障新发展格局的重要任务。

第一节 人工智能崛起与新型风险社会

"风险社会"是德国社会学家乌尔里希·贝克对后现代社会的一种诠释,"在发达的现代性中,财富的社会生产系统伴随着风险的社会生产……生产力的指数式增长,使危险和潜在威胁的释放达到了一个我们前所未知的程度"。[1]

2022年年底以来,生成式人工智能(AIGC)引发全球关注。ChatGPT于2022年11月30日正式上线,呈现出用户数量持续快速增长、多场景通用、普适化、迭代速度快等特点,比尔·盖茨甚至断言,"这种AI技术出现的重大历史意义,不亚于互联网和个人电脑的诞生"。[2]

ChatGPT大热的同时,2023年3月29日,美国非盈利组织生命未来研究所(Future of Life)向全社会发布了一封题为"暂停大型人工智能研究"的公开信,上千名人工智能专家和行业高管呼吁,所有人工智能实验室应当暂停至少半年对更强大的人工智能系统的开发和训练,如果不能迅速暂停,政府应介入并实行暂停。在他们看来,人工智能风险

---

[1] 乌尔里希·贝克. 风险社会.
[2] Mollman S. Bill Gates Says A. I. like ChatGPT is "Every Bit as Important as the PC, as the Internet".

越来越走向不可控，只有确定它们的影响是积极的，并且风险是可控的，才能继续开发更强大的人工智能。公开信引发了舆论的轩然大波。几乎与此同时，意大利成为全球第一个因隐私考虑禁用 ChatGPT 的国家。2023 年 4 月，中美两国几乎同时发布了关于人工智能政策监管的征求意见稿。OpenAI 首席执行官萨姆·阿尔特曼（Sam Altman）也发文表示，通用人工智能可能带来严重的滥用、重大事故和社会混乱的风险，希望通过制定一些原则和激励措施来确保它的好处最大化，并控制它的潜在风险。他于 2023 年 5 月 18 日参加了美国国会听证会，呼吁加强对人工智能的技术监管。

事实上，在 2015 年，人工智能还没有像今天呈现出令人不安的"智能"的时候，斯蒂芬·霍金和埃隆·马斯克等数位科学家、企业家、与人工智能领域有关的投资者，联名发出了一封公开信，警告人们必须更多地注意人工智能的安全性及其社会效益。科技哲学家凯文·凯利在其著作《失控》中指出，"人们在将自然逻辑输入机器的同时，也把技术逻辑带到了生命之中……机器人、经济体、计算机程序等人造物也越来越具有生命属性"。[3]这是一个新型智能技术兴起与新型社会风险叠加的时代。

一、信息传播失序风险

凭借强大的文本、图像、音频生成能力，加上通用性、基础性、多模态等特征，AIGC 被看作是自动化内容生产的"工厂"和"流水线"，使得内容生产平民化大大加速，由此带来的信息传播失序风险不可忽视。OpenAI 自己也注意到，GPT-4 具有生成有害建议、错误代码或不准确信息的风险并可能产生负面的社会影响。

---

[3] 凯文·凯利. 失控——全人类的最终命运和结局.

AIGC助推虚假信息传播成本低、传播速度快、影响范围广，直接严重损害网络信息生态系统，为相关社会主体利益造成损失，带来极高的社会风险甚至是政治风险。如在俄乌冲突中，伪造的乌克兰总统宣布投降的虚假视频在网络上大量传播，推特不得不紧急辟谣。2023年4月，尤金·沃洛克（Eugene Volokh）在研究人工智能生成虚假信息的责任问题时就发现，自己竟被ChatGPT错误地列入性骚扰者的名单中。[4]在国内，2023年2月，网络上流传"杭州市政府将取消限行"的新闻稿，该新闻稿被确认为网民利用ChatGPT生成并发到小区业主群，后被其他业主截图转发，导致虚假信息被快速传播。2023年4月18日，网络上又流传《杭州市政府关于调整楼市政策的通知》，也被证实是ChatGPT生成的假消息。同年5月，一篇由生成式人工智能撰写的假新闻"科大讯飞出现重大风险的警示文"甚至引发科大讯飞公司股价大幅下跌。借助ChatGPT，具备基础编码能力的人都能很容易地创建虚假新闻网站，虚假信息传播的风险更是大增。

更大的风险还在于，由于AIGC高度依赖的语料库来源于质量参差不齐的网络信息，不加筛选和广泛传播的虚假信息，可能被作为语料用来进一步训练AIGC。对于预训练模型中的不准确信息，GPT往往是不加选择地全盘接收，所以ChatGPT在交互过程中，常常出现"一本正经地胡说八道"的情形。这就不仅使得错误信息和谣言进一步传播和强化，还会导致数据来源的合规性、数据使用的偏见性等人工智能通用风险进一步放大。欧洲刑警组织曾发出警告，ChatGPT等人工智能聊天机器人很可能被犯罪分子滥用："大型语言模型检测和重现语言模式的能力，不仅有助于网络钓鱼和在线欺诈，还可以用来冒充特定个人或群体的讲

---

4 Fox News. ChatGPT Falsely Accuses Jonathan Turley of Sexual Harassment, Concocts Fake WaPo Story to Support Allegation.

话风格。"5

如果 AIGC 与技术商业化一道，将新闻线索发掘、新闻文本写作、评论策展、标题制作、网页编辑、新闻分发渠道等更多流程推向 AI "黑箱"，将造成"流量工厂"驱逐优质新闻、定制推送固化社会分层、技术平台反收编新闻机构等格局变化。6

二、数据滥用风险

数据是人工智能的关键，生成式人工智能通常以"大语言模型（Large Langue Models，LLMs）"为基础，之所以称为"大"，原因之一就是此类模型训练需要庞大的数据量。例如，GPT-3 的训练数据包含了从开放网络上抓取的 3000 亿个词块，超过 1750 亿项参数。这些数据大多数都是从网络上直接抓取。为了尽可能收集到更大量的数据，人们正在想方设法对个体在真实世界中的各种活动进行事无巨细地高频记录，并利用技术手段将这些碎片化的数据进行整合，为实现可计算化和开展深度挖掘和分析积累越来越丰富的数据。大量智能终端，如用于人体的可穿戴设备、用于工厂机器的物联感知终端，将越来越广泛地渗透到人们的生产生活中。智能技术和算法以其日益强大的作用快速渗透到现实社会的每一处，人的一切正在被数字化、智能化定义，各类数字设备和智能终端的广泛普及，将个人隐私信息置于新的场景中，形成所谓的"数字人""透明人"。

与以往不同的是，人工智能终端一方面持续地获取和记录信息，另一方面，依托日益强大的综合分析能力，像 ChatGPT 这样的人工智能可以持续地对各种分散的信息进行关联和整合，一些原本不属于个人隐私

---

5 张渺. 马斯克等全球千名科技人士联名呼吁暂停更强大的 AI 开发.
6 仇筠茜，陈昌凤. 黑箱：人工智能技术与新闻生产格局嬗变.

或者隐私程度不高的碎片化信息，在经过关联分析和深度挖掘后，也可能使得个人成为一种"全裸"的存在。这些信息还被持续不断地作为语料用于训练人工智能，因而成为可能对个体构成最大威胁的信息，这样的信息被滥用可以起到对个体的控制作用，这是监控社会的极端形式。[7]

人工智能技术在越来越大的范围和更深的层次上影响着人们的决策和生活，但其背后的决策过程和算法逻辑却常常是不透明的。"虽然我们可以获得黑箱的输入和输出信息，却无法弄清输入数据如何变为输出数据。我们每天都要面对这样的问题：公司和政府部门越来越渗透性地记录着我们的生活，我们却不知道这些信息会传播到哪儿，也不知道它们将被用作何种目的，更不知道这些信息的泄露会产生怎样的后果。"[8]人工智能和算法驱动着"监控资本主义"的兴起，其内在逻辑表现为，它通过对用户数据的搜集、萃取、分析，以及个性化、持续性的实验对用户个人实施难以辨别的单项监控，产生巨大商业监视效能，继而由算法预测和调整人类行为，获取利益并控制市场。[9]

三、算法歧视风险

作为一种技术，人工智能本质上是无偏见的，但训练人工智能的算法技术不是凭空而来的，而是建立在现有分类手段、思想和类别之上的[10]，算法在为人类行为赋能的同时，受输入数据的质量影响，及算法模型本身的限制，内在地嵌入了人类正面或负面的价值观，并能动地制造着各种风险后果。[11]因此，人工智能应用可能出现"系统性的偏见"，从而形

---

[7] 王俊秀. 监控社会与个人隐私：关于监控边界的研究.
[8] Pasquale F. The Black Box Society: These Cretalgorithms that Control Money and Information.
[9] Zuboff S. Big Other: Surveilance Capitalism and the Prospects of an Informal Civilization.
[10] Mager A. Algorithmic Ideology: How Capitalist Society Shapes Search Engines.
[11] 黄晓伟. 互联网平台垄断问题的算法共谋根源及协同治理思路.

成一种新的歧视。造成算法偏见的主要原因如下。

一是受算法设计者的认知影响。算法设计者是具有社会属性和带有一定价值观取向的人，算法设计和应用过程中不可避免地嵌入了设计者的价值观和对于世界的认知，由此造成算法偏见和算法歧视。数据选取、算法模型权重设定等环节，通常都是受设计者自我价值和认识倾向影响的重点领域。例如，英国警方在运用人工智能开发犯罪风险评估工具时，将邮政编码作为构建风险预测的因子，而在英国，邮政编码是按照不同收入群体所居区域划分，这意味着，警方实际上是将对穷人与富人的区别性对待提前置入了算法中。[12]

二是受作为分析基础的数据的影响。人工智能决策系统的基础是大量的数据，数据的质和量都会直接影响到系统决策的科学性和准确性。同时，作为现实世界映射的数据，现实生活中原有的偏见和歧视问题会体现和根植于数据基因中，智能化算法系统在分析、学习和构建进一步的决策模式过程中，原本带有偏见的结果又将成为新的数据，被系统所归纳、遵循和"习得"，并进一步体现在新的决策中，即"偏见进，则偏见出（Bias In，Bias Out）"。[13]波士顿市从市民智能手机中获取 GPS 数据，用于对市内的道路状况调查，最后依据这个调查进行的道路修补施工集中在高收入地区，高收入人群与低收入人群智能手机使用的比例不同，使得低收入人群被过少代表了。[14]

随着人工智能拟人化水平和人机交互便利性的提高，人们对像 ChatGPT 这样的人工智能的使用频率会持续增加，甚至产生依赖。更重要的是，人们会更乐于相信人工智能帮助作出的判断，甚至是不加思考

---

12 Burgess M. UK Police are Using AI to Inform Custodial Decisions—but it Could be Discriminating against the Poor.
13 Mayson S. Bias in, Bias out.
14 福田雅树，林秀弥，成原慧. AI 联结的社会：人工智能网络化时代的伦理与法律.

和选择地接受机器作出的判断和决策,这就是人们常说的"自动化偏见"。即使在某些情况下,人们对机器作出的判断产生质疑,但由于"算法黑箱"的存在,我们常常说不清楚机器的判断到底在哪些方面出现了偏差甚至是错误,在这种情况下,源于人工智能的偏差就会演化成"无主观"的歧视。如果人工智能用于产生对个体特征刻画的数字人格(Digital Persona),那么某些不切实际的特征不仅形成了歧视,还形成了数字污名(Data Stigma)[15]。因此,人们一直担心人工智能的黑箱化,担心这种看不见的风险,担心人工智能会不会失去控制[16]。

四、新型技术控制风险

从历史上看,技术进步、生产工具迭代演化进程中一直伴随着关于人的自主性危机的担忧和讨论。马克思曾经深刻地指出,机器替代手工劳动导致人的异化,使得一部分人变成了机器。劳动生产了智慧,但是给工人生产了愚钝和痴呆[17]。人的自主性危机也是人工智能发展带来的一个重大挑战。

大型平台依托大数据、人工智能和算法等新技术,形成了对劳动者更为精细化、严密化的管控机制。2020年,《人物》杂志刊登的文章《外卖骑手,困在系统里》刷屏社交网络,深刻反映了技术对劳动的巨大影响甚至是控制。以外卖平台广泛采用的智能派单系统为例,依托于人工智能算法和大数据技术,平台可以持续积累骑手送餐过程的各种数据,包括但不限于位置、接单数量、在线时间、配送进度、用户评价等,并进行数据模拟分析,以便在最短的时间内将用户订单派给最合适的骑手。这一系统在提高配送效率的同时,还有一个隐藏性的规则:它会依据对

---

15 福田雅树,林秀弥,成原慧. AI 联结的社会:人工智能网络化时代的伦理与法律.
16 福田雅树,林秀弥,成原慧. AI 联结的社会:人工智能网络化时代的伦理与法律.
17 卡尔·马克思. 1844 年经济学哲学手稿.

骑手服务能力的综合性量化比较，优先派单给那些服务能力强的骑手。因此，人工智能技术的应用使得平台可以基于实时动态数据分析，进行任务分配和"差序格局式"管理。[18]由于资本的逐利性、技术创新应用的隐蔽性，劳动者的劳动过程受到更加强势的控制，也造成了劳资之间新的不平衡，劳动者权益保护面临新的挑战和威胁。面对数字化、平台化快速发展带来的劳动者权益保障不足的问题，有研究观点认为，劳动者正在回归为商品，互联网平台的发展导致出现了"平台资本主义"，平台就业成员成为"数据劳动力""数据苦力"。[19]

而且，随着技术的快速迭代，人工智能不仅实现了对简单的体力劳动和众多行业初级性、重复性劳动的替代，已经可以胜任简单问题的法律咨询等知识含量更高的脑力劳动，甚至进行带有创造性的工作。人工智能能力越强，对人的脑力劳动的替代性越大，越来越多的人将成为智能时代的"无用阶层"，越可能使人失去创造力和想象力，甚至导致新的技术异化，使人沦为智能化机器的附属品。

五、不公平加剧的风险

全球范围看，近年来全球产业链布局正在经历深刻调整，大国之间科技竞争加剧，高新技术领域相互打压、科技封锁趋势渐显。作为前沿技术领域代表的人工智能技术发展水平越来越被看作是一个国家综合实力的象征，成为竞争的新焦点。而 ChatGPT 这样强大的人工智能发展对于资本、技术、人才都有着很高的要求，大量普通公司难以进入。像美国这样的科技强国，拥有谷歌、亚马逊、脸书、苹果等大型科技公司，更容易在人工智能领域形成新的"数字垄断"，进而可能滥用市场支配

---

18 Doorn N. Platform labor: On the Gendered and Racialized Exploitation of Low-income Service Work in the "on-demand" Economy.
19 Degryse C. Digitalisation of the Economy and Its Impact on the Labor Market.

力，加剧不同国家、地区之间的经济不平等。[20]有学者指出，从经济全球化带来的生产力增长中受益的仅仅是一小部分高技能人才和资本所有者。数量稀缺的高技能人才正日益为特殊阶层带来利益，尤其是资本所有者和控制者，大多数人群被排除在人工智能所产生的经济利益和财富之外。[21]

根据国际电信联盟（ITU）的最新数据，2023 年，全球有 54 亿人联网，约占世界人口的 67%，与 2022 年相比，联网人口增加了 1 亿。其中，发达国家互联网使用率超过 90%，发展中国家互联网使用率也达到 57%。[22]

社会不公平加剧还体现在，数字弱势群体的脆弱性可能被进一步放大。那些由于主观或客观原因而无法使用、没有能力使用人工智能的人群，可能进一步成为数字社会的"边缘化"存在，被排除在社会之外。叠加人工智能技术所蕴含的技术垄断效应，社会不同群体之间数字鸿沟势必会呈现出持续加剧的态势。

此外，AI 产品和应用也会对社会就业产生冲击和挑战。麦肯锡在其发布的《就业和失业：自动化时代的劳动力转型》报告中指出，到 2030 年，全球近 8 亿人将被机器人取代，其中中国将有 1 亿人面临职业转化。[23]

第二节　人工智能治理的域外进展

有效应对技术创新带来的新挑战，是世界各国面临的共同课题，许多国家和地区都在积极采取措施。有研究显示，2015—2020 年，世界各

---

20 福田雅树，林秀弥，成原慧. AI 联结的社会：人工智能网络化时代的伦理与法律.
21 大卫·巴恩西泽，丹尼尔·巴恩西泽. 人工智能的另一面：AI 时代的社会挑战与解决方案.
22 陈小宁. 弥合全球数字鸿沟.
23 王亦菲，韩凯峰. 数字经济时代人工智能伦理风险及治理体系研究.

国发布了 117 项与人工智能伦理相关的文件。[24]一方面，各国在治理目标上具有很大的一致性，就是力图在促进发展与确保安全之间、创新与规制之间保持平衡；规制的重点集中在数据安全、个人信息保护、国家安全与公共安全、知识产权保护等方面。另一方面，受不同的社会制度基础、文化传统、发展理念、技术和产业发展水平等多种因素影响，不同国家和地区关于人工智能治理的具体路径、侧重点等方面也存在差异。

一、美国

作为全球最早应用信息技术、数字经济发展较早和水平较高的国家之一，美国在新技术发展和监管方面一向坚持比较开放的态度，具有明显的实践导向，强调需要遵循技术正当程序，注重促进创新导向。在人工智能治理方面，美国的基本理念也是以促进发展为首要原则，治理措施相对宽松温和，更加强调行业自律的作用。

（一）人工智能治理原则

在人工智能领域，美国的科技竞争力和产业经济竞争力均居于世界领先地位。随着人工智能的快速发展，各国都在不断完善人工智能法律和政策的背景下，美国白宫、国会和相关联邦机构，如美国联邦贸易委员会（FTC）、美国消费者金融保护局（CFPB）和美国国家标准与技术研究院（NIST）等，提出了一系列与人工智能相关的倡议、法律和政策。从总体上看，美国关于人工智能治理的主要目标，是努力保持本国人工智能技术创新平稳推进，同时也兼顾技术的社会影响及其应用的公众接受性，以此确保其在全球技术创新方面的领先地位。正如美国众议院代表艾伦·麦奎恩（Alan Mcquinn）所言，美国联邦隐私法的制定原则，

---

24 HAL. Artificial Intelligence Index Report 2021.

首先，也是最重要的，是应该保护和促进创新。[25]美国白宫首席技术官克拉希欧斯（Michael Kratsios）也表示，避免官僚主义式全球人工智能治理的最佳方式，是确保美国及其国际合作伙伴仍然是全球创新、先进技术和符合我们价值观的行为中心。[26]因此，与欧盟相比，美国在制度上对于人工智能道德、治理和监管问题一直不是太积极。[27]

2016年10月，美国国家科学技术委员会（NSTC）发布题为《为人工智能的未来做好准备》的报告，梳理了人工智能发展的光辉前景，并提出了公平、安全、治理和全球安全等治理议题。同年，还发布了《国家人工智能研究和发展战略计划》，提出长期投资、人机协同、伦理治理、安全可靠、数据支持、检测评估、人力建设等七大战略。

2020年1月，白宫管理预算局发布《人工智能应用监管指南》，提出行政机关需要在假定人工智能并不完善的前提下理解、分类和防范人工智能系统产生的风险。[28]

2022年10月，白宫科学和技术政策办公室发布《人工智能权利法案蓝图：让自动化系统为美国人民服务》，旨在"指导自动化系统的设计、开发和部署，保护美国公民权利"。其中重点讨论了安全有效率的人工智能技术系统、防范算法歧视、保护数据隐私，以及最大限度保障人们的权利、机会和技术获取路径；并提出了关于人工智能治理的五项基本原则，包括：建立安全和有效的系统；避免算法歧视，以公平方式使用和设计系统；保护数据隐私；系统通知和解释要清晰、及时和可访问；设计自动系统失败时使用的替代方案、考虑因素和退出机制。这五项原则旨在避免人工智能系统滥用带来的危害，并着重强调了公平性和

---

25 Mcquinn A, Castro D. A Grand Bargain on Data Privacy Legislation for America.
26 White House Favors a Light Touch in Regulating AI.
27 Newman J. Decision Points in AI Governance.
28 Office of Management and Budget. Guidance for Regulation of Artificial Intelligence Applications (2020).

隐私性。在公平性方面，要求自动化系统的设计者、开发者和部署者应采取积极措施，保护个人和社区免受算法歧视，并以公平的方式使用和设计系统。在隐私保护方面提出，数据隐私是实现该框架中其他原则所需的基础性和交叉性原则。同时，还要求自动化系统的设计和构建应默认保护隐私，数据收集和使用范围应有确定目标。

2023年，美国联邦贸易委员会、商务部、管理和预算办公室、国防部等各部门及其下辖机构发布了《人工智能风险管理框架》（AI RMF 1.0）《生成式人工智能和数据隐私：初探》《两党人工智能立法框架》《关于推进联邦机构使用人工智能的治理、创新和风险管理》一系列政策草案，总体上都以原则性要求内容为主。

其中，2023年1月，NIST发布的《人工智能风险管理框架》被看作是美国人工智能监管领域具有标志性的动作。尽管这一管理框架对市场的效力也仅仅是建议采纳的软性约束作用，但其内容也被人工智能企业在其实践中采用，并且产业领域应用的实践经验也会反馈给监管部门，进而实现对软法内容的修正和完善。2023年5月，在白宫牵头下，包括OpenAI、谷歌等在内的人工智能企业集体自愿承诺，在新的人工智能产品发布前采用红队测试惯例，这也被视为美国在加强人工智能安全方面迈出的"坚实一步"。

2024年3月，美国国家电信和信息管理局（NTIA）发布《人工智能问责政策报告》（*AI Accountability Policy Report*），介绍了关于安全使用人工智能系统的八项关键建议，为公共部门系统开发商和政府机构提供了人工智能治理建议。关键建议包括：制定审计指南、改进信息披露、投资于资源以满足独立评估需求，并对高风险人工智能模型进行独立审计和监管检查等。此外，建议还涉及要求联邦承包商采取健全的人工智能治理和保障措施。这些建议将影响联邦机构和私营企业在人工智能领域的监管和实践。

（二）公平竞争规制

2023 年 6 月 30 日，美国联邦贸易委员会（Federal Trade Commission，FTC）竞争局和技术办公室发布《生成式人工智能引发竞争关注》，梳理了生成式人工智能市场可能存在的反竞争问题。

FTC 指出，生成式人工智能可能导致市场上的不公平竞争。如果关键的投入，如数据、算法或计算资源，被少数公司控制，这些公司可能会利用其控制权来抑制或扭曲市场竞争。FTC 强调了监管的重要性，包括监测市场、收集数据、进行调查和执法。FTC 需要与技术公司、学术界和其他利益相关方合作，共同应对生成式人工智能带来的竞争问题。为了解决生成式人工智能带来的问题，需要制定相应的法律和政策。FTC 将与各方合作，制定明确的法律和规则，加强监管和执法能力。同时，FTC 认为，消费者教育和信息透明是关键，以帮助消费者更好地辨别和评估生成式人工智能产生的内容。FTC 宣布启动对生成式人工智能投资和合作伙伴关系的调查，向多家涉及生成式人工智能的公司发出命令，要求提供相关信息，以审查这些关系及其对竞争格局的影响。

生成式人工智能技术为市场带来了机遇，如在艺术创作、内容生成、产品设计等领域的应用，加速了创新和创造力的发展。同时，也带来了挑战，如知识产权和版权问题，以及信息泛滥，使得消费者难以辨别真实与虚假的内容。从数据的角度看，数据是生成式人工智能发展的关键基础和核心要素，海量数据集是对人工智能模型进行预训练的基础。在数据采集汇聚方面，市场的先进入者能够收集到体量更大、质量更高的数据，并且他们拥有显著的技术和资本优势，可以进一步围绕数据收集进行技术层面创新。因此，市场的先进入者很容易就会获得对数据的控制力，从而形成市场进入或扩张壁垒，影响市场公平竞争，市场新进入者在数据获取方面难度更大。从算力角度看，生成式人工智能预训练阶段还需要强大的算力支撑，多数公司都要依靠云服务供应商，当供应商数量少且提供的算力服务价格较贵的时候，就存在不公平竞争的潜在风险。

由于开源生态在生成式人工智能发展过程中发挥重要作用，开源人工智能模型也可能被滥用，例如，一些控制高质量基础模型的企业可能采用"先用开源模型吸引和锁定大量客户，然后再关闭生态"的做法，达成排除和限制竞争的目的。在数据、模型等方面具有优势的人工智能企业还可能出现其他不公平竞争手段，例如，强行将人工智能模型与现有其他产品和服务搭售，利用自身影响力通过独家合作等方式实施歧视性待遇，实施"扼杀式"并购以打击潜在竞争对手等。

鉴于此，FTC 将生成式人工智能视为一项具有高度颠覆性的新技术，强调要关注那些对人工智能研发所必需的关键要素有着较大控制权的优势企业，避免其实施不公平市场竞争行为。FTC 主席 Lina Khan 指出，强调当前处于人工智能发展的关键阶段，政策方面应该作出正确选择，防止不公平的市场竞争妨碍市场创新，以保持美国在全球的技术领先地位。FTC 明确，生成式人工智能受到现行的竞争法、数据保护法、侵权法、产品责任法及民事法律等的规制。

FTC 和美国司法部（DOJ）把人工智能的竞争问题作为其工作的重中之重。美国司法部反垄断部门负责人乔纳森·坎特（Jonathan Kanter）表示，当前的人工智能模式"本质上依赖于规模"，并且可能"存在更深的护城河和进入壁垒的更大风险"。

2024 年 1 月 25 日，FTC 宣布对生成式人工智能投资和合作伙伴关系展开调查，并向 Alphabet（谷歌母公司）、亚马逊、微软、OpenAI 和 Anthropic 五家公司发出提供信息的强制令，涉及三项逾 190 亿美元的投资。FTC 怀疑，一系列交易巩固了全球云服务巨头与领先的人工智能软件开发商之间的联盟。例如，微软和 OpenAI：过去几年微软已经陆续向 OpenAI 投资了 130 多亿美元；亚马逊和 Anthropic：亚马逊计划向 Anthropic 投资 40 亿美元；谷歌和 Anthropic：Alphabet 计划向 Anthropic 投资超过 20 亿美元。

FTC 要求提供的信息主要包括以下内容。①投资/合作关系：包括投资/合作伙伴关系的协议和战略理由。②投资/合作影响：包括有关新产品发布、治理或监督权利及定期会议主题的决策。③交易的竞争影响：包括与市场份额、竞争、竞争对手、市场、销售增长潜力产品或地理市场扩张相关的信息。④人工智能投入和资源的竞争：包括生成式人工智能所需的关键产品和服务的竞争动态。⑤向其他实体提供的调查信息：向任何其他政府实体（包括外国政府实体）提供的与这些主题相关的任何调查、信息请求或其他询问有关的信息。

（三）算法治理

美国对算法的治理更加注重对算法滥用行为的问责，赋予公众对公用事业领域算法应用的知情、参与、异议和救济等程序性权利，算法问责成为加强监管的重要抓手。同时，美国注重充分发挥政府部门、行业企业、第三方机构、公民个人等不同主体的力量，综合运用法律法规约束、行业自律和道德规范的约束力，加强对算法的综合治理。这一模式实质在于通过社会、经济和政治机制等不同维度的合力以实现对算法的权力制衡[29]。

从美国联邦政府层面看，算法治理同时涉及了私人企业和联邦政府机关两类组织。2016 年，美国白宫发布的《大数据报告：算法系统、机会和公民权利》提出，公共部门与私有主体之间应通过构建数据道德框架、议定数据使用规则、设计合理透明的算法系统、促进算法学术研究

---

29 Binns R. Algorithmic Accountability and Public Reason.

等方式，避免算法歧视，从而实现公民个人权益的充分保障。[30]2016年，奥巴马政府还发布了《人工智能战略计划》(*AI Strategic Plan*)，针对当时人工智能领域的差距，提出了如何利用人工智能推动经济和社会发展等问题。[31]2019年，特朗普政府对这份战略计划进行了更新，进一步提出了实现人类与人工智能协作的有效方法、加强人工智能系统安全保障、开发用于培训和测试人工智能的公共数据集等方面的设想。[32]

一些联邦监管机构围绕其主要职责，提出对算法在一些具体领域的应用和影响进行监管。联邦食品和药物管理局（Food and Drug Administration，FDA）发布了一些针对人工智能赋能（AI-powered）的医疗软件和移动医疗应用程序的指导性文件。证券交易委员会（Securities and Exchange Commission，SEC）也通过颁布一系列指导文件，强调委托人责任和其他责任及应如何适用于"智能投资顾问"（Robo-advisers）[33]和算法交易这两项事务属于证券交易委员会的管辖范围。证券交易委员会还开始使用机器学习算法来提高基于数据分析的监管能力。

美国各州和地方政府则从更加具体的应用层面加强对算法的治理。2017年12月，美国纽约市议会通过了首部针对人工智能进行监管的《政府部门自动决策系统法案》，纽约市议会成为首家通过算法透明法案的地方立法机构。该法案提出，要成立一个由自动化决策系统专家和受自动化决策系统影响的公民组织代表组成的工作组，专门监督市政机构使用自动决策算法的公平性、问责性和透明度等问题；同时，该法案还就

---

30 The White House. Big data: A Report on Algorithmic Systems, Opportunity, and Civil Right.
31 National Science and Technology Council & Networking Information Technology Research Development Subcommittee. The National Artificial Intelligence Research and Development Strategic Plan.
32 Select Committee on Artificial Intelligence of the National Science & Technology Council. The National Artificial Intelligence Research and Development Strategic Plan: 2019 Update.
33 Securities and Exchange Commission. Investor Bulletin: Robo-Advisers.

算法在政府机构的应用提出了具体的规定，如：明确界定需要受到规制的政府机构自动化决策系统；受政府机构自动化决策系统影响的个人可以要求提供解释和证据；开发判断是否存在算法歧视的程序；向受政府机构自动化决策系统影响的个人提供救济途径；应当将政府机构自动化决策系统（包括代码、算法等技术性信息）向公众公开等。2018年，纽约市设置了"算法问责特别工作组"（Algorithmic Accountability Task Force），负责调查市政府使用算法的情况，并就如何加强纽约市算法应用的公共问责提出建议。

美国的非政府组织也是指导未来社会算法应用方向的政策和原则的重要力量。美国计算机协会下属美国公共政策委员会（USACM）于2017年发布《关于算法透明度和责任的声明》，提出了七项促进算法透明度和可靠性的原则：意识、获取和救济、责任制、解释、数据来源、可审查性、验证和测试[34]。该声明旨在为立法层面的制度建设提供基础和实践参考。

2022年发布的《人工智能权利法案蓝图》将"算法歧视保护"作为人工智能设计部署的五项基本原则之一。2023年4月，美国商务部下属的国家电信和信息管理局（NTIA）发布《人工智能问责政策（征求意见稿）》，就是否需要对ChatGPT等人工智能工具实行审查、新的人工智能模型在发布前是否应进行核准认证等议题公开征求意见。该征求意见稿中将"算法公平"列为人工智能审计和评估的重点领域。

（四）知识产权保护

生成式人工智能可能引发多个方面的潜在版权问题，如：使用受版权保护的作品训练人工智能模型，人工智能系统生成材料的版权归属，使用人工智能系统生成的侵权作品的法律责任界定，人工智能系统模仿

---

34 ACM U. S. Public Policy Council. Statement on Algorithmic Transparency and Accountability.

人类艺术家的身份或风格输出作品的性质界定等。总的来看，目前的关注点可分为两大方面：一是利用网络信息内容进行模型训练和输出是否构成侵权，二是人工智能生成物是否可受到知识产权保护。围绕这两个问题，美国已出现多起相关案件。

2023 年 12 月 27 日，《纽约时报》向 OpenAI 和微软发起侵权指控，指控这两家公司未经许可使用其数百万篇文章来训练人工智能模型，而这些聊天机器人现在与该新闻机构形成了竞争。《纽约时报》认为，OpenAI 和微软的非法知识数据采集和传播行为损害了其获得订阅、版权许可、广告和其他附带收入的能力，造成的损失高达数十亿美元。虽然没有透露索赔金额，但明确要求销毁任何相关的人工智能模型和训练数据。

这是全世界首个人工智能平台被大型媒体起诉侵犯版权的案例。《纽约时报》也成为第一家起诉这两家公司侵犯其文字作品版权的美国大型媒体。此事件不仅在美国引起讨论，也在全球范围内引发了关于人工智能与内容创作者之间权益边界的关注。这一事件反映了人工智能技术发展与现有法律框架之间的紧张关系，同时也凸显了在保护知识产权和促进技术进步之间寻找平衡点的必要性。随着案件的进展，其可能会对人工智能领域的版权实践产生深远影响。

值得注意的是，该领域还发生了两件事情。一是，2023 年 7 月 13 日，美联社已经与 OpenAI 达成合作，将部分新闻报道授权给 OpenAI 使用。二是，2024 年，苹果公司宣布，为保证业务合法性，已与 NBC（美国全国广播公司）等多家传媒集团达成协议，以付费形式获得采集后者所属报刊、电视和其他出版物知识内容的授权，金额高达 5000 万美元。可以说，知识产权纠纷的深层次原因归根结底还是未在利益分配上达成共识。随着人工智能生成内容成为趋势，传统新闻行业发展模式、科技企业与传统新闻内容行业之间的利益关系都将面临重构。

关于人工智能生成内容是否受版权保护方面，2023年3月，美国版权局发布的《版权注册指南》，对含有人工智能生成元素作品相关的版权登记问题提供了指引。一方面，明确了缺乏人类作者身份的作品不会受到版权保护，即"作品中的传统作者要素，如文学、艺术、音乐表达或内容的选择、编排等要素，是否为人类所完成"，如果这些都是机器完成，则该作品不会被准予注册，也就不能受到版权保护。另一方面，对于人工智能生成的内容，人类作者可以进一步对其进行创造性的编辑、完善或选择，使得改进后的作品整体上构成作者的原创作品，这种情况下，作品中由人类创作的部分可以受到版权保护。

2023年8月，美国版权局（USCO）启动了生成式人工智能对《版权法》的影响研究。USCO在《联邦公报》开展调查，收集公众对生成式人工智能在版权和政策问题方面的建议、意见。USCO表示，将充分利用公众反馈信息"分析当前的法律状况，确定尚未解决的问题，并评估国会可能采取行动的领域"。调查问题包括公众对受版权保护的生成式人工智能作品、出于研究目的的相关作品、开源人工智能模型是否需要特殊对待等问题的看法和建议。

二、欧盟

面对快速发展的人工智能技术及其应用，欧盟以捍卫个人权利和民主法治等基本价值观作为人工智能治理核心理念，主张更加严格的监管措施和标准，将人工智能治理原则贯穿到技术应用过程中，以其一贯的强监管理念和措施引领全球人工智能治理进程。

（一）人工智能治理理念

在人工智能技术飞速发展的时代背景下，早在2017年2月，欧盟通过的《机器人民事责任法案》就指出，不断发展和应用日益广泛的自动化和算法决策无疑会影响个人和企业的选择,影响行政、司法或其他公共机关的权威,需要现有的法律框架针对这些问题予以回应,对算法技术应用进行合法合理限制;同时还强调,要构建符合算法合理应用的道德框架,通过为算法应用的发展、设计、生产、使用和修改制订一个明确、严格和有效的指导道德框架,以补充上述法律框架难以规制的方面。[35]

2018年4月,欧盟发布《欧洲的人工智能》(*Artificial Intelligence for Europe*),以确保欧盟具有与人工智能发展和应用相适应的伦理和法律框架,使欧洲人工智能发展能够遵循公平、透明和可信的原则,并提升欧盟在人工智能领域的国际竞争力。该文件一方面分析了人工智能在日常生活中的应用,如虚拟个人助理、自动驾驶车辆、手机推荐系统等,并指出人工智能在解决全球性挑战(如慢性疾病治疗、交通意外事故、气候变化应对和网络安全威胁)中的潜力;进一步强调要加强对人工智能研究和创新的投资,支持中小企业采用人工智能技术,以确保欧洲在全球人工智能领域的竞争力;提出了对教育体系进行现代化改革的需求,以确保所有欧洲人都能获得人工智能相关的必要技能,并强调了性别平衡和多样性的重要性。另一方面,针对人工智能可能引发的伦理和法律问题,如责任、偏见决策等,该文件强调在尊重欧盟价值观和基本权利的前提下开发和应用人工智能的必要性;并提出要建立适当的监管框架,在促进人工智能创新和应用的同时,确保透明度和问责制。此外,该文件还强调了在人工智能领域与全球合作伙伴合作的重要性,以共享最佳实践和促进全球标准的发展。该文件是欧盟在人工智能领域采取全面行动的起点,为欧盟后续的人工智能立法工作奠定了基础,对欧洲乃至全球的人工智能政策、法规、投资和研究产生了深远的影响。

为进一步推动欧洲人工智能的研发,并有效应对其可能带来的风险,

---

35 Committee on Legal Affairs. Commission on Civil Law Rurals on Robotic.

2020 年 2 月，欧盟发布《人工智能白皮书：追求卓越和信任的欧洲方案》（*White Paper:On Artificial Intelligence-A European Approach to Excellence and Trust*）。

该白皮书提出，计划在未来 10 年内每年投入高达 200 亿欧元的技术研发和应用资金，以促进人工智能在欧洲的发展；要围绕三大目标建立一个"可信赖的人工智能框架"，即研发以人为本的技术；打造公平且具有竞争力的经济体系；建设开放、民主和可持续的社会。要在欧洲、各成员国和地区层面实施一致措施的政策框架，建立涵盖事前、事中、事后各个环节的全面监管机制，从而在私营企业和公共部门通力合作下打造一个可信赖的人工智能生态系统。

针对人工智能带来的潜在风险，白皮书提出了在保护公民隐私和数据安全方面的措施，如人工智能企业必须通过安全测试和资质审核才能进入欧盟市场；提出了可能需要新的专门针对人工智能的立法，以解决人工智能应用中的风险，包括对基本权利的风险和安全及责任风险等；计划制定出台具有法律约束力的数字规则，如《欧盟数字服务法》，以规范市场准入、强化企业责任和保护基本权利。

白皮书的发布，既通过具体的投资计划增强了对人工智能领域创新发展的支持，有助于加速人工智能技术研发和应用，也进一步推动了欧盟对人工智能技术的监管，以确保人工智能发展符合欧盟的价值观和法律标准，从而为欧盟未来的人工智能立法奠定了基础，也影响着欧盟内部及其他国家对人工智能治理的法律框架构建，并推动着全球范围内对人工智能伦理和法律问题的探讨。

（二）推出全球第一部综合性人工智能法案

2021 年 4 月，欧盟委员会公布了《人工智能法案》（*The Artificial Intelligence Act*，AIA）的提案，这是全球首个关于人工智能的综合性立法，监管范围覆盖人工智能应用的所有领域。2024 年 3 月 13 日，欧洲议会以 523 票赞成、46 票反对、49 票弃权正式批准通过了《欧盟人工智能法案》（*EU AI Act*），完成了立法程序最重要的一步。

该法案针对新兴人工智能技术和应用场景，提出了"一揽子"专门性的法律规制和要求，尤其是针对不同风险等级的人工智能系统提出了相应的合规要求，成为全球范围内首部关于人工智能治理的综合性法律。该法案提出了第一个全面的、有约束力的人工智能规范框架。欧盟在人工智能技术与应用治理与法律法规建设方面走在了世界前列。欧盟《人工智能法案》核心的立法宗旨在于保护基本权利、民主、法治和环境可持续性不受"高风险人工智能"的影响。通过《人工智能法案》，欧盟不仅为成员国提供指导和约束，而且期望通过率先制定统一的法律体系，影响全球的相关法律和标准制定，强化其在人工智能技术浪潮中的国际影响力。

该法案基于风险预防理念，制定了覆盖人工智能系统全过程的风险规制体系。

一是，法案中明确提出禁止某些威胁公民权利的人工智能应用。例如：基于敏感特征的生物识别分类系统，无差别性地从互联网或闭路电视录像中获取面部图像以创建面部识别数据库等。

二是，针对通用人工智能提出了透明度的要求。法案提出，通用人工智能（GPAI）系统及其所基于的 GPAI 模型必须满足一定的透明度要求，包括遵守欧盟版权法和公布用于训练的内容的详细摘要等。可能带来系统性风险的更强大的 GPAI 模型则需要满足更多的要求，包括开展模型评价、安全评估和系统性风险缓解及事件报告等。人工或经过处理的图像、音频或视频内容，即在"深度合成"的情形中，义务人需要依法明确标注是否为人工或经过处理的图像、音频或视频内容。

三是，基于人工智能的不透明性、复杂性、对数据的依赖性、自主行为性等特征，将人工智能可能涉及的风险系统划分为四类：不可接受风险、高风险、低风险和最小风险，其中前两类风险是其规制的重点，并针对高风险人工智能系统的全生命周期监管作出了详细规定，涉及关键基础设施、公民教育、产品安全组件、就业、公共服务、执法、出入境等相关领域。高风险的人工智能系统只有在符合某些强制性要求的情况下才能投放到欧盟市场，欧盟为高风险人工智能系统制定了全生命周期的规制措施，覆盖人工智能产品入市前和入市后阶段，实现事前、事中和事后的完整规制。管理措施涉及风险管理制度，数据治理义务，准确性、稳健性和网络安全要求等多个方面。处于高风险类别的人工智能服务提供商，在对外提供服务之前，必须进行全面的风险评估，并确保其产品完全符合法规要求。对于违规企业，将基于侵权行为的性质及企业规模给予 750 万欧元至 3500 万欧元的经济处罚。

《人工智能法案》的正式通过，进一步巩固了欧盟在科技监管方面的地位。那些从事高风险人工智能系统研发和应用的欧盟企业将面临更为严格的监管要求，为适应新的监管环境和要求，企业可能需要重新审视其业务模式和产品策略；已经在市场上运营的高风险人工智能系统则需要进行相应的调整和改进，以满足法规的要求。

（三）数据与算法治理

欧盟历来高度关注对人权的保护，欧洲理事会在 1981 年就制定了《个人数据自动化处理中的个人保护公约》。在对待信息技术发展方面，尤其关注对个人信息的保护，因为个人信息权是人权体系的重要组成要素之一。随着人工智能的快速发展，欧盟密切关注人工智能应用在数据隐私和个人信息保护、算法应用等方面的潜在风险，开展了一系列针对性的调查行动。为协调不同数据保护机构（DPA）可能对 ChatGPT 等人工智能应用采取的行动，欧洲数据保护委员会设立特别小组进行执法协调；该特别小组还负责研究 AI 聊天机器人是否符合欧盟条例要求。

ChatGPT 在欧洲各国受到持续监管。2023 年 3 月，意大利个人数据保护局宣布禁止使用 ChatGPT，并限制 OpenAI 处理意大利用户信息。后来，OpenAI 更新其相关隐私政策后，又恢复了对 ChatGPT 的访问。同年 4 月，法国、德国、爱尔兰和西班牙都提出要考虑禁止使用 ChatGPT，但未付诸实施。此外，有些国家还针对模型数据集、算法、透明度等发布指引手册和报告等，提示泄露隐私和侵犯版权等潜在风险，并提出人工智能透明度的要求和相关解释等。

2018 年 5 月正式实施的《通用数据保护条例》（GDPR，以下简称"条例"）是欧盟层面开展人工智能治理的重要依据。条例首次提出"基于风险的治理路径"（Risk-Based Approach），"风险"成为各国开展人工智能治理和立法的关键词。

条例对数据处理的原则、数据主体的权利、控制者和处理者的义务、独立监管机构、合作与一致性、责任救济、处罚规则、授权行为和执行行为等作出了详细规定。例如，对于敏感数据处理问题规定："对揭示种族或民族出身，政治观点、宗教或哲学信仰，工会成员的个人数据，以及以唯一识别自然人为目的的基因数据、生物特征数据，健康、自然人的性生活或性取向的数据的处理应当被禁止"[36]，同时也列出了应当被禁止的例外情形，如获得数据主体的同意、为了必要的公共利益等。条例还对数据处理者的行为义务作出了明确且严格的规定，涉及处理的主体、期限、性质、目的、对处理活动的记录、处理过程的安全性等多个方面。此外，条例还提出要设置数据保护专员制度和独立的监管机构，要为数据控制者和处理者合理规范使用用户数据提供强有力的外部监督体系。

---

36 General Data Protecion Regulation.

条例针对算法自动化决策的问题提出了相应的规制要求,将透明度及算法问责原则列入该法案的核心原则之一。GDPR 明确要求,企业在使用算法处理个人数据时,必须向数据主体(个人)提供有关算法决策过程的透明度,包括算法的基本逻辑和处理数据的目的。数据主体有权拒绝仅基于算法自动化处理的决策,这对人工智能智能服务领域,如个人助理、机器人顾问等有直接影响。GDPR 赋予数据主体访问权、反对权、可携带权、纠正权、删除权(被遗忘权)等多种权利,事实上对算法处理数据的方式提出了要求。

在建立算法问责机制方面,GDPR 规定,在进行高风险数据处理活动前,数据控制者应进行数据保护影响力评估(DPIA),评估数据处理活动可能对个人权利和自由造成的风险;虽然 GDPR 没有明确提出算法备案的要求,但一些国家和地区在实施 GDPR 时可能会要求对某些算法进行备案,以便于监管和问责;GDPR 鼓励建立独立的监督机构,如数据保护机构,以监督和评估算法处理活动的合规性,并为数据主体提供救济途径;GDPR 要求对可能产生重大影响的算法应用进行影响评估,以确保算法的公正性和防止歧视;此外,GDPR 为违反数据处理原则的行为设定了包括高额罚款在内的严格的法律责任,事实上为算法的外部问责提供了法律基础和依据。通过这些规定,GDPR 试图构建一个全面的算法治理框架,以确保算法的公正性、透明性,并保护个人数据不被滥用。这些规定对算法的设计、部署和应用提出了更高的要求,同时也为个人提供了更多的保护措施。

总的来看,欧盟对于人工智能的治理有如下特点:一是在治理理念方面,主张以人为本,重点突出尊重和保护个人权利、用户隐私和人格尊严等核心理念;强调构建严密规范、系统完备的数据保护体系,以保障用户作为数据主体的基本权利,在防范风险的同时鼓励创新。二是在治理内容和治理方法上,欧盟尝试构建起统一的人工智能治理规则体系,强调以风险预防为导向，将事前评估、事中监测和事后救济相结合，对人工智能技术和应用进行分级监管，以防范人工智能技术发展和应用可能带来的风险。将人工智能治理体系与数据保护体系密切结合到一起，不断加强对于数据拥有主体的新型数据权利，保护其不受人工智能和算法应用的危害，对于实践层面保护个人隐私和数据权益等方面无疑具有重要作用。但是由于这些制度并未考虑人工智能应用的具体场景等因素，过度强调对个人数据的保护，也在一定程度上影响了人工智能技术与应用创新的发展速度。

第三节　人工智能治理的中国实践

在人工智能技术发展和治理方面，我国的实践做法有四大特点：一是以促进人工智能"向善"发展为目标，充分体现"促创新发展"的政策导向和理念；二是采用垂直和领域性的监管思路，"保障急用先行"，努力追求更高的治理效率。[37]三是注重协同治理，在尊重人工智能发展规律的基础上，充分发挥政府和市场的积极性，不断完善人工智能治理的制度供给，促进人工智能创新发展与监管规范相协调。四是注重加强人工智能领域的科技伦理治理。

一、以人为本和平等发展的国际主张

人工智能作为最具代表性的颠覆性技术，在给人类社会带来新的发展机遇和巨大发展红利的同时，其不确定性意味着更多潜在的风险和全球性挑战，引发伦理关切。中国始终致力于在人工智能领域构建人类命运共同体，积极倡导"以人为本"和"智能向善"理念，主张增进各国对人工智能伦理问题的理解，确保人工智能安全、可靠、可控，更好赋

---

[37] 张凌寒. 深度合成治理的逻辑更新与体系迭代——ChatGPT 等生成型人工智能治理的中国路径.

能全球可持续发展，增进全人类共同福祉。

2023年10月，我国在第三届"一带一路"国际合作高峰论坛期间提出《全球人工智能治理倡议》（以下简称"倡议"），围绕人工智能发展、安全、治理三方面系统阐述了人工智能治理的中国方案，为全球人工智能治理提供了建设性解决思路。该倡议中明确提出，发展人工智能应坚持"以人为本"理念，以增进人类共同福祉为目标，以保障社会安全、尊重人类权益为前提，确保人工智能始终朝着有利于人类文明进步的方向发展。积极支持以人工智能助力可持续发展，应对气候变化、生物多样性保护等全球性挑战。

2023年11月，包括中国、美国、英国和欧盟在内的28个国家和地区，在首届人工智能安全峰会上签署《布莱奇利宣言》，同意协力打造一个"具有国际包容性"的前沿人工智能安全科学研究网络，以共同研究和应对人工智能发展可能带来的潜在风险。

人工智能技术的潜在风险具有隐蔽性、跨域性、全球性、长期性。近年来，包括美国、英国、欧盟在内的多个国家和地区已着手开展人工智能的治理工作，并提出各自的治理方案。尽管当前有一系列法律法规、伦理规范和技术标准对人工智能进行治理，但资本逐利的倾向可能导致技术异化，需要从国际层面展开持续性、系统性和协同性的人工智能治理。我国已明确表达了人工智能治理的基本立场，即发展人工智能应坚持以人为本、智能向善的宗旨，遵守适用的国际法，符合和平、发展、公平、正义、民主、自由的全人类共同价值，共同防范和打击恐怖主义、极端势力和跨国有组织犯罪集团对人工智能技术的恶用滥用。在倡议中，我国还提出，要逐步建立健全法律和规章制度，保障个人隐私与数据安全；坚持伦理先行，建立并完善人工智能伦理准则、规范及问责机制，形成人工智能伦理指南，建立科技伦理审查和监管制度；坚持公平性和非歧视性原则，避免产生针对不同或特定民族、信仰、国别、性别等偏见和歧视等。在人工智能治理领域，我国提出的完善人工智能治理规范和伦理准则、建立问责机制等倡议，符合全球人工智能发展和治理趋势，也是有效应对人工智能技术带来的新挑战的有效途径，为全球人工智能治理秩序构建贡献了中国智慧。

人工智能发展可能使得富裕国家和贫困国家之间的差距进一步加大，甚至使得一些智能化技术和产业发展相对落后的国家陷入不得不遵从先行国家制定的规则的困境。国际货币基金组织的一项研究发现，人工智能等新技术可能使更多投资转向已经实现自动化的发达经济体。发展中国家与发达国家之间存在"智能鸿沟"与治理落差，面临着与发达国家在科技和产业发展方面的"代差"风险。针对这一问题，我国在倡议中提出，各国无论大小、强弱，无论社会制度如何，都有平等发展和利用人工智能的权利。增强发展中国家在人工智能全球治理中的代表性和发言权，确保各国人工智能发展与治理的权利平等、机会平等、规则平等，开展面向发展中国家的国际合作与援助，不断弥合智能鸿沟和治理能力差距。

二、鼓励创新发展

习近平总书记指出"人工智能是新一轮科技革命和产业变革的重要驱动力量"，强调"我们要深入把握新一代人工智能发展的特点，加强人工智能和产业发展融合，为高质量发展提供新动能"。2023 年 4 月，中共中央政治局会议特别指出，要重视通用人工智能发展，营造创新生态，重视防范风险。在技术创新日新月异、各国竞相抢占未来竞争制高点的大变局时代，不发展是最大的风险，也是最大的不安全，发展是应对一切挑战和解决一切问题的前提和关键。总的来看，我国对人工智能治理坚持"技术主义"路径和场景化逻辑，相比于欧盟的横向治理具有明显的制度引领和先发优势。[38]

---

[38] 张凌寒. 以发展为导向的生成型人工智能治理.

2017年发布的《新一代人工智能发展规划》明确指出，要以提升新一代人工智能科技创新能力为主攻方向，发展智能经济，建设智能社会；要前瞻应对风险挑战，推动以人类可持续发展为中心的智能化，全面提升社会生产力、综合国力和国家竞争力。该规划中提出了我国发展人工智能需要坚持的四个原则：科技引领、系统布局、市场主导和开源开放，并提出了到2030年我国人工智能发展的"三步走"战略目标。"鼓励创新发展"的基本理念贯穿该规划始终。

在人工智能治理的共识性理念方面，2019年，我国新一代人工智能发展规划推进办公室下属的国家新一代人工智能治理专业委员会发布了《新一代人工智能治理原则——发展负责任的人工智能》（以下简称《治理原则》），旨在更好地协调人工智能发展与治理的关系，确保人工智能安全可控可靠，推动经济、社会及生态可持续发展，共建人类命运共同体。《治理原则》将共识性治理理念体系化，形成了"和谐友好、公平公正、包容共享、尊重隐私、安全可控、共担责任、开放协作、敏捷治理"的基本治理原则。与其他代表性国家或地区的治理理念相比，这一原则体系更具包容平衡性。

我国推出的全球首部专门针对生成式人工智能的监管法规《生成式人工智能服务管理暂行办法》（以下简称《暂行办法》），本着技术服务于社会进步和人的自由全面发展的基本宗旨，以促进人工智能"向善"发展为目标，沿着发展和安全两条主线展开，充分体现了我国在人工智能领域坚持发展和安全并重、促进创新和规范治理相结合的发展理念，在全球范围也有重要的引领和示范意义。《暂行办法》在采取有效措施鼓励生成式人工智能创新发展的同时，提出了对生成式人工智能服务实行包容审慎和分类分级监管的思路和要求，从训练治理、内容安全、安全评估、算法备案和责任承担等方面对生成式人工智能进行规范。以《暂行办法》作为文件名，意味着随着技术和应用的创新发展，该制度也将进行动态调整和及时回应。《暂行办法》第一条将"促进生成式人工智能健康发展和规范应用"作为首位目标，第三条阐明："国家坚持发展和安全并重、促进创新和依法治理相结合的原则，采取有效措施鼓励生成式人工智能创新发展，对生成式人工智能服务实行包容审慎和分类分级监管"，用词排序上，将"发展""创新"置于"安全""治理"之前，凸显出《暂行办法》将生成式人工智能的创新与发展置于重要地位。"实行包容审慎和分类分级监管"及"采取有效措施提高算法透明度"等表述都体现了鼓励支持和促进发展的主基调。

最终发布的《暂行办法》与之前公布的征求意见稿相比，修改和删除了不少条款，从不同角度反映了顺应人工智能技术发展规律、鼓励创新应用和发展等监管理念。例如，征求意见稿曾提到"不得根据用户输入信息和使用情况进行画像"的规定，但从生成式人工智能技术的当前应用及其发展趋势看，定制化服务、个人助手都是其重要功能，而这些应用场景都必然与个人信息密切关联，是需要建立在个人相关数据挖掘基础上的服务。如果禁止用户画像，就意味着限制了生成式人工智能个性化服务的场景应用和创新。再如，征求意见稿中曾提出，用户需要提供真实身份信息的实名制规定，这一要求在最终发布的《暂行办法》中被删除。《中华人民共和国网络安全法》中的确有对于通过网络发布信息内容、使用即时通信等应用的实名制相关要求，但从生成式人工智能、大模型自身的技术特点来看，用于训练的数据不可能永远保证是真实的，生成式人工智能不一定必然涉及实名制规范的应用场景。

三、重点领域先行

近年来，我国重点聚焦净化网络信息内容生态环境，"大数据杀熟"、网络新就业群体劳动权益保护、互联网广告与营销等社会热点问题和与百姓生活关系密切的问题，围绕保护消费者权益，维护市场公平竞争，保护特定就业群体、未成年人、弱势群体权益等,出台了一系列人工智能应用相关的规范和制度。

算法治理成为重点之一。我国已出台了《网络信息内容生态治理规定》《关于加强互联网信息服务算法综合治理的指导意见》《互联网信息服务深度合成管理规定》等,重点治理的技术应用场景主要有深度合成、算法推荐、人脸识别、信息推送服务等,监管对象偏重于信息内容和信息安全方面。

2021年9月,国家互联网信息办公室等九部门出台了《关于加强互联网信息服务算法综合治理的指导意见》,对算法服务提出了较为全面的管理要求。该意见提出,利用三年左右时间,逐步建立治理机制健全、监管体系完善、算法生态规范的算法安全综合治理格局。该意见同样强调强化企业主体责任,包括算法安全责任、科技伦理审查等。

2022年3月开始实施的《互联网信息服务算法推荐管理规定》是我国第一部聚焦算法治理的法规。其中明确提出,要对生成合成类、排序精选类、检索过滤类、个性化推送类、调度决策类等算法进行监管。这一管理规定对算法推荐服务提供者提出了多方面的义务和要求,提出了包括算法安全风险监测、算法安全评估、算法备案管理等一系列具体治理措施,进一步强化平台企业在算法治理方面的主体责任。

在算法治理方面,深度合成技术成为我国进行立法规制的重点技术和服务类型。相关制度主要是从促进技术正向应用的角度,为人工智能深度合成技术应用设置"红线"。《网络音视频信息服务管理规定》《网络信息内容生态治理规定》《互联网信息服务算法推荐管理规定》等制度都禁止将深度合成算法用于虚假新闻信息和其他违法违规活动。2023年1月开始实施的《互联网信息服务深度合成管理规定》,从训练治理、安全评估、内容安全和责任承担等多个方面,对利用深度学习、虚拟现实等生成合成类算法提供的互联网信息服务作出了制度性规定，并重申了算法相关的管理制度、技术保障及信息内容安全等要求。

为更好地保护个人信息和隐私、保护消费者合法权益，《中华人民共和国个人信息保护法》《中华人民共和国电子商务法》《在线旅游经营管理服务暂行规定》等法律法规，都设置了对算法应用进行规制的条款，提出了向个人提供选择权限、开展影响评估、个人可以要求说明和享有拒绝权限等具体的措施和要求，在鼓励利用算法提高经济活动效率的同时，更好地保护用户个人权益。

四、注重科技伦理治理

人工智能必须遵守人类的伦理和价值观，遵守人类社会的法规和标准准则，从这个意义上说，人工智能治理不仅需要"立规"，更需要"立心"。尤其是人工智能应用引发的社会伦理问题越来越具有隐蔽性、突发性、不可预测性的特点，给科技伦理治理提出新的挑战，在推进人工智能发展应用的过程中，同步甚至是提前考虑科技伦理问题显得愈发重要。调整和完善科技伦理制度由此成为人工智能时代的重要议题。2016 年以来，不仅公共部门强调利用伦理政策文件来进行干预，私有企业也积极发布伦理原则来体现社会责任和领导力。[39]联合国教科文组织已经推出人工智能伦理建议书，为人工智能全球治理奠定了重要基础，其中提出了四个重要的价值观：尊重和保障人权，保护环境的多样性和生态的多样性，保持人类社会的多样性、多元性和包容性，和平和互联互通。伦理规范虽然缺乏强制力，但却是最容易使用并引导技术设计方向的治理工具。

我国一直高度重视人工智能科技伦理治理。2019 年 7 月，中央全

---

39 曹建峰. 人工智能治理：从科技中心主义到科技人文协作.

面深化改革委员会第九次会议审议通过了《国家科技伦理委员会组建方案》，正式确立了国家层面科技伦理治理的组织机构。2022年3月发布的《关于加强科技伦理治理的意见》中明确了国家科技伦理委员会的管理职责。

科技伦理治理的制度体系日益完善。《中共中央关于坚持和完善中国特色社会主义制度 推进国家治理体系和治理能力现代化若干重大问题的决定》和《中华人民共和国国民经济和社会发展第十四个五年规划和 2035 年远景目标纲要》等国家重大战略和规划，都对科技伦理体系建设作出了总体部署，要求健全科技伦理治理体制，健全科技伦理体系。2021 年 12 月修订的《中华人民共和国科学技术进步法》增加了科技伦理相关条款，对健全科技伦理治理体制作出了规定，要求科学技术研究开发机构、高等学校、企事业单位等主体履行科技伦理管理主体责任，提出对科学技术活动开展伦理审查。2022 年 3 月出台的《关于加强科技伦理治理的意见》中明确提出了"伦理先行"的治理要求，并提出了五大科技伦理原则，即增进人类福祉、尊重生命权利、坚持公平公正、合理控制风险和保持公开透明。围绕人工智能发展，《新一代人工智能发展规划》《新一代人工智能治理原则》《新一代人工智能伦理规范》等政策文件，明确提出科技伦理是科技创新活动必须遵守的基本价值准则，提出了人工智能发展的基本伦理要求和具体伦理规范。此外，一些地方层面的立法，如《深圳人工智能产业促进条例》和《上海促进人工智能产业发展条例》等，都提出要加强人工智能伦理治理，将其作为人工智能技术和产业健康发展的重要保障。

五、进一步的建议

在人工智能治理领域，一方面，在世界各国对人工智能及相关的算法、深度合成等技术的治理中，我国在立法与监管上走在了前列；另一方面，我国在具体的治理制度建设、治理模式完善等方面还存在不少问题。人工智能的发展日新月异，需要持续深化人工智能相关问题研究，探索和构建起具有中国特色的人工智能创新与规范发展之路。

一是树立和坚持"在发展中治理"的监管理念。

当前我国人工智能产业即将进入规模化应用落地爆发期，类似系统安全、算法应用争议等问题时有发生，需要客观看待发展中的问题，更好地坚持"在发展中治理"的监管理念和原则。作为一种新型通用目的技术，人工智能是先进生产力的代表，代表着新质生产力的发展方向，其发展势不可挡。从历史上看，以机械动力技术为支撑的纺织机代替手工纺织的时候，也曾出现过愤怒的工人狂砸机器的现象；汽车刚刚问世的时候，也曾有过诸如汽车的速度不允许超过马车的规定，汽车也遭到了马车夫的大力抵制。但技术进步的步伐和先进生产力的发展是任何力量都阻挡不了的。人工智能的创新发展对提升数字经济时代国家竞争力、保障国家安全和增进人民福祉，都具有战略性意义。针对人工智能技术创新发展中的问题及其潜在的风险，"暂停"并不是解决问题之道；根本上需要靠发展去解决和防范。

二是建立健全关于人工智能的综合性和基础性制度框架。

如前所述，近年来我国围绕人工智能技术应用的热点领域和应用场景，制定了一些监管制度，但迄今为止我国并没有国家层面专门针对人工智能技术的综合性法律框架。现行的关于人工智能的制度和规则分散于不同领域，如互联网信息内容服务、电子商务交易、市场竞争等，且部分内容主要针对的技术及场景相较于当前的技术发展程度，已经存在一定的滞后，难以充分应对迅猛发展的人工智能技术和产生的问题。[40]应该看到，技术自身发展及其应用领域和场景的创新呈现持续加速态势，

---

40 AIGC 相关法律问题初探——模型层和应用层.

"基于场景"的纵向监管路径虽具有制度引领和先发优势，但"零敲碎打"分领域立法方式不得不正视成本高、滞后性等缺陷。[41]

因此，需要在已有对深度合成治理等专门性监管制度设计的基础上，围绕解决人工智能领域通用性和基础性问题，加快推进国家层面关于人工智能的综合性立法和制度建设。综合性、基础性的人工智能立法重点解决监管制度的稳定性和前瞻性，从而对各个领域针对具体场景的监管制度形成有效互补。同时，需要统筹规划人工智能相关的法律、行政法规、部门规章、技术标准、行业标准等，逐步构建与我国产业发展和应用需求相适应的人工智能法律体系。

三是加强和完善基于技术的治理。

人工智能技术本身是一种可以被广泛应用于治理领域的高效的技术治理工具，比如，联邦学习、数据匿名化等技术在数据安全和隐私保护中已经被证明发挥了重要作用。目前已经有企业尝试在数据处理阶段、算法设计阶段和模型优化阶段进行"伦理设计"，利用更先进的技术手段加强对个人信息泄露、算法歧视、虚假信息泛滥等问题的治理。围绕"AI 黑箱"问题，OpenAI 公司启动了一项新研究，在其 2023 年 5 月发表的《语言模型可以解释语言模型中的神经元》文章中，让 GPT-4 对 GPT-2 的运行原理进行初步的自然语言解释，希望为治理算法"黑箱"提供技术解决方案，这些都是"应用技术治理技术"的有益探索。

因此，要持续夯实我国在核心技术和关键技术领域的技术能力和水平，提升人工智能安全体系保障能力。持续跟进人工智能技术发展最新态势，结合我国技术发展现状，持续加大在算法安全、数据安全、模型安全等方面的核心技术研发投入，尤其需要加强对自主可控的新一代人工智能技术研发，建立健全相关技术安全标准体系。全面提升数据中心、

---

41 张璐. 通用人工智能风险治理与监管初探——ChatGPT 引发的问题与挑战.

超算中心等新型基础设施和芯片、集成电路等基础产业的安全保障能力。

四是建立敏捷治理机制。

世界经济论坛在 2018 年提出了敏捷治理（Agile Governance）的概念，以再思考第四次工业革命中的政策制定问题。[42]我国国家新一代人工智能治理专业委员会在 2019 年发布的《新一代人工智能治理原则——发展负责任的人工智能》中提出了"和谐友好、公正公平、包容共享、尊重隐私、安全可控、共担责任、开放协作和敏捷治理"八项原则。[43]其中，敏捷治理强调的是，治理原则要贯彻到人工智能产品和服务的全生命周期，及时发现和解决可能引发的风险，确保人工智能始终朝着有利于人类的方向发展。敏捷治理是一套具有柔韧性、流动性、灵活性或适应性的行动或方法，是一种自适应、以人为本，以及具有包容性和可持续的决策过程；敏捷不仅意味着治理的应对速度要增加，而且需要重新思考和重新设计政策流程。[44]人工智能技术催生新业态、新模式大量涌现，合成数据、数字孪生、数字人、元宇宙等未来的制度发展都需要治理的敏捷应对。因此，人工智能将重新需要一个灵活和反应迅速的治理框架，以最大限度地提高其重新应对不断变化的风险和问题的能力。[45]

建立健全人工智能敏捷治理机制，一方面需要继续完善相关法律法规体系，注重对已出台制度的细化和落地实施，注重加强面向人工智能企业等主体的制度解读和合规运营指导，细化企业合规免责制度。另一方面，要充分发挥软法在提升治理敏捷性方面的重要作用，与硬法相比，行业自律公约、伦理规范、标准指南等软法程序更灵活、适应性更强，

---

42 World Economic Forum. Agile Governance Reimagining Policy-making in the Fourth Industrial Revolution.
43 中华人民共和国科学技术部. 发展负责任的人工智能：新一代人工智能治理原则发布.
44 薛澜，赵静. 走向敏捷治理：新兴产业发展与监管模式探究.
45 Walter G, Johnson, Diana M. Bowman. A Survey of Instruments and Institutions Available for the Global Governance of Artificial Intelligence.

可以服务于多种治理目标，已成为人工智能治理的最常见形式。[46]最后，创新政策制定方式，建立人工智能发展相关的政府部门、产业界、研究界、公众之间的有效沟通和对话机制，通过商谈对话，相关各共同体之间可以增进相互理解，消除各共同体之间信息的不对称性，使各共同体之间的实际利益矛盾得到相对完善的解决[47]，同时充分发挥大数据等作为政策分析、模拟的辅助工具作用，提高决策的科学性和有效性。

---

46 Gutierrez C, Marchant G. How Soft Law is Used in AI Governance.
47 王前，张卫.工程安全的伦理问题透视——以 PX 项目的社会影响为例.

第八章

平台经济高质量发展：
中国式现代化的必然要求

平台经济是以互联网为代表的新一代信息技术与人类社会生产和生活深度融合的产物,是继农业经济、工业经济之后的一种全新的生产力形态,也是一种全新的生产力组织方式。过去二十年,伴随着全球范围数字经济的快速发展,我国平台经济快速崛起,产生了广泛而深刻的经济社会影响。李强总理指出:平台经济在时代发展大潮中应运而生,为扩大需求提供了新空间,为创新发展提供了新引擎,为就业创业提供了新渠道,为公共服务提供了新支撑,在发展全局中的地位和作用日益凸显。[1]网络化、智能化技术支撑下,平台经济发展大大提高了全社会资源配置效率,持续推动技术和产业变革朝着信息化、数字化、智能化方向加速演进,是推动形成新质生产力的重要力量。

但是,我国平台经济发展中也存在一些突出问题,一些平台企业发展不规范、存在风险,平台经济发展不充分、存在短板,监管体制不适应的问题较为突出。[2]新发展阶段,全面推进中国式现代化建设对平台经济规范健康持续发展提出了新要求和新需求。顺应新质生产力发展趋势和实践要求,持续推进平台经济监管创新,完善促进平台经济发展的制度体系,构建与新质生产力相适应的新型生产关系,成为重要的理论和实践课题。

---

[1] 李强主持召开平台企业座谈会.
[2] 习近平主持召开中央财经委员会第九次会议.

第一节 平台经济发展与监管的双重逻辑

一、我国平台经济发展历程与成效

1994 年 4 月 20 日，我国开通了接入互联网的 64 kbit/s 国际专线，实现了与互联网的全功能连接，成为第 77 个拥有全功能互联网的国家。这一连接，开启了互联网在中国大发展的进程，中国自此也进入了由互联网驱动经济社会大变革的进程。

（一）我国平台经济发展历程

根据互联网技术演进、网络应用和服务的主要领域和特点等，中国平台经济发展大致可以分为如下几个阶段。

第一阶段，20 世纪 90 年代中后期到 21 世纪初。这一时期，主流的互联网应用是新闻信息、电子邮件和搜索引擎，出现了诸如新浪、网易、搜狐、雅虎等一批综合性新闻服务门户网站。用户使用网络的主要目的在于获取信息和进行电子化、网络化沟通，推送式的内容服务是主要的网络服务，个人计算机是主要的网络终端，网络广告是主流商业模式。

第二阶段，21 世纪初到 2010 年前后。这一时期，从用户应用的角度看，平台经济发展的特点体现在两大方面。一是信息传播方面，互联网应用的最大变革就是从专业生产内容（Professional Generated Content，PGC）转向用户生产内容（User Generated Content，UGC），用户不再仅仅是互联网信息的被动接受者和消费者，还是生产者和传播者。这一时期出现了博客、播客、微博等主流应用，个人创造的内容大量出现，并带动相关内容产业发展。二是以淘宝、京东等为代表的电子商务平台发展迅速，用户规模不断扩大。

第三阶段，从 2011 年到 2019 年前后，是我国平台经济的快速扩张期。随着我国信息基础设施的不断完善，智能手机和移动互联网普及，"互联网+"上升为国家战略，大众创业、万众创新成为这一时期的主题，我国平台经济呈现爆发式增长态势。从购物、社交、出行到日常生活服务，平台经济深刻改变着人们的生产生活方式，催生大量新业态、新模式；消费互联网领域市场竞争激烈，一批头部平台企业在竞争中脱颖而出，用户规模、市场规模和经济社会影响力持续扩大。

第四阶段，2020 年以来，我国平台经济发展进入"创新和规范"两手抓的高质量发展新阶段。随着平台经济规模和平台型企业影响力的持续扩大，平台经济新业态、新模式在为经济发展注入新动能的同时，其带来的负面影响也逐步显现，潜在风险也在不断积累。从 2020 年下半年开始，针对平台经济发展中的不规范问题和潜在风险，我国开展了针对性的规范化治理。在反垄断、数据安全、金融监管等方面出台了一系列政策和法规，平台经济的创新和高质量发展越来越受到重视。平台经济发展进入常态化监管、创新与规范并重的新时期，合规发展和合规化水平成为平台型企业立足市场和获得竞争优势的重要前提。

（二）我国平台经济发展成效

平台经济是信息技术深化应用与我国经济市场化改革的重要成果，互联网进入中国的 30 年也是平台经济崛起和快速发展的 30 年。依托规模经济、范围经济和长尾效应，迄今中国已发展成为全球最大的互联网市场，拥有全球最多的网民和移动互联网用户，以及最活跃的互联网技术和应用创新生态。截至 2023 年年底，我国网民规模达 10.92 亿人，互联网普及率达 77.5%。中国信息通信研究院发布的研究报告显示，到 2022 年年底，我国市场价值超过 10 亿美元的互联网平台企业达 167 家；

腾讯、阿里巴巴、抖音、美团、蚂蚁金服等 5 家头部平台企业的价值规模总计约为 1.3 万亿美元。

依托规模经济、范围经济和长尾效应，平台经济在提升整体经济发展水平、满足人民日益增长的多样化需要、促进全社会创业创新和提升经济发展的普惠性等多个方面发挥了重要作用，平台企业成为引领发展、创造就业和参与国际竞争的重要力量。

在制造业领域，数据显示，2023 年，我国规模以上互联网和相关服务企业完成互联网业务收入 17483 亿元，同比增长 6.8%。5G 行业应用从点状示范向部分领域规模化复制演进，5G 应用案例数超 9.4 万个，已融入 97 个国民经济大类中的 71 个，覆盖 7 成大类行业，并在采矿、电力、港口等行业规模复制；实现我国 31 个省（区、市）、所有地市覆盖。"5G+工业互联网"加快推广，5G 全连接工厂陆续落地，推动 5G 应用从外围辅助向核心生产控制环节拓展，5G 网络的时延、可靠性等指标为生产业务稳定性提供保障。[3]

在服务业领域，我国已连续 11 年成为全球第一大网络零售市场，2023 年全国网上零售额 33082 亿元，同比增长 12.4%；其中，实物商品网上零售额 28053 亿元，同比增长 11.6%，占社会消费品零售总额的比重为 23.3%。

在政务服务方面，我国数字政府在线服务指数继续保持全球领先，积极推进"高效办成一件事"，92.5%的省级行政许可事项实现网上受理和"最多跑一次"。数字文化建设全面推进，数字阅读用户达到 5.7 亿人。数字社会更加普惠可及，网民规模达到 10.92 亿；数字教育和数字医疗健康服务资源加速扩容下沉。[4]到 2023 年年初，全国各类政务微信

---

3 工业和信息化部. 2023 年通信业统计公报解读.
4 国家数据局. 数字中国发展报告（2023 年）.

小程序总计达 9.5 万个，比 2019 年增长 2 倍多。[5]

二、平台经济发展与监管的理论逻辑

平台并不是近些年才出现的新事物。从古代的集市到现代的农贸市场，再到各种媒体中介，这些实际上都是各种不同形式的平台。在信息技术高度发达的今天，我们关注的是建立在网络技术基础上的平台经济。以信息技术为支撑发展起来的平台经济是数字技术应用和商业模式创新深度融合的结果，呈现出高成长性、广覆盖性、强渗透性，是对传统经济形态具有颠覆性的新业态，其独特性主要体现在以下几个方面。

（一）网络效应与规模经济

平台把生产商和消费者联系起来，足够多的买方和足够多的卖方是平台企业快速扩张的重要基础。2007 年，包括诺基亚、三星、摩托罗拉等在内的主要移动手机生产商基本占据了全球盈利份额的 9 成，同年，苹果公司开始推出 iPhone 手机，2015 年，苹果公司独占全球手机市场盈利份额的 9 成左右。这一事例生动地反映了平台经济的颠覆性。苹果公司推出的不仅是传统的手机终端硬件，而且通过其应用商店打造了一个开放式平台，一边是用户，另一边是应用开发商。任何一边参与者数量的增加都会吸引另一边参与者的增加，平台的价值也随之出现指数级提升，即网络效应。平台的网络效应有直接和间接两类：直接网络效应是指某一产品或服务的使用者数量的增多，会提升其使用价值；间接网络效应是指产品或服务的某一类使用者增多，会提升它对于其他类使用者的使用价值，也被称为"交叉网络外部性"。但在有些情况下，网络交叉外部性可能是负性的。比如，在新闻类门户网站或搜索引擎平台中，对消费者用户而言，发布广告的企业商户较少，平台若投放商业广告将

---

5 腾讯研究院.2023 行业突围与复苏潜力报告.

直接影响用户的阅读体验，因而存在用户流失的风险。在这种情况下，平台两边用户的交叉网络效应是不对称的。一方带来正网络效应的同时，另一方得到的网络效应可能是负的。这种交叉网络效应的不对称性，在各类平台中都可能存在。

网络效应的存在使得平台企业之间的竞争呈现出新特点。一是价格竞争更加激烈。正网络效应的存在，使得一个用户是否加入网络平台的决策可能直接影响其他潜在用户是否加入网络平台的决策。因此，平台之间围绕边际用户竞争的激烈程度，远远高于不存在网络效应时的激烈强度，这种激烈竞争的存在可能会拉低均衡价格水平，同时也是平台企业持续加快技术创新的重要驱动力。二是竞争维度更多。平台企业之间的竞争不仅体现在价格、产品和质量等方面，更体现在用户规模、技术兼容性、对数据的收集和使用、算法设计与优化、技术创新与迭代速度等多个方面。三是一个平台在具备一定用户基础之后，往往会基于主营业务和产品不断向外拓展，构建起越来越大的生态圈，形成范围经济。这也给企业之间的竞争关系带来新变化：在某个发展阶段没有业务方面的交叉和竞争关系，但随着企业生态圈的不断扩大，可能成为同类市场中的竞争对手。[6]

（二）"赢者通吃"的市场结构

对于双边市场平台而言，交叉网络外部性使得其临界容量具有二维性质。[7]以电商平台为例，平台交叉网络外部性的存在可能会导致正反馈效应，即卖家越多，提供的产品和服务越丰富，买方从平台上获取的效用就越大，买方群体随之不断扩大；而买方数量越多，每个卖家从平台上获取的预期收益也越高，进一步吸引更多的卖家聚集。反之则是，平

---

[6] 胡滨，杨涛，程炼，等. 大型互联网平台的特征与监管.
[7] David S. Evans, Richard Schmalensee. Failure to Launch: Critical Mass in Platform Businesses.

台上的卖家越少，产品种类越少，买方能从平台上获取的效用就越少，群体就会缩小；买方规模的缩小又会进一步使得卖家从平台上获取的预期收益降低，导致卖方规模缩小。正反馈效应使得平台存在一个临界容量，只有买方和卖方数量超过该规模时，才能走向正向循环；否则将出现负循环。"临界容量"作为无形的进入壁垒，使得最终存活下来的平台数量有限，即市场结构趋于集中。

网络效应的存在意味着，一旦平台双边或多边用户数量越过"临界点"就非常容易实现规模经济。"规模"是平台提升资源配置效率的重要前提，规模经济也是平台经济的突出特点和优势之一，平台规模越大，越有利于提高资源配置效率。[8]网络效应和规模经济直接影响平台企业的成本。平台具有边际成本递减甚至边际成本趋零的特点。平台企业发展初期，其技术研发、固定资产投资、营销投资等投入很大；在平台运行期间，维护其正常运行的投入也比较大；平台进入成熟期后，每增加一个使用者，所支出的边际成本将逐渐减少，有时甚至接近于零。[9]因此，随着平台用户体量的增大，其边际成本会呈现出逐渐下降的态势，而且可以极低或忽略不计的边际成本为更多的额外用户提供服务，使其收益出现快速增长甚至是指数级增长。

网络效应和规模经济导致的"赢者通吃"这一特点，也使得平台企业之间的竞争进一步加剧。企业必须尽快汇聚起能够在激烈竞争的市场上生存下去所必需的用户规模，即让用户规模达到足以产生正向网络效应的"临界点"。在这种情况下，平台企业可能会采用定价低于成本的策略，这种策略在传统经济下通常被看作是掠夺性行为，而对具有网络效应的平台经济企业而言，则是其经常会采用的一种竞争策略。

---

8 胡滨，杨涛，程炼，等. 大型互联网平台的特征与监管.
9 Täuscher K, Laudien S M. Understanding Platform Business Models: S Mixed Methods Study of Marketplaces.

（三）定价机制和价格结构

"价格结构重要性"是双边市场区别于单边市场的关键所在。平台对供需双方都有定价能力，双侧垄断定价是平台经济的重要特征。[10]平台的价格结构设计是平台追求利润最大化的结果，尤其要考虑平台双边的交叉外部性。平台能够有效地采用交叉补贴策略，对卖方和买方施加不同的价格策略并对其产生不同影响。[11]不同平台的价格结构差异很大，如许多门户网站对普通大众免费，而通过面向企业客户投放广告盈利；Windows 操作系统则是对消费者收费（购买正版系统），而对应用程序开发商免费。

同一平台在不同的发展阶段也可能采用不同的定价策略。因为用户规模扩大和活跃度提升是平台企业获取并维持长久收益的重要保障，因而在发展初期，平台企业通常会本着吸引尽可能多的用户群体加入这一原则来设计价格结构，以提升用户活跃度和繁荣平台交易。平台往往对需求价格弹性较大的一方进行低于边际成本的定价，甚至提供补贴。[12]因而，对平台经济或平台型企业而言，最重要的是价格结构而不是价格水平，利润最大化的产品定价与其边际成本并无直接关系。在市场竞争中，资源（特别是低成本汇聚的免费资源）有助于增加平台人气和流量，由此产生的数据通过算法进行加工，有利于推动平台主营业务发展，算法在竞争中发挥着越来越重要的作用。[13]

---

10 Hawkley A, Holland A C, Kominers S, et al. A Price Theory of Multi-sided Platforms.
11 JC Rochet, J Tirole. Two-sided Markets: A Progress Report. RAND Journal of Economics.
12 M Armstrong. Competition in Two-sided Markets.
13 Maurice Stucke, Allen Grunes. Big Data and Competition Policy.

（四）平台的多重角色

首先，平台企业是一个独立的市场主体。平台企业是平台经济下最主要的微观经济组织，是进行资源配置和价值创造的新型市场主体。从这一角度看，平台企业与传统企业一样，需要采用多种市场策略不断形成自身的竞争优势，从而立足于激烈竞争的市场，并不断创造经济和社会价值。

其次，平台企业又是一个市场和商业生态系统的创造者，这是平台企业与传统企业的本质区别。平台企业一方面基于互联网平台连接市场中的供需双边用户，构建起一个"生产者用户—平台—消费者用户"的新型价值共创范式。[14]平台企业对所构建起的这个市场具有很大的影响力甚至是控制权，比如制定进入和退出规则，对进入市场交易的各方用户进行评价，制定交易规则，提供交易保障等。另一方面，平台企业还利用网络技术对经济社会系统的各种商业元素进行资源聚合与资源配置，形成以平台型企业为核心的网络化商业生态圈。平台企业不仅是提供渠道的媒介、提供机会的中间商，它的核心利益是建立起一个完善的"生态系统"，让有利益相关性的诸多群体彼此交流互动，实现价值的飞跃，达到"1+1=10，2+2=100"。[15]换句话说，平台型企业基于平台领导（Platform Leadership）和平台治理（Platform Governance）引领着生态圈内的组织成员共同创造价值。[16]在这个生态系统中，传统企业能够将内部管理生产要素的成本外化为平台上的交易成本，形成一种新型产业组织形态。[17]从这个意义上说，平台型企业又超越了传统意义上的企业组织。

最后，平台企业尤其是大型平台提供的服务越来越具有基础服务的

---

14 肖红军，阳镇. 平台企业社会责任：逻辑起点与实践范式.
15 陈威如，余卓轩. 平台战略：正在席卷全球的商业模式革命.
16 阳镇. 平台型企业社会责任：边界、治理与评价.
17 胡凌. 从开放资源到基础服务：平台监管的新视角.

特点，平台也就有了基础设施的属性。作为平台经济的重要载体，其外在形态可能是网站或 App，重要的是其背后共通的东西：支撑大量创新、交易和服务实现的技术和相关的底层服务架构。传统的底层架构包括行业标准、基础通信设施、金融机构、交易所等，众多中间人起到了沟通交易信息和推动交易完成的功能。[18]从实践层面看，平台提供的核心基础服务主要包括技术服务、数据存储与数据分析、支付与结算、物流服务、信用评价、纠纷调解等。通常用户和交易规模越大、市场复杂度越高，对平台所能提供的基础服务的需求就越大。互联网平台企业提供的基础服务使得生产的社会化水平和效率显著提高，不断重塑着数字经济时代社会生产组织形式，从这个角度看，平台基础服务成为数字经济的重要组成部分。[19]此外，为了提供这些基础服务，平台企业的投入也是巨大的。平台提供的基础服务中，有些是为了提升自身优势在市场竞争中自行选择和发展起来的，如不断迭代的技术创新；有些服务则来自政府监管的强制性要求，如数据管理；有些服务甚至需要向有关部门申请获取牌照，如支付等。

三、平台经济发展和监管的制度逻辑

除经济逻辑外，从国家经济社会发展的宏观视野和战略层面看，我国对平台经济的监管创新还有其内在的制度逻辑。

（一）构建新发展格局需要真正确立竞争政策的基础性地位

近年来，我国经济发展面临的国内外形势日益复杂。从国际上看，2008年金融危机后，世界经济陷入持续低迷，经济大循环动能出现弱化，

---

18 Marina K. The Middleman Economy: How Brokers, Agents, Dealers, and Everyday Matchmakers Create Value and Profit.
19 胡凌. 从开放资源到基础服务：平台监管的新视角.

突发新冠肺炎疫情严重冲击着全球产业链和供应链,一些西方国家贸易保护主义抬头。在持续深化的科技革命和产业变革影响下,世界贸易和产业分工格局发生重大调整。从国内来看,随着经济发展水平大幅提升,社会发展的主要矛盾、社会需求结构、生产函数等都发生显著变化,生产体系内部供需脱节和循环不畅的问题更加凸显。在此背景下,我国提出加快构建以国内大循环为主体、国内国际双循环相互促进的新发展格局,努力通过科技创新实现稳增长和防风险长期均衡。

构建新发展格局的重要任务就是着力解决经济循环中的"痛点"问题,使生产、分配、流通、消费各环节的经济循环更加畅通,实现需求牵引新供给和供给创造新需求的高质量动态平衡。这就要更加重视发挥市场竞争及竞争政策的基础性作用,一方面提升资源配置效率,充分调动市场主体的积极性和创造性,培育经济发展新引擎;另一方面消除有碍于公平竞争和市场创新的各种障碍,营造更加公平竞争的市场环境。围绕促进自主创新,形成以竞争政策为基础地位、产业政策与竞争政策有效协同的技术创新政策体系,也就成为构建新发展格局的重要政策支撑和基本要求。[20] "十四五"时期我国深化改革开放的重要目标之一,就是进一步健全公平竞争制度。平台经济监管的重要作用就在于规范市场行为和维护市场秩序,确保市场机制的作用得到充分发挥。

(二)经济社会高质量发展要求平台经济必须持续健康发展

"高质量发展"是我国"十四五"时期的关键词。在实现高质量发展过程中,平台经济将发挥重要作用。近年来我国平台经济快速发展,商务部数据显示,2023年全年网上零售额为15.42万亿元,同比增长11%,我国已连续11年成为全球第一大网络零售市场;实物商品网零占社零比重增至27.6%,创历史新高。平台经济作为经济发展新动能和生产力

---

[20] 黄群慧. 新发展格局的理论逻辑、战略内涵与政策体系——基于经济现代化的视角.

新的组织方式,对优化资源配置、促进跨界融通发展和大众创业万众创新、推动产业升级、拓展消费市场尤其是增加就业的作用,已经得到我国政府的充分肯定。[21]

不可忽视的另一面是,平台经济发展同样带来了新的挑战和问题。在资本与技术的强力支撑下,超级网络平台崛起,在创造巨大社会财富的同时,其对社会公权力的潜在冲击已经成为理论界和业界广泛关注的热点话题,数据安全、隐私保护、劳动者权益、社会公平等一系列新老问题纠缠在一起。[22]由于巨大的规模效应、网络效应和锁定效应,加之数据、算法、人工智能等技术的支撑,大型平台企业更容易获得市场优势地位甚至是支配地位。在商业利益的驱动下,大型平台滥用市场支配地位破坏市场公平竞争秩序、损害消费者权益等问题屡见不鲜。坚持促进发展和监管规范并重、强化反垄断和防止资本无序扩张、推动平台经济规范健康持续发展成为社会共识。

(三)完善平台经济监管是新时代提升政府治理能力的必然要求

当前,网络平台正日益广泛深入地应用到社会生产、生活、施政等各个领域,随着数字化转型步伐的加快,未来将实现对人类社会全方位的渗透。从社会生产的角度看,在2020年全球百强企业中,有六成以上企业的主要收入来自平台业务,一些大型平台依托其拥有的技术和人才优势、不断积累的海量数据资源、覆盖日益广泛的网络基础设施,形成了强大的社会资源调配能力和影响社会生产、分配、交换与消费关系的能力。从人们生活的角度看,以在线支付为例,2020年,42.7%的消费者每天使用1~5次在线支付,36.7%的消费者每周使用几次线上支

---

21 国务院办公厅关于促进平台经济规范健康发展的指导意见.
22 于凤霞. 平台经济: 新商业 新动能 新监管.

付，从未使用过线上支付的消费者比例不到1%。[23]从政务活动领域看，随着数字政府建设的全面推进，网络平台已经成为公众获取公共服务和参政议政的新渠道，其对政府宏观经济调控和市场监管的重要性也与日俱增。

凭借其掌握的海量数据资源和强大的技术能力，如今平台已经发生了质的变化，由信息交互的交易中介，发展、壮大为集信息汇集、要素生产、资源配置、规则制定于一体的新型经济中枢，成为政治权力和市场权利之间的第三力量。[24]平台权力不同于以往来源于法定、授权或者分权的传统权力，表面上看并不具有强制性，更多地体现为一种影响和支配他人的经济性的、市场性的权力。随着数据化、网络化基础设施的不断完善和广泛渗透，大型平台构筑起越来越高的"数据隔离墙"，形成"数据独占"，还在越来越大程度上影响甚至控制着社会生产和再生产过程。一些超级平台依托资本和技术联姻，攫取了属于用户的私权利和政府的公权力，掌握了超出企业权力界限的"超级权力"。[25]这种情况下，平台经济监管不仅仅是维护市场秩序和经济发展的问题，还与政府治理能力提升和国家治理体系建设息息相关。

第二节 我国平台经济监管的实践探索

一、平台经济监管面临的新形势和新挑战

随着平台经济规模的不断扩大，传统的产业监管政策和制度措施在平台经济领域的局限性日益突出，同时满足"效率、公平和可执行性"

---

23 中国信息通信研究院.中国居民信息消费调查报告（2020年）.
24 张晨颖.公共性视角下的互联网平台反垄断规制.
25 方兴东，严峰.网络平台超级权力的形成与治理.

面临越来越大的挑战，这些挑战的出现有着诸多深层次原因。

（一）产业结构变化和消费结构出现显著变化

从供给侧看，一是我国服务业发展规模和水平不断提高，主导产业地位逐步确立，日益成为经济发展的主动力和经济平稳运行的"压舱石"。2023年，我国第三产业（服务业）增加值达688238亿元，占国内生产总值（GDP）的比例为54.6%，双双创下历史新高。作为中国经济增长的支柱性产业之一，第三产业增加值占GDP的比例已连续9年超过50%。二是以数字化、网络化为特征的新型服务和新型消费的规模持续扩大。国家信息中心发布的《中国共享经济发展报告（2023）》显示，2022年，网约车客运量占出租车总客运量的比重约为40.5%，较上年提高6.4个百分点，在线外卖收入占全国餐饮业收入的比重约为25.4%，较上年提高4个百分点。

从需求侧看，国家统计局数据显示，2023年，最终消费支出对我国经济增长的贡献率为82.5%，消费已经成为拉动我国经济增长的第一动力。随着新发展格局的逐步形成，消费对经济增长的贡献率还将进一步提升。居民消费支出内部结构也呈现新变化。例如，在餐饮消费领域，2022年，在线外卖人均消费支出在餐饮消费支出中的占比约为25.4%，较上年提高了4个百分点。[26]

经济结构和需求结构的上述变化，要求市场监管的对象和重点也要随之有所调整，除了传统上对有形商品的监管，还要更加关注对无形服务的质量和安全等的监管，更加关注对数字化文化内容知识产权的保护，更加关注新兴消费领域的服务标准、服务质量和消费者权益保护等。

---

26 国家信息中心. 中国共享经济发展报告（2023）.

（二）新业态、新模式、新产品加速涌现

技术创新在越来越多领域的应用日益成熟，催生出一大批影响日益广泛的新产业、新业态、新模式和新产品。虚拟现实、机器人、人工智能、区块链、新材料等新兴产业方兴未艾，呈现出巨大的发展潜力。新产品创新迭代持续加速。电子商务平台上各类新产品、新品牌呈现爆发式增长。有数据显示，2022 年，天猫平台上有 500 个品牌新品销售总额破亿元，平均每天有 136 个销售量超过百万的新品诞生。[27]2020 年 4 月—2021 年 3 月，京东平台商品上新数量超千万，新品年度销售额贡献超六成，新发品牌数量超过 5 万个。[28]从商业模式和市场运行的角度看，数字经济新业态的发展呈现出虚拟市场与实体市场并存共生、线上市场与线下市场深度融合、基于网络平台的生态化扩张和跨界竞争等特点。

这种形势下，一方面，许多新兴产业领域的制度和规则体系尚不健全，人们对新兴产业发展规律的认识还在不断深化中，市场监管需要在不断提升对新兴产业规律认识的基础上更新监管理念、制度和方式方法。另一方面，在新产品监管方面，传统上参考相关国家标准、地方标准或行业标准对入市新产品进行某种形式的准入管理的不适应性愈发凸显。此外，行业和市场边界越来越模糊对市场监管也提出了新挑战。

（三）平台型企业的多重身份及其微观治理的重要性凸显

截至 2023 年 3 月月底，我国上市互联网企业总市值 11.1 万亿元，有 10 家企业上榜全球互联网企业市值前 30 名。[29]从市场监管的角度看，平台企业的多重身份具有"双刃效应"，一方面，平台企业在其发展中会逐步建立起一套用以规范平台内经营者和参与用户的规则体系，包括

---

[27] 天猫小黑盒. 2023 线上新品消费趋势报告.
[28] 京东小魔方. 新锐品牌崛起加速，年轻化成新品突围关键词.
[29] 中国信息通信研究院. 2023 年一季度我国互联网上市企业运行情况.

经营者信息核验、产品和服务质量、网络和数据安全保障、信用管理、风险控制等多个方面，这些平台内生治理规则越来越成为政府市场监管的重要补充。[30]另一方面，一些超级平台在利用"超级权力"追求商业利润的同时损害社会整体福利。所有这些都对数字经济时代的市场公平竞争监管提出了新要求和新挑战。

（四）对数据和资本等重要生产要素的市场监管面临新挑战

首先，数据成为新的重要生产要素，成为一个国家经济社会发展的基础性、战略性资源。2022年我国数据产量达8.1ZB，同比增长22.7%，占全球数据总产量的10.5%，位居世界第二；我国大数据产业规模达1.57万亿元，同比增长18%。[31]因数据具有可复制、边际成本低、交易形态隐蔽、权属复杂且在一定程度上带有公共产品属性等特点，数据市场与普通商品和服务市场的差异显著，如何在充分激活数据要素价值的同时，对个人隐私信息、企业运营中积累的数据、政府和公共部门的数据进行有效监管，不管在法律和制度建设层面还是实践层面，都是市场监管中面临的重大新问题和新挑战。

其次，如何有效发挥资本对平台经济的积极作用也引发新的关注。一方面，近年来的实践表明，资本扩张与平台经济发展之间存在相互强化的作用机制。[32]另一方面，近年来我国平台经济领域出现的资本短时期内快速向某个领域集中、"烧钱换市场"的扩张路径、高度投机化的获利手段等问题，反映了过度追求利润最大化使得资本扩张走向无序的问题。如何既充分发挥资本作为重要生产要素的作用，又依法规范和引导其健康发展，这对市场监管提出了新的要求。

---

30 于凤霞. 我国平台经济监管的理论逻辑与政策实践.
31 国家互联网信息办公室. 数字中国发展报告（2022）.
32 于凤霞. 资本扩张与平台经济发展：机理、影响与规制.

二、平台经济监管政策演进

对于平台经济新业态、新模式,我国总体上秉承的是包容审慎、底线监管的监管原则和政策导向。

(一)"包容审慎"监管阶段

2015年3月,《中共中央 国务院关于深化体制机制改革加快实施创新驱动发展战略的若干意见》提出,要"改进互联网、金融、环保、医疗卫生、文化、教育等领域的监管,支持和鼓励新业态、新商业模式发展。"作为该意见要求的进一步贯彻落实,在同年7月出台的《国务院关于积极推进"互联网+"行动的指导意见》中进一步提出,要"构建开放包容环境","破除行业壁垒,推动各行业、各领域在技术、标准、监管等方面充分对接,最大限度减少事前准入限制,加强事中事后监管"。

2016年出台的《"十三五"国家战略性新兴产业发展规划》对如何监管新业态、新模式作了进一步的阐述,首次提出要在监管实践中协调好包容创新与严守底线的关系。关于如何监管新业态、新模式,这里的核心思想就是"放管结合,区分不同情况",即看得准的新业态要量身定制监管模式;看不准的领域要鼓励包容发展;潜在风险大的要切实加强监管;以创新之名行非法经营之实的则坚决取缔。这里实际上已经体现了"包容创新"和"审慎监管"的基本理念。

2017年3月的《政府工作报告》首次针对新兴产业明确提出完整的"鼓励创新、包容审慎"原则。同年6月召开的国务院常务会议再次强调,要按照"鼓励创新、包容审慎"原则,审慎出台新的准入和监管政策。

毫无疑问,包容审慎监管理念对于推动以平台经济、共享经济为代表的新业态的快速发展发挥了重要作用,这也是我国顺应新一轮信息技术革命及全球数字经济发展大趋势而采取的监管策略。经过国家层面的大力推动,这一原则在一系列文件中被提及,我国关于包容审慎监管理念的政策演进如表 8-1 所示。2019 年 10 月,《优化营商环境条例》明确提出,要"对新技术、新产业、新业态、新模式等实行包容审慎监管"。"包容审慎监管"被正式写入我国行政法规,作为具有正式法律意义的监管原则,成为中国特色社会主义法治体系的一部分。[33]

表 8-1　我国关于包容审慎监管理念的政策演进

时间	文件名称	具体提法
2015 年 3 月	《中共中央 国务院关于深化体制机制改革加快实施创新驱动发展战略的若干意见》	"改进互联网、金融、环保、医疗卫生、文化、教育等领域的监管,支持和鼓励新业态、新商业模式发展"
2015 年 7 月	《国务院关于积极推进"互联网+"行动的指导意见》	"构建开放包容环境" "破除行业壁垒,推动各行业、各领域在技术、标准、监管等方面充分对接,最大限度减少事前准入限制,加强事中事后监管"
2016 年 11 月	《"十三五"国家战略性新兴产业发展规划》	"坚持放管结合,区分不同情况,积极探索和创新适合新技术、新产品、新业态、新模式发展的监管方式,既激发创新创造活力,又防范可能引发的风险。对发展前景和潜在风险看得准的'互联网+'、分享经济等新业态,量身定制监管模式;对看不准的领域,加强监测分析,鼓励包容发展,避免管得过严过死;对潜在风险大、有可能造成严重不良社会后果的,切实加强监管;对以创新之名行非法经营之实的,坚决予以取缔"
2016 年 5 月	《2016 年推进简政放权放管结合优化服务改革工作要点》	"要区分不同情况,积极探索和创新适合其特点的监管方式,既要有利于营造公平竞争环境,激发创新创造活力,大力支持新经济快速成长,又要进行审慎有效监管,防范可能引发的风险,促进新经济健康发展"

---

[33] 张效羽. 行政法视野下互联网新业态包容审慎监管原则研究.

续表

时间	文件名称	具体提法
2017年1月	《关于创新管理优化服务培育壮大经济发展新动能加快新旧动能接续转换的意见》	"探索动态包容审慎监管制度" "坚持建设发展与管理管控相结合，量身定做监管制度，逐步完善已形成规模、影响力较大的新产业新业态的监管制度体系" "包容处于发展初期的新业态发展。提高行业自律管理水平和能力，搭建企业与政府监管部门沟通协调桥梁，不断促进规范发展"
2017年3月	《政府工作报告》	"本着鼓励创新、包容审慎原则，制定新兴产业监管规则，引导和促进新兴产业健康发展"
2017年7月	《关于促进分享经济发展的指导性意见》	"坚持包容审慎的监管原则，探索建立政府、平台企业、行业协会以及资源提供者和消费者共同参与的分享经济多方协同治理机制"
2018年9月	《中共中央 国务院关于完善促进消费体制机制进一步激发居民消费潜力的若干意见》	"坚持审慎监管，推动新消费成长。深化'放管服'改革，实施包容审慎有效监管"
2019年9月	《国务院关于加强和规范事中事后监管的指导意见》	"对新兴产业实施包容审慎监管，促进新动能发展壮大"
2019年10月	《优化营商环境条例》	"政府及其有关部门应当按照鼓励创新的原则，对新技术、新产业、新业态、新模式等实行包容审慎监管，针对其性质、特点分类制定和实行相应的监管规则和标准，留足发展空间，同时确保质量和安全，不得简单化予以禁止或者不予监管"

坚持"包容审慎"的原则并不意味着不监管，与其密切相关的另一个监管理念是"底线监管"。"底线"是事物发生质变的度的临界点，是不能突破的临界点。一旦突破这些临界点或底线，事情就会发生质变，从"可以接受"变得"不可接受"。底线思维为创新探索提供空间，留有余地，底线之上应鼓励大胆探索与创新。坚持底线监管的原则，就是在监管实践中做到"有为"与"有畏"的统一。要对市场规律、法律与道德伦理红线等保持足够的敬畏，还要对可能出现的最坏情形有充分的预

见和准备。[34]

我国在《关于创新管理优化服务培育壮大经济发展新动能加快新旧动能接续转换的意见》《关于促进分享经济发展的指导性意见》《关于促进平台经济规范健康发展的指导意见》《关于加强和规范事中事后监管的指导意见》《关于支持新业态新模式健康发展激活消费市场带动扩大就业的意见》等一系列文件中都明确提出,要坚持底线思维、严守质量和安全底线,尤其是对于与人民生命财产安全、社会稳定、文化安全、金融风险等密切相关的业态和模式,严格规范准入条件,强化监管。例如,对于网络直播营销新业态,我国总体上是持鼓励和支持态度,但同时也在不断压实包括网络平台、商品经营者、网络直播者在内的各方主体责任,依法严厉查处网络直播营销中存在的侵犯消费者合法权益、不正当竞争、侵犯知识产权、违反食品安全规定等违法违规行为。

(二)集中整治阶段

从 2020 年下半年开始,针对平台经济发展中的不规范问题和潜在风险,相关部门围绕反垄断、数据安全、金融监管等出台了一系列法规和制度,平台经济进入较为集中的规范化治理阶段。

2020 年年底,全国经济工作会议以依法规范发展为基调,提出"强化反垄断和防止资本无序扩张",意味着我国政府对反垄断提出新要求,反垄断上升到国家层面。加强平台经济领域反垄断和反不正当竞争执法及防止资本无序扩张成为我国市场监管现代化建设的重要任务。

2021 年 2 月 7 日,国务院反垄断委员会印发了《关于平台经济领域的反垄断指南》,这是全球第一份专门针对平台经济的系统性反垄断指南,涵盖了平台经济发展中的诸多突出问题。该指南的发布充分体现

---

34 张新红,于凤霞. 共享经济 100 问.

了我国政府努力通过建立健全平台经济法律法规，维护数字经济时代市场经济竞争秩序和实现经济高质量发展的决心。当前，世界各国对平台经济新业态、新模式的监管都处于探索期，尚未形成成熟可借鉴的有效监管模式，在这种形势下，我国推出该指南无疑是平台经济监管领域的重大突破，产生了重要的国际影响和时代意义。3月15日，中央财经委员会第九次会议进一步提出："要坚持正确政治方向，从构筑国家竞争新优势的战略高度出发，坚持发展和规范并重，把握平台经济发展规律，建立健全平台经济治理体系，明确规则，划清底线，加强监管，规范秩序，更好统筹发展和安全、国内和国际，促进公平竞争，反对垄断，防止资本无序扩张。"

2021年12月的中央经济工作会议进一步指出，一方面，要"深入推进公平竞争政策实施，加强反垄断和反不正当竞争，以公正监管保障公平竞争。"另一方面，要"正确认识和把握资本的特性和行为规律""要为资本设置'红绿灯'，依法加强对资本的有效监管，防止资本野蛮生长"。

平台经济领域监管执法不断加强，2021年我国平台经济监管执法的主要事件如表8-2所示。2020年，蚂蚁集团暂缓上市；2021年，阿里巴巴和美团均因不正当竞争而被处以巨额罚款。这些被看作是我国平台经济发展历程中具有历史转折性意义的事件。

表8-2　2021年我国平台经济监管执法的主要事件

时间	事件
2021年4月10日	国家市场监管总局依法对阿里巴巴集团"二选一"等行为作出行政处罚，责令其停止违法行为，并处以其2019年销售额的4%计182.28亿元的罚款，同时对其进行行政指导
2021年4月26日	国家市场监管总局对美团在中国境内网络餐饮外卖平台服务市场滥用市场支配地位行为立案调查。同年10月8日，国家市场监管总局向美团发出行政处罚决定书

续表

时间	事件
2021年4月30日	国家市场监管总局依法对互联网领域内九起违法实施经营者集中案作出行政处罚决定,对腾讯控股有限公司等企业分别处以50万元人民币罚款
2021年7月	工业和信息化部启动互联网行业专项整治行动,集中整治扰乱市场秩序、侵害用户权益、威胁数据安全、违反资源和资质管理规定等行为
2021年7月10日	国家市场监管总局依法禁止虎牙公司与斗鱼公司合并

(三)常态化监管阶段

2022年4月29日的中央政治局会议作出"促进平台经济健康发展,完成平台经济专项整改,实施常态化监管"的指示;同年7月的中央政治局会议强调,要完成平台经济专项整改,实施平台经济常态化监管,集中推出一批"绿灯"投资案例。这些都标志着我国对平台经济规范发展的重点从"强化反垄断和防止资本无序扩张"转向"促进平台经济健康发展",平台监管也随之进入常态化阶段。2022年12月,中央经济工作会议站在加快建设现代化产业体系的高度,提出要"提升常态化监管水平,支持平台企业在引领发展、创造就业和国际竞争中发挥重要作用",国家对平台企业和平台经济发展的定位进一步提高。从构筑国家竞争新优势的战略高度出发,建立健全全方位、多层次、立体化监管体系,依法强化反垄断监管执法,成为新时期我国发展和规范平台经济的常态。

三、平台经济监管的重点

(一)市场准入监管

近几年快速兴起的共享型平台依托数字化技术,高效整合和匹配分散化的社会资源,由此更多的主体获得了灵活地参与平台经济的机会和能力,这对传统服务业的市场许可、准入制度提出了新挑战。为统筹平衡新老业态发展,加强行业安全管理,在发展较快的网约车和在线民宿领域，相关部门结合平台经济特点提出了相应的准入要求。

以网约车为例，2016年出台的《网络预约出租汽车经营服务管理暂行办法》，在明确网约车合法化身份的同时，对网约车的市场准入、司机资质要求等方面都作出了规定，各城市结合自身特点也出台了更加细化的准入制度和要求。从实践层面看，通过对运营车辆、驾驶员户籍等方面的准入限制来降低市场风险和保障安全，也引起不小的争议。2021年年底出台的《关于促进平台经济规范健康发展的指导意见》提出，要进一步完善市场准入条件，降低企业合规成本。例如，合理设置行业准入规定和许可，放宽融合性产品和服务准入限制，清理和规范有碍平台经济健康发展的行政许可、资质资格等事项，从而让更多人参与到平台经济活动中来，分享新业态发展带来的新机遇。

随着网约车平台模式的不断创新，2018年以来，聚合模式发展迅速。2023年4月26日，交通运输部等多部门联合发出《关于切实做好网约车聚合平台规范管理有关工作的通知》，首次从国家层面对聚合平台作出了明确定位，对聚合平台和网约车平台实施分类监管，并从保障乘客和驾驶员合法权益、维护公平竞争市场秩序等五个方面提出相应要求。

（二）竞争行为监管

公平竞争是市场经济的核心。党和政府历来高度重视健全公平竞争的审查机制，加强反垄断和反不正当竞争执法，以促进形成公平竞争的市场环境。近年来，针对平台经济领域日益凸显的市场垄断、无序扩张、野蛮生长等问题，相关部门不断推进反垄断执法、立法和司法进度，一系列旨在规范市场竞争行为的监管制度相继推出。加强平台经济反垄断和反不正当竞争规制被写入我国《建设高标准市场体系行动方案》和《中共中央 国务院关于加快建设全国统一大市场的意见》，成为我国加快建设高效规范、公平竞争、充分开放的全国统一大市场的重要任务。2019年

6月,《禁止滥用市场支配地位行为暂行规定》正式公布,其中认定互联网领域经营者具有市场支配地位。

2021年是平台经济领域反垄断具有标志性意义的一年。制度建设层面,2021年2月,国务院反垄断委员会印发并实施《关于平台经济领域的反垄断指南》,界定了平台、平台经营者、平台内经营者及平台经济领域经营者等基础概念,提出对平台经济开展反垄断监管应当坚持保护市场公平竞争、依法科学高效监管、激发创新创造活力、维护各方合法利益的原则。该指南的发布为加强平台经济领域反垄断监管提供了科学有效、针对性强的制度规则,促进各类市场主体深化对《中华人民共和国反垄断法》的理解和认识。同年,我国启动了《中华人民共和国反垄断法》修订工作。执法层面,2021年,国家市场监督管理总局对阿里巴巴、美团等大型平台企业开出巨额罚单,对其不正当竞争行为的界定和行政处罚,形成了对电子商务市场、网络餐饮外卖市场乃至整个平台经济领域的监管执法范例。国家市场监管总局发布的《中国反垄断执法年度报告(2021)》显示,2021年,国家市场监管总局反垄断处罚案例共122起,其中92起与平台企业有关。截至2022年7月月底,涉及平台经济的经营者集中案件共13起。我国平台经济领域集中整改取得了阶段性成效,相关法律制度加快完善,与平台经济发展相关的规范化发展水平明显提升。

国家反垄断体制机制进一步完善。2021年11月,国家反垄断局正式挂牌,这是继2018年国务院机构"三合一"改革之后的又一重大举措。反垄断监管力量不断充实,反垄断执法法治化和规范化水平将进一步提高。随着国家反垄断局的正式成立,公平竞争政策在我国经济政策中的基础性地位将得到切实保障,尤其当竞争政策和产业政策或其他政策发生冲突时,独立的反垄断执法机构可以代表竞争政策与其他相关部门进行充分的协调沟通。

（三）数据安全和算法监管

平台经济的技术支撑主要涉及数据和算法。近年来，我国围绕加强信息保护和数据安全的立法工作进入快车道。在数据安全监管方面，《中华人民共和国网络安全法》《中华人民共和国数据安全法》《中华人民共和国个人信息保护法》三部法律定位不同，规范内容各有侧重，组成了我国数据安全治理的整体框架。从总体上看，我国数据安全管理主要体现在对重点主体、重要数据类型、重要数据处理活动的监管。明确界定、落实和强化关键信息基础设施运营者主体的责任，明确平台尤其是超大型平台在个人信息保护方面的责任，明确平台企业在跨境使用数据时的制度要求等。

2022年7月，国家互联网信息办公室对滴滴公司作出网络安全审查相关行政处罚的决定，滴滴公司被处以人民币80.26亿元罚款，被业内称之为我国"数据第一罚"。根据国家网信办就滴滴公司被罚案件"答记者问"所公布的信息，滴滴公司存在8个方面、16项违法事实，主要集中在对个人信息的处理方面，大致可分为4类：收集信息方式违法、收集用户信息过度、未对个人信息采取相应的加密安全技术措施和未经授权处理个人信息。对滴滴公司违规使用个人数据进行行政处罚，也标志着互联网的一个"旧时代"的结束和一个"新时代"的开启，即制度从过去注重信息、内容、行为等显性的浅层，开始进入注重数据、算法等隐性的深层。[35]

在算法监管方面，一方面是从反不正当竞争、保护消费者权益、保护个人信息安全等多个角度，对算法应用提出了规范和要求。另一方面是规范算法在互联网信息服务领域的应用。《法治社会建设实施纲要

---

35 方兴东, 何可, 钟祥铭. 数据崛起: 互联网发展与治理的范式转变——滴滴事件背后技术演进、社会变革和制度建构的内在逻辑.

（2020—2025 年）》提出，要制定完善的算法推荐、深度伪造等新技术应用的规范管理办法。

2022 年 3 月开始实施的《互联网信息服务算法推荐管理规定》，是我国第一部聚焦于算法治理的部门规章，也是全球第一部系统性规制算法的文件。这些法律法规实施后，相关配套制度的出台和落实有望加快推进，从国家、地方、行业等多个方面完善国家数据安全治理的制度体系。

（四）新就业形态劳动者权益保护

在平台经济发展的早期，相关部门本着鼓励和支持新业态发展的原则，对平台经济新就业形态的管理相对比较宽松和灵活。随着平台企业用工模式的不断创新、平台新就业群体数量的持续快速增长，劳动者权益保障面临越来越大的挑战，制度"短板"日益凸显，对基于网络平台的新就业形态的规范化管理提上日程。

完善平台企业用工和劳动保障制度已成为我国规范平台经济发展的重要抓手。[36]2019 年出台的《关于促进平台经济规范健康发展的指导意见》提出，要维护平台从业人员合法权益，抓紧研究完善平台企业用工和灵活就业等从业人员社保政策，开展职业伤害保障试点。2021 年出台的《关于服务"六稳""六保"进一步做好"放管服"改革有关工作的意见》则把"支持和规范新就业形态发展"作为进一步推动优化就业环境的重要任务。

2021 年 7 月，《关于维护新就业形态劳动者劳动保障权益的指导意见》《关于切实维护新就业形态劳动者劳动保障权益的意见》《关于做好快递员群体合法权益保障工作的意见》《关于落实网络餐饮平台责任 切实维护外卖送餐员权益的指导意见》四份文件密集出台，反映出这一系

---

36 于凤霞. 基于劳动者保护视角的平台经济规范与发展.

列政策的重要性及解决相关问题的迫切性。相关部门从具体操作指导的角度，出台了一系列配套文件。2023年11月，人力资源和社会保障部编制了《新就业形态劳动者休息和劳动报酬权益保障指引》《新就业形态劳动者劳动规则公示指引》《新就业形态劳动者权益维护服务指南》等。地方创新持续推进。2024年1月开始实施的《广东省灵活就业人员参加失业保险办法》，对灵活就业人员参加失业保险的参保缴费（包括缴费基数和比例、失业保险待遇）作出了相关规定，明确办理参保手续地点、机构、所需材料，进一步规范了当地新业态从业等灵活就业人员参加失业保险及待遇核发工作，保障灵活就业人员失业保险权益。

规范平台企业面向平台内经营者的收费行为，也是维护新业态从业者权益的重要措施。2023年，交通运输部把推动降低交通运输新业态平台过高的抽成比例作为推出的12件民生实事之一，推动交通运输新业态平台全部下调抽成上限并向社会公布，下调抽成比例幅度普遍在1～3个百分点。

此外，我国还注重加强对重点群体的网络保护。《未成年人网络保护条例》于2024年1月1日起正式实施。这是中国出台的第一部针对未成年人网络保护的综合立法，重点就规范网络信息内容、保护个人信息、防治网络沉迷等作出规定，要求多方参与、多措并举，共同保护未成年人。

第三节　平台经济常态化监管

一、平台经济监管中存在的问题

作为处在快速发展中的新业态、新模式，平台经济如何实现有效监管已经成为世界各国面临的共同课题。中国式现代化建设需要高质量的平台经济提供动力和支撑,平台经济发展也会随着中国式现代化的全面推进呈现出新的阶段性、趋势性变化。对于平台经济,我们需要在监管与发展中寻求最大"公约数"和平衡点。监管的根本目的是提高平台经济发展质量,为平台经济创新拓展更大空间。过去几年,我国在平台经济监管制度建设、监管执法等方面作了积极探索和创新,平台经济规范化发展水平持续提升。但应该看到,监管实践中仍存在诸多亟待解决的问题。

(一)依托行政权力的直接监管方式弊端凸显

长期以来,我国政府监管部门同时扮演市场促进者和监管者的双重角色,塑造了行政逻辑全面渗透和吸纳市场机制的独特格局。[37]在平台经济快速发展的大背景下,这种监管模式的制度惯性依然存在,行政许可、行政检查、行政处罚及"巡查式""运动式"的传统监管方式占据主导地位,信用监管、基于大数据的风险预警、事前的合规化指导等非直接监管方式的作用未得到充分发挥。其弊端在于:一是传统属地化、条块式的管理体制越来越难适应平台经济发展形势的需要,政府监管在信息获取和处理、违规违法行为甄别和处置等多个方面都面临高昂成本,多头监管、职能交叉、效率不高等问题更加突出;二是地方自由裁量权过大,这极易引发权力寻租;三是平台经济具有"一点运营、全国服务"的特点,由于各地的执法标准和执法程序差异较大,使得平台企业在不同属地开展经营活动的合规成本显著增加;四是直接监管方式极易造成监管部门与平台企业之间的紧张关系。

(二)监管工作缺乏有效协同

一方面,从监管部门之间的关系看,当前对平台经济监管主要采取

---

[37] 胡颖廉. "中国式"市场监管:逻辑起点、理论观点和研究重点.

"谁审批、谁监管；谁主管、谁监管"的模式，但平台经济具有典型的跨领域和跨行业等特点，监管会涉及诸多部门，加之现阶段我国平台经济监管制度体系尚未健全，实践中部门之间责任边界不清、出现问题相互推诿、职责交叉或重叠、监管过度等问题屡见不鲜，严重影响监管效率。例如，在共享住宿领域，旅游、工商、税务、食药监、网信、公安、消防等部门都负有监管责任，但迄今为止并未建立起有效的联动和协同机制，既难以形成监管合力而影响监管效果，也导致平台企业疲于应付，甚至是无所适从。在线教育、在线外卖等领域都存在类似的问题。另一方面，从监管部门与平台企业的关系看，有效监管还需要监管部门与平台企业之间的高效协同。尤其是在重大突发事件发生后，政府和平台企业之间高效、健全的联动机制，以及明确和规范的程序性协同处置要求，都是提高政府应急处置能力的重要保障。

（三）有效监管面临数据共享不足的"瓶颈"

平台经济时代，有效监管必然离不开数据支撑。从政府角度看，各类平台在日常经营活动中积累了大量的数据，既有反映用户画像等情况的静态数据，也有反映市场供需和交易等情况的动态数据，这些都是相关部门进行宏观调控、开展有效和精准监管的重要依据。但政府并不掌握这些数据，也就难以开展深度挖掘和应用。从一定程度上说，平台经济的快速发展在提高市场效率的同时，也造成了政府和各类数据之间的隔离，影响着政府监管的有效性。从平台企业的角度看，一方面，政府及相关公共服务部门在日常工作中生成、采集和保存了大量与公众的生产生活息息相关的数据，是一个国家最主要的数据生产者和保存者。在大数据、人工智能等现代技术快速发展的大背景下，公共数据的开放水平直接影响着平台企业的业务创新，也影响着数据要素向现实生产力的转化水平。另一方面，平台企业建立内部治理机制也需要大量的政府数据作为支撑。但目前我国公共数据开放水平尚无法满足平台经济快速发展的需要。

（四）监管制度建设滞后于实践发展需要

平台经济作为一种新业态和新模式，不管是支撑技术本身，还是应用模式和业态的发展，都呈现出迭代速度快、渗透范围广、跨界融合度高等特点，原有制度的不适应性日益凸显。加之在许多尚未完全看清的领域，我国都本着"鼓励创新、包容审慎"的原则，让监管的手"慢一拍"，以为其发展预留尽可能的充足空间。因此，从总体上看，我国平台经济监管制度建设步伐明显落后于其创新发展速度。这一方面符合人类认识发展的基本规律，另一方面也对加快相关制度建设提出了迫切要求。在制度建设过程中，既要解决"补缺"问题，即填补监管制度空白；还要解决"落地"问题，即确保制度具有针对性、操作性和实效性；此外，还需要做好制度之间的相互衔接。

二、平台经济常态化监管趋势

2022年4月29日，中共中央政治局召开会议分析研究当前经济形势和经济工作，指出"要促进平台经济健康发展，完成平台经济专项整改，实施常态化监管，出台支持平台经济规范健康发展的具体措施"。这指明了中国针对平台经济监管的未来方向将进入"常态化监管"阶段。

（一）反垄断反不正当竞争常态化，不断强化公平竞争的基础地位

反不正当竞争在维护公平竞争中具有基础性作用，直接影响着市场经济的发展水平和质量。2022年8月1日开始实施的新修订的《中华人民共和国反垄断法》进一步增强了对平台经济竞争监管的针对性，积极回应平台经济领域利用数据和算法、技术等实施垄断行为、损害市场竞争问题。例如，增补了经营者不得利用数据和算法、技术、资本优势、平台规则等进行垄断等法律规定。进一步明确竞争政策的基础地位，确

立平台经济领域反垄断监管执法的基本原则和公平竞争审查制度的法律地位，大幅提高了包括平台企业在内的经营者的违法成本，为开展平台经济领域反垄断监管执法提供了法治保障。作为新修订的《中华人民共和国反垄断法》的配套制度，国家市场监管总局还出台了《禁止垄断协议规定》《禁止滥用市场支配地位行为规定》等部门规章，重点增加规制平台经济领域垄断行为的相关内容，明确认定平台经济领域垄断行为的考量因素，统一反垄断执法的程序、标准和尺度。

作为对《中华人民共和国反不正当竞争法》《中华人民共和国电子商务法》等现有法规的进一步细化，《网络反不正当竞争暂行规定》（以下简称《规定》）于 2024 年 9 月 1 日正式实施，将为我国平台经济常态化监管提供重要的制度保障。《规定》充分体现了包容审慎的监管理念：一方面，对于"二选一"、刷单炒信等司法实践充分并且达成共识的领域，作出更明确的规制要求；另一方面，针对目前还在实践探索中的领域（如商业数据使用）出现的新型不正当竞争行为，给予原则性和导向性的回应，为后续的政策制定、立法规制等预留空间。

《规定》的重要亮点在于，系统梳理了网络不正当竞争行为，为市场监管部门精准识别和遏制网络不正当竞争行为提供明确的依据。例如，明确了传统不正当竞争行为（如仿冒混淆、虚假宣传等）在网络环境中的新的具体表现形式，对一直游离于监管之外的刷单炒信、好评返现等问题进行规制，进一步消除了监管盲区；细化了流量劫持、恶意干扰、恶意不兼容等网络不正当竞争行为的具体表现形式及执法过程中的认定因素；对非法数据获取、歧视待遇、反向刷单等利用技术手段实施的新型不正当竞争行为进行规制；同时还设置了兜底条款，为可能出现的新问题、新行为提供监管依据。《规定》还优化了监管部门执法办案的程序规定，进一步明确法律责任和强化平台责任，以更好地维护公平竞争的市场秩序，保护经营者和消费者的合法权益，促进数字经济规范持续健康发展。

（二）覆盖事前事中事后全链条的、多种监管方式相结合的监管体系将加快建立

平台经济监管的根本目的是促进其持续健康发展。与过去更多采用事后追责和事后处罚不同的是，未来我国将加快建立健全覆盖事前事中事后全链条的监管体系。通过加强"事前"的合规指导和规范化管理，结合对"事中"市场竞争状态评估和潜在风险监测预警，"事后"的监管执法及对相关问题的进一步处置和修正，使市场主体在更加科学完善的监管体系中运行，最大可能地减少不确定性，稳定市场预期。

建立健全全链条监管体系意味着：一是将结合不同领域平台经济发展的阶段和特点，围绕市场准入、平台运营、数据管理、用户服务、用工管理等重点环节和方面，明确全链条监管的主要事项，细化和规范监管流程；二是持续优化服务流程，在严把行业准入关的同时，为各类主体进入相关市场提供便捷、高效的准入和营商服务；三是加快完善跨部门监管的协调机制，充分发挥部门联席会议制度的协调作用，凝聚和提升监管合力。全链条监管还意味着我国将采取多种监管方式相结合的综合性监管模式。从近年来的监管实践看，除监管执法外，开展合规经营行为指导、组织企业自查自纠、行政约谈、开展现场检查、督促整改等监管方式的作用越来越凸显。

（三）平台经济监管将由政府主导走向多元主体协同

在多元主体协同治理模式下，政府、平台企业、其他社会组织等都将发挥各自不同而又互补的作用。一方面，政府的作用体现在：首先，建立必要的法律法规和制度保障，从优化市场准入条件、维护市场公平、推进社会信用体系建设等多方面营造良好营商环境，为大众创业、万众创新提供良好的制度土壤；其次，要在具有不同目标和利益诉求的参与主体之间建立利益协商机制，以取得"最大公约数"，科学合理地化解

和解决利益差异化所产生的纠纷与冲突[38]；最后，要加强监管执法，对违法违规的平台企业及平台内经营者追究责任和进行惩戒，维护稳定和公平的市场秩序。另一方面，平台企业的主体责任进一步明确和落实。平台企业在其发展中会逐步建立起一套用以规范平台内经营者和参与用户的规则体系，通常会涉及经营者信息核验、产品和服务质量、网络和数据安全保障、信用管理、风险控制等多个方面。这些平台内生治理规则将成为政府监管的重要补充。此外，行业协会等社会组织、社会公众等都将对监督平台经济规范发展发挥积极作用。例如，以行业协会引导平台企业间加强对严重违法失信名单的互通和互认，推动平台企业对入驻商户的违法行为进行联合打击和防范；通过建立网上信息公示制度，提高平台企业经营活动的透明度，加强社会监督。

（四）大数据、区块链等技术应用持续深化

区块链、大数据、人工智能等技术的发展为平台经济监管提供了日益丰富和有效的手段。未来我国平台经济监管将进一步强化技术支撑和赋能，依托国家"互联网+监管"等系统，加强对平台数据的挖掘和分析，全面推进基于区块链技术的在线识别、在线证据保全、源头追溯，不断提升对平台经济风险和违法违规线索的发现和甄别能力，实现"以网管网"。一是更加注重基于大数据的预判式监管。为提高事前预防能力，实践操作层面将更加注重借助技术手段实现预判式的风险监管。针对暴露出的问题，及时发现并采取相应监管措施，同时基于数据分析对潜在的风险点进行预测预判，为开展精准监管奠定基础。2021年以来，税务部门持续加强新业态领域的税收监管和规范，依法依规严肃查处了一批重大偷逃税案件，税收大数据分析等手段发挥了重要作用。二是区块链技术更加广泛地应用于数据共享、取证存证等场景。在跨部门联合

---

38 段盛华，于凤霞，关乐宁. 数据时代的政府治理创新——基于数据开放共享的视角.

监管过程中,数据共享是不可或缺的重要支撑。具有去中心化、不可篡改、可溯源等特点的区块链技术,将成为政府与企业之间、平台企业之间实现数据安全共享的重要保障。在执法方面,利用区块链技术可为市场监管执法提供在线电子数据取证、数据保全等服务,助力提升平台经济监管执法能力,违规违法线索线上发现、流转、调查处理等非接触式监管机制将加快建立。

(五)以信用为基础的新型监管机制成为平台经济监管的重要抓手

近年来,我国加快探索构建以信用为基础的新型监管机制,大力推进守信联合激励、失信联合惩戒,不断加强平台企业信用管理。2022年4月,中共中央办公厅 国务院办公厅印发《关于推进社会信用体系建设高质量发展促进形成新发展格局的意见》,提出要"进一步发挥信用对提高资源配置效率、降低制度性交易成本、防范化解风险的重要作用"。基于信用的监管代表着我国监管理念的创新,将贯穿市场主体全生命周期,在规范平台经济发展方面发挥重要作用。一是对平台企业的信用评价将全面加强。平台企业信用档案建设工作将深入推进,并根据企业信用记录开展公共信用综合评价。平台的信用等级和风险类型将成为实施差异化监管的重要基础。在"量身定制"监管模式方面,企业综合信用评价水平是重要考量依据。例如,在税收征管方面,相关部门将建立健全以"信用+风险"为基础的监管机制,实行纳税人动态信用等级分类和智能化风险监管,持续提高监管的精准性。面向平台企业的信用信息归集共享、失信联合惩戒和守信联合激励相关制度将加快完善。二是引导和鼓励平台企业建立健全内部信用机制。随着我国公共数据开放水平的不断提高,平台企业内部的信用建设将获得更多的公共信用信息支撑。平台内经营者的信用状况日益成为平台企业对其实施差别化管理和服务的重要依据。

反侵权盗版声明

电子工业出版社依法对本作品享有专有出版权。任何未经权利人书面许可，复制、销售或通过信息网络传播本作品的行为；歪曲、篡改、剽窃本作品的行为，均违反《中华人民共和国著作权法》，其行为人应承担相应的民事责任和行政责任，构成犯罪的，将被依法追究刑事责任。

为了维护市场秩序，保护权利人的合法权益，我社将依法查处和打击侵权盗版的单位和个人。欢迎社会各界人士积极举报侵权盗版行为，本社将奖励举报有功人员，并保证举报人的信息不被泄露。

举报电话：（010）88254396；（010）88258888
传　　真：（010）88254397
E-mail：　dbqq@phei.com.cn
通信地址：北京市万寿路 173 信箱
　　　　　电子工业出版社总编办公室
邮　　编：100036